W0290642

Le bordel des mers

Siân Rees

Le bordel des mers

Le singulier destin des exilées du *Lady Julian*

Traduit de l'anglais
par Mélanie Blanc-Jouveaux

Payot

Titre original :
THE FLOATING BROTHEL
The extraordinary true story
of an eighteenth-century ship
and its cargo of female convicts
(Headline Book Publishing, Londres)

NOTE DE L'AUTEUR

Dans cet essai, je me réfère au *Lady Julian*, et non au *Lady Juliana*. Dans la première édition de *The Life and Adventures of John Nicol, Mariner*, 1822, publié par William Blackwood à Édimbourg et John Cadell à Londres, Nicol emploie le nom de *Lady Julian ;* l'amirauté et les archives du ministère de l'Intérieur parlent, eux, du *Lady Juliana*, nom sous lequel le navire est plus connu de nos jours. Cependant, ayant décidé d'écrire du point de vue des marins, et non de l'administration, j'ai décidé d'adopter la graphie de John Nicol.

© 2001, Siân Rees.
© 2004, Éditions Payot & Rivages, pour la traduction française,
106, bd St-Germain, Paris VIe.

À John Rees (1934-2000)
et à ma famille australienne.

On a fait peu d'efforts pour faire régner la discipline parmi les femmes, des prostituées de Londres pour la plupart, qui ont transformé le navire en bordel flottant lors de ses différentes escales.

M. D. NASH,
The Last Voyage of the Guardian, 1990.

La plupart étaient des prostituées londoniennes [...]. Au cours du voyage à destination de Port Jackson, le *Lady Julian* ne fut rien de plus qu'un bordel flottant.

C. BATESON,
The Convict Ships, 1985.

CHAPITRE PREMIER

Des filles de mauvaise vie

Hiver 1788, Londres. Au bout du Mall, devant les écuries royales — là où se trouve à présent Trafalgar Square —, une prostituée écossaise de vingt-six ans commence sa nuit de travail.

Matilda Johnson connaît déjà de vue William McPherson. Tandis qu'il traverse les écuries en direction d'Oxford Street, elle l'arrête : « Elle me serra contre le mur et me demanda ce que j'avais à lui offrir. » Au fait de ces procédés, McPherson cherche sa montre pour la mettre à l'abri dans sa poche de gilet, mais elle est déjà passée dans la manche de la fille. Il proteste ; Matilda le cajole et refuse de la lui rendre. Elle réclame d'abord un gin dans Orange Street, puis une assiette de saumon au coin de la rue. McPherson réitère son refus en lui expliquant gentiment qu'il n'est pas intéressé ce soir et qu'il veut récupérer sa montre. Sûre d'elle, ou suffisamment ivre pour s'imaginer qu'il va la lui abandonner en échange d'un verre de gin ou de cinq minutes contre le mur, Matilda s'engouffre chez un prêteur sur gages de Saint Martin's Lane où elle déclare que McPherson veut engager sa montre pour lui acheter un jupon. En retard, exaspéré, celui-ci demande à M. Crouch, le prêteur, de la fouiller. Comprenant qu'il ne plaisante pas, la jeune femme finit par sortir l'objet de sous ses jupons.

C'est M. Crouch qui insiste pour prévenir le constable, espérant toucher une partie de la récompense. McPherson raconte que Matilda, fondant en larmes, l'a « supplié de reprendre la montre » et qu'il « regrette de ne point l'avoir fait ». Si cela n'avait tenu qu'à lui, les choses en seraient restées là. À l'arrivée du constable, il prend la défense de la fille et l'accompagne au poste, où il prie le greffier et le constable « de la laisser aller ». Ceux-ci refusent. Peut-être ne souhaitent-ils pas perdre l'occasion d'inculper une récidiviste malgré l'opposition d'un étranger roulé par sa jolie frimousse. Implorant toujours le secours de McPherson, Matilda est mise aux fers, hissée sur une charrette puis enfermée à la prison de Newgate en attendant son procès à l'Old Bailey, la cour criminelle centrale de Londres.

Quelques jours plus tard, une mère et sa fille circulent dans les boutiques de nouveautés de Holborn avec des intentions douteuses. Dans la lumière déclinante de la fin d'après-midi, elles entrent chez Edward Bowerbank, de Newgate Street, et se rendent directement dans l'arrière-boutique. Là, elles demandent à l'employé de leur montrer des tabliers et se lancent dans les quatre étapes du vol à l'étalage tel qu'il se pratique au XVIIIe siècle : « fourrager dans les mousselines » ; éloigner le commis en l'envoyant chercher des ciseaux ou de la monnaie ; dissimuler une longueur de tissu sous sa jupe ; quitter les lieux sans précipitation ni bosse disgracieuse. Ainsi procèdent les voleuses, et tous les marchands drapiers de Holborn se tiennent sur leurs gardes. Avec de l'adresse, une femme peut dissimuler jusqu'à cinquante-cinq mètres d'étoffe sous ses jupons. Ces dames qui farfouillent dans les mousselines font donc perdre beaucoup d'argent aux boutiquiers de Londres.

Charlotte Marsh met du temps à se décider, et il y a déjà une douzaine de tabliers sur le comptoir lorsqu'elle fait son choix, paye et demande à l'employé la monnaie sur une demi-couronne. Ce dernier répond qu'il n'en a pas et appelle M. Bowerbank. Il s'agit d'un signal convenu pour indiquer qu'il se passe quelque chose de louche et, de fait, il n'a pas plus tôt tourné la tête que Mme Clapton attrape un tablier et le dissimule sous sa cape. Comme elle recule en direction de la porte, M. Bowerbank s'interpose d'un pas leste : « [Je lui dis qu'] elle détenait quelque chose qui ne lui appartenait pas et la priai de me le remettre. »

Ces dames sont indignées. Elles n'ont rien pris. Le tablier dans la poche intérieure de Mme Clapton ? Elle souhaitait juste le voir à la lumière du jour. M. Bowerbank s'intéresse alors de plus près au ballot froissé coincé sous le bras de Charlotte Marsh. Retenant la fille pendant que son employé surveille la mère, il déroule plusieurs longueurs de calicot. Les deux femmes capitulent et se déclarent prêtes non seulement à acheter nombre d'articles coûteux à M. Bowerbank mais à lui revendre du tissu volé ailleurs. Là est leur erreur : les honnêtes drapiers de Holborn se serrent les coudes. Refusant leur offre, Bowerbank envoie un vendeur chercher l'agent et un autre faire le tour des boutiques de Holborn, Snow Hill et Newgate Street pour découvrir la provenance de l'étoffe. Quand le marchand auquel elles ont subtilisé dix mètres de calicot franchit le seuil, Ann Clapton fait semblant de s'évanouir, mais les hommes restent de marbre. Avec l'énergie du désespoir, Ann se relève alors d'un bond et désigne sa fille en jurant : « Ce n'est pas moi, c'est elle ! »

Les agents ne croient aucune de leurs versions. Ils les emmènent à Wood Street Compter (l'ancêtre du poste de police) pour les inculper et les détenir jusqu'à leur comparution devant les magistrats ; toutes deux espèrent que l'un ou l'autre de leurs maris aura vent de la situation et viendra se porter garant au tribunal.

À Soho s'organise une opération de plus grande envergure. Ann Gallant se présente chez Mme Underhill comme l'employée de maison de personnes exceptionnelles. Ses maîtres — une dame française et un gentleman qui résident à l'hôtel français de Jermyn

Street — lui ont demandé de se mettre en quête d'un logement. Les appartements de Mme Underhill sont inspectés et approuvés. Le lendemain, Ann Gallant revient avec un interprète français afin de superviser en personne l'aération des pièces, la préparation du lit, et l'arrangement des bibelots pour *madame** et *monsieur**. L'interprète s'incline sur la main de Mme Underhill et s'exprime avec un accent charmant. Ann Gallant commande du charbon et vérifie l'inventaire du linge et de la vaisselle que la logeuse a préparé jusque tard dans la nuit.

Le jour suivant, *madame** s'installe avec deux autres domestiques. Pendant quatre jours, tout se passe bien : les étrangers restent entre eux, Mme Underhill s'est trouvé pour l'hiver une locataire avec un certain cachet (même si celle-ci ne l'a pas encore payée) et l'interprète continue ses zézaiements et ses courbettes. Le choc est donc très rude quand Ann Gallant la réveille le lundi matin, inquiète que ni sa maîtresse ni l'interprète ne soient rentrés le dimanche soir. Soit Ann est mauvaise comédienne, soit l'une des servantes de Mme Underhill a déjà découvert que les appartements ont été vidés. On envoie chercher un agent au poste de Litchfield Street, Ann Gallant est fouillée, et avant la fin de la journée elle se retrouve devant un magistrat, accusée d'un forfait qui peut lui valoir la peine capitale. Seule, dans l'impossibilité de contacter ses complices et menacée de la corde, elle avoue.

Le charmant interprète est en fait un Anglais, Francis Bunting. On peut le trouver au café français de Jermyn Street ou chez le coiffeur français de Peter Street, déclare Ann. Arrêté, Bunting fait d'abord semblant de ne pas comprendre l'anglais. N'est-ce pas étrange, pour un interprète ? demandent les agents de Litchfield Street. Ils l'emmènent chez les prêteurs sur gages douteux de Golden Square et Brewer Street, où il récupère quelques

* Les mots ou expressions en italique suivis d'un astérisque sont en français dans le texte. (*N.d.T.*)

draps de Mme Underhill, puis devant le magistrat de Bow Street, sans qu'il cesse de clamer son ignorance de l'anglais. Le magistrat, qui commence à démêler les fils embrouillés de cette histoire, ordonne qu'on enferme Bunting et Ann Gallant jusqu'à ce qu'on ait retrouvé « l'autre femme ». Au grand dam de Bunting, on les conduit à un poste qui se flatte de posséder un constable parlant couramment le français. Il prétend alors ne pas connaître cette langue, mais une autre qu'il a nommée français pour une raison qu'il est bien incapable d'expliquer.

Finalement, il cède et accompagne le constable francophone chez un autre prêteur sur gages de Soho afin de racheter, en anglais, un lot de cuillères en argent. *Madame** ne sera jamais arrêtée, et bien évidemment Ann Gallant et Francis Bunting la rendront responsable de tout. Soit elle a bien brouillé les pistes, soit ses deux employés craignent les représailles, car ils ne peuvent ou ne veulent pas dire aux constables où la trouver. « Elle changeait souvent de nom », se contentent-ils de répéter.

Début décembre 1788, toutes ces « filles de mauvaise vie » (ainsi que Francis Bunting) ont rejoint la turbulente population carcérale de Newgate — plus de sept cents prisonniers. Les cellules reflètent la situation critique de la rue, car il s'agit de la prison la plus peuplée de la ville la plus peuplée d'Angleterre. En deux générations, la population a énormément augmenté, de même que la mobilité géographique — surtout vers Londres — et le chômage. Pris entre la paralysie royale et les changements trop rapides de la base, les magistrats, les conseils paroissiaux et les agents ont du mal à appliquer des lois anciennes à des communautés en pleine évolution : ils sont dépassés.

En 1783, la surpopulation urbaine s'aggrave terriblement lorsqu'une armée pléthorique rentre de la guerre en ordre dispersé. Cent trente mille hommes, soit deux pour cent de la population, sont rendus à la vie civile après la victoire des colonies américaines sur les troupes anglaises et allemandes de George III. En l'espace d'un mois, Londres doit fournir logement et emploi à des dizaines de milliers d'hommes, ce qui provoque une hausse brutale du chômage pour les personnes des deux sexes. Du jour au lendemain, les rues sont envahies d'invalides réclamant « une p'tite pièce », puis des milliers de femmes perdent leur place et se retrouvent elles aussi à la rue. Un schéma classique d'après guerre : on résorbe le chômage masculin en renvoyant les femmes dans leur foyer. Seulement, dans le monde urbanisé des années 1780, beaucoup n'ont pas de foyer. C'est ainsi que pendant cette décennie les vétérans et les amputés seront rejoints par d'anciennes vendeuses, d'anciennes filles de laiterie ou de ferme et d'anciennes servantes, toutes devenues filles de mauvaise vie, consommatrices de gin et de viande trop grasse ; elles vivotent avec quelques pennies et s'efforcent d'améliorer leur ordinaire en volant chaque fois que possible quelqu'un d'à peine plus favorisé qu'elles.

À Londres, les autorités deviennent plus répressives. Un soir de novembre 1785, les agents de la Cité descendent *en masse** sur le pont Saint-Paul, qui relie la Cité à Westminster, pour repousser de l'autre côté les prostituées qui y travaillent. Ils se heurtent à leurs collègues de Westminster, décidés à en faire autant, mais dans la direction opposée. « Après ces opérations de moralisation, écrit le *Times* le lendemain, les malheureuses n'ont plus qu'à se réfugier dans les bras du vieux père de la Cité** ou à mourir de faim dans leurs taudis. [...] Il y a quelques années, elles travaillaient dans les boutiques. Aujourd'hui, la situation a changé : les aiguilles, les rubans, le moindre article doit être fourni par un gaillard de six pieds de haut, sinon c'en est fait de la réputation de la boutique. » Plutôt que de punir ces femmes remplacées par des hommes, le rédacteur suggère de taxer les mar-

** La Tamise. (*N.d.T.*)

chands drapiers, les modistes, les artisans parfumeurs et les merciers, tous employeurs de femmes deux ou trois ans plus tôt.

La même année, lord Surrey explique à la Chambre des lords que la proposition du Premier ministre William Pitt d'instaurer une taxe sur les servantes de plus de quinze ans est profondément injuste envers ces femmes « qui n'ont pas d'autre moyen de subsistance que le travail domestique ». À son tour, il propose une taxe sur les hommes qui « occupent les emplois naturellement féminins, tels ceux de modistes, merciers, corsetiers, etc. ». Le *Times* le soutient : « Quinze ans est un âge fort dangereux pour la gent féminine ; le pire est à craindre si des milliers de jeunes filles se retrouvent sans travail à ce moment-là [...] et que l'unique moyen de soulager leur misère est le recours à la prostitution. » Malgré tout, la proposition de Pitt est adoptée. En juillet 1786, le *Times* estime que « selon des calculs très modestes la taxe de M. Pitt sur les servantes a augmenté d'au moins dix mille le nombre de prostituées ». En octobre, le ton est désespéré : « La prostitution a été portée à un niveau élevé, et son augmentation prévisible dans la capitale est véritablement alarmante. [...] Il y a dans Londres et ses environs cinquante mille femmes publiques. »

Il est bien connu que les servantes au chômage « viennent grossir les rangs des prostituées de cette ville ». Certaines cherchent désespérément à éviter ce sort. L'une d'elles, Mary Anderson, vingt ans, est enfermée à Newgate depuis sa condamnation en mai 1788 à sept ans de *transportation to parts beyond the seas**. Son histoire est aussi brève et pitoyable que son procès. Originaire de Bristol, Mary Anderson est venue chercher du travail à Londres parce qu'elle n'en a pas trouvé dans sa ville natale ou que quelque mésaventure y a terni sa réputation. Seule dans la capitale, elle ne trouve pas à s'employer, et une fois

* Ce qui équivaut à une condamnation au bagne. (*N.d.T.*)

à court d'argent elle cambriole une chambre dans Virginia Street, à mi-chemin entre la Tour de Londres et Shadwell. De nos jours, c'est un endroit sinistre et froid, un fouillis postindustriel traversé au nord par une autoroute bruyante. En 1788, on y trouve de nombreuses échoppes et des pensions bon marché. C'est dans l'une de ces pensions que Mary Anderson a chapardé un ballot de vêtements et du linge de maison. On l'a vue sortir avec une grosse bosse sous son tablier. Au procès, la femme qui l'a fait arrêter déclare au juge : « Elle s'est mise à pleurer et a dit que si je la laissais partir, elle n'approcherait plus de la maison. » Mary, elle, ne se défend pas mieux que lors de son arrestation : « Mes amis vivent à Bristol ; oui, j'ai pris ces affaires. [...] Je préférais ça à la prostitution. » Le choix d'une femme au chômage est en effet fort limité.

Les causes de la hausse de la criminalité et de la pauvreté chez les femmes sont alors en partie connues. La société n'est cependant pas encore prête à leur accorder des circonstances atténuantes, même si elle admet que des éléments extérieurs peuvent les avoir poussées au crime. Elles méritent la charité, la compassion, éventuellement une petite adaptation de la législation afin de modérer des peines trop sévères, mais pas la réinsertion. Il est bien regrettable que ces femmes tombées dans le déshonneur « perdent définitivement leur réputation sans espoir de la regagner », alors que les hommes dans la même situation « peuvent, après bien des errements, s'amender et retrouver leur place dans la société, qui leur fera bon accueil » ; pourtant c'est ainsi, telle est la volonté de Dieu, telle est la nature humaine. Chez elles, le crime tient de la maladie incurable, terriblement triste, parfois contractée de façon totalement indépendante de leur volonté, mais toujours irréversible.

En décembre 1788, même si personne ne semble savoir comment s'y prendre, on s'interroge davantage sur la prévention de la délinquance féminine que sur ses raisons profondes. Non que les autorités n'aient conscience du problème : à tous les niveaux, leur charge de travail augmente. Chaque nuit, de modestes agents inscrivent les effets désastreux de l'après-guerre sur leurs registres, dans une longue et fastidieuse énumération. Au poste de Poultry, aux abords de Londres, on appréhende les filles les unes après les autres : l'une « vagabondait sur la voie publique en pleurant », « n'avait aucun moyen visible de subsistance et était allongée dans la rue » ; une autre s'est enfuie « avec la lanterne d'un veilleur » ; une autre encore « faisait beaucoup de tapage » et « proférait des obscénités » ; plus amusant, cette autre « poursuivait un bœuf dans Poultry* ». Quand on apporte les tristes recensions de ces comportements déviants au tribunal à onze heures chaque matin, c'est au tour des magistrats de se pencher sur les prostituées et les voleuses en tous genres. Toutes leur chantent l'air pathétique et prévisible du dénuement et de l'occasion qui fait le larron. Une fois que les magistrats ont fait le tri entre *felonies* (crimes et délits incluant les vols supérieurs à une certaine somme) et *misdemeanours* (infractions mineures) puis refermé leurs registres pour la journée, il revient aux juges de décider comment châtier cette cohorte interminable de criminelles à la petite semaine dont les récits d'existence précaire se répètent à l'infini.

Parmi les femmes qui défilent chaque mois devant les tribunaux de l'Old Bailey, certaines ont une famille, des amis, ou sont attachées à un lieu et à une communauté. Mais beaucoup — comme Mary Anderson — sont seules : séparées d'éventuels parents, elles ont vécu d'expédients, allant d'une ville, d'un endroit à l'autre, nouant des amitiés et des complicités de courte durée qui s'achèvent quand l'une repart, souvent après avoir fait les poches de l'autre. Dans la Cité, Westminster, le Borough, Ratcliff Highway et les docks, les *common lodging-houses*, des établissements tenant à la fois de la

* Nom d'un quartier signifiant littéralement « volaille ». (*N.d.T.*)

taverne, de l'asile de nuit et de la maison close, sont remplies de cette population. Ivrognes, jeunes mères, voleurs, immigrants, domestiques au chômage, ouvriers traversant une mauvaise passe : des milliers de malheureux vivent là, en marge, couchant dans des dortoirs, des abris, des écuries, des appentis, et même dans les lieux d'aisance de la cour. Les lits sont loués à la nuit à autant de personnes qu'il faut pour en acquitter le prix total ; on dort tête-bêche dans des galetas où les matelas sont garnis de paille humide et les fenêtres colmatées avec des chiffons, piètre isolation qui alourdit plus encore un air vicié corrompu par les haleines fétides, les gaz et la copulation. Un lit partagé dans un dortoir peut coûter de quatre à six pence par tête. Dehors, dans la cour, c'est trois pence pour dormir sur la paille à côté des latrines, la somme souvent réclamée par les prostituées les moins chères qui se laissent prendre contre un mur.

Dans ce genre d'endroit, les dormeurs sont exposés au froid, à l'humidité, aux maladies et à leurs semblables. Le 26 septembre 1787, Elizabeth Ayres, vingt-huit ans, et son amie Ann Wood, vingt-trois ans, concluent un arrangement dans un établissement de Goldsmith Alley, une ruelle reliant Gutter Lane à Wood Street, près de Cheapside. Elles acceptent qu'un certain James Roach, ouvrier, partage leur lit pour la nuit. Il assurera au tribunal que c'était uniquement dans l'intention d'y dormir. Après leur avoir donné un shilling, Roach se déshabille et se couche. Elles attendent qu'il s'endorme, prennent ses vêtements et s'enfuient. Au coin de la rue, Ann Wood s'arrête pour enfiler les hauts de chausse de Roach sous sa jupe et reprend sa course, le manteau de sa victime sur le bras. Les deux filles réussissent à gagner Plumtree Street, tout au bout de Newgate Street, avant que le constable Cornelius Harrigan ne les repère. Où courent-elles ainsi avec un manteau d'homme ? C'est le manteau de mon mari, répond Ann Wood, je le porte chez le tailleur pour qu'il le ravaude. Et quelle est la profession du mari ? Il conduit une voiture de louage. Les hommes de son état ne portent certainement pas ce genre de manteau, objecte le constable. Mon époux à moi est tailleur, annonce alors Elizabeth Ayres. Harrigan les appréhende toutes les deux et les conduit au poste le plus proche où Edward Treadway, constable de garde et habitué de l'Old Bailey, examine le vêtement et en conclut que l'histoire est cousue de fil blanc puisque le manteau n'a nul besoin d'être ravaudé. Puis il s'intéresse aux femmes et découvre les culottes d'Ann Wood. Emprisonnées à Newgate, les deux amies seront condamnées à la transportation.

Il n'y a pas que les affaires des hommes attirés dans des lits loués à la nuit qui disparaissent. Les responsables de ces larcins se volent entre elles, et il n'est pas rare qu'une femme ayant soulagé son compagnon d'une montre, et l'ayant fourrée sous son oreiller, s'aperçoive à son réveil qu'une autre la lui a subtilisée. Il est difficile pour une femme qui ne dort jamais au même endroit de mettre les vêtements qu'elle porte à l'abri des doigts agiles d'une inconnue qui partage sa couche. On coud les pièces dans les ourlets, ou on les avale pour plus de sûreté avant de les récupérer avec un bon laxatif. Un magistrat gallois se rappelle une autre cachette, « en un lieu que la décence m'interdit de nommer ». Il connaît le cas d'une femme qui y avait dissimulé trente souverains. Mais tout ne peut s'avaler ou s'introduire, et la nuit des inconnues détachent des colliers, récupèrent des pièces dans les ourlets, tranchent des boucles de souliers au rasoir, font main basse sur chemises, chaussures et tabliers.

Un cran au-dessus de cette misère noire, on trouve les *private lodging-houses*, sortes de pensions privées comme celle de Virginia Street où Mary Anderson a commis son larcin. Des milliers de clients de passage à peine plus aisés y louent à la semaine des chambres meublées pour quatre ou cinq shillings. Si l'on excepte un petit nombre d'établissements strictement destinés à la location, la plupart de ces pensions sont les demeures de négociants, de boutiquiers ou de veuves qui s'assurent un revenu supplémentaire en prenant des locataires. Le rez-de-chaussée est généralement consacré à l'activité commerciale, et le premier étage occupé par la famille du propriétaire. Le reste de la maison est bourré de locataires de la cave au grenier ; chaque chambre est louée à un prix fixé en fonction de sa situation et attire une clientèle différente. Une dame seule vivotant d'une petite rente partagera le premier étage avec sa logeuse ; au deuxième, des domestiques entre deux places cohabiteront pendant une semaine ; une personne au chômage depuis plus longtemps et qui commence à manquer d'argent dormira sous les combles pour un loyer plus modéré. Mais le pire endroit où loger, et le moins cher, ce sont les caves. On y accède par une trappe au niveau de la chaussée. Si elle est ouverte pour évacuer les fumées de cuisine, la vapeur d'une essoreuse ou la puanteur des chandelles de suif, les ivrognes ont toutes les chances de tomber dedans, au grand désagrément de tous.

C'est dans ces demeures que logent les femmes qui viennent de perdre leur emploi ou d'arriver à Londres. Rien de plus banal à l'Old Bailey que cette histoire : on loue une chambre, on dépense ses économies puis, faute de travail, on met le contenu de la pièce en gage pour payer le loyer, d'où un endettement irrémédiable. Certaines locataires ont réellement l'intention de dégager ce qu'elles ont porté chez les prêteurs dès que leur situation s'améliorera. Elles croient souvent, à tort, que du moment qu'il ne manque rien à leur départ elles peuvent engager tout ce qu'elles veulent.

La veuve Ryan est une logeuse typique : elle vit au premier étage de sa maison de Short's Gardens, à Seven Dials, et loue les autres pièces à la semaine. En août 1787, Elizabeth Gosling prend une chambre à trois shillings chez elle. Si elle vient d'arriver en ville ou de quitter une place pour en chercher une autre, elle a mal choisi son mois : beaucoup de familles sont parties passer l'été à Bath ou Cheltenham. Mi-septembre, ne pouvant payer son loyer, elle commence par mettre en gage une courtepointe valant dix-huit pence, puis un drap de six pence. Devant le constable qui l'a appréhendée, le magistrat puis le juge de l'Old Bailey, Elizabeth Gosling reconnaît les faits sans difficulté : « Je n'ai jamais abandonné mon logement jusqu'à ce que [Mme Ryan] me fasse arrêter », déclare-t-elle au tribunal, visiblement convaincue que cela l'innocente. Elle se trompe et se voit condamnée à sept ans de bagne. En décembre 1788, cela fait plus d'un an qu'elle est enfermée à Newgate.

Parmi les autres femmes coupables de délits similaires qui partagent son sort, deux ont été poursuivies par Mme Martha Davis, qui possède une pension dans Broad Street, à Bloomsbury — où Mary Stewart louait une chambre pour cinq shillings par semaine — et une autre dans Little Saint Andrew's Street, à Seven Dials. Comme Elizabeth Gosling, Mary, au bout de quelque temps, a mis le linge et d'autres affaires en gage chez un prêteur de West Street proche de la seconde maison de Mme Davis.

Elle s'est imaginé elle aussi que si elle ne partait pas et continuait à payer son loyer elle pourrait engager un certain nombre de choses. Elle affirme au tribunal que Mme Davis lui a donné son autorisation à la condition qu'il ne manque rien à son départ. C'est courant chez Mme Davis, ajoute-t-elle. À Little Saint Andrew's Street, « pas un logement ne dispose d'une paire de draps ». Toujours selon elle, la logeuse joue les prêteurs sur gages et « prend les articles elle-même, pour qu'on lui paye le loyer ». Mme Davis réfute cette accusation. Peut-être en a-t-elle assez de ces locataires qui vendent ses affaires avant de se prétendre innocents.

Elizabeth Kearnon, alias Price, et son compagnon se sont installés dans Little Saint Andrew's Street en octobre 1786. En quarante-huit heures, ils ont mis en gage une poêle à frire, un fer à repasser, trois couvertures, une paire de draps en lin, un édredon, une casserole en cuivre, soit, d'après le témoignage de Mme Davis, « tout le contenu de la pièce sauf la table et les chaises ». Au moment de leur arrestation, ils invoquent les mêmes excuses qu'Elizabeth

Gosling et Mary Stewart. Si ces dernières paraissent dignes de foi, les Kearnon sont moins crédibles, car leur forfait trahit un certain professionnalisme. Or sur l'échelle de la pauvreté certaines logeuses ne se situent que quelques degrés au-dessus de leurs locataires ; elles ne peuvent donc pas se permettre de perdre un fer à repasser et une paire de rideaux chaque fois qu'une chambre change de mains.

Dans ces pensions, les propriétaires ne sont pas les seules victimes : comme dans les *common lodging-houses* les plus sordides, les occupants se volent souvent entre eux. Il y a beaucoup de passage, on voit sans arrêt de nouvelles têtes... Toutes ces allées et venues multiplient les occasions. Dans une chambre meublée de Saint Sepulchre, Hannah Wigfall sous-loue la moitié de son lit à Ann White pour un shilling par semaine. Invitée, son amie Elizabeth Johnson, alias Lee, bavarde pour donner le change et se penche pour dérober la malle de Mme White pendant que celle-ci essaye de dormir. La voleuse échoue elle aussi à Newgate en attendant que les autorités décident de son sort. En novembre 1788, dans une pension où on loue des chambres individuelles, Ann Bone, alias Smith, dix-sept ans, fait un saut dans une chambre voisine après avoir rendu visite à sa sœur et emporte pour cinquante shillings d'effets. Lorsqu'elle est rattrapée le lendemain, on découvre un tablier qu'elle a noué autour de sa taille sous ses jupons pour éviter qu'une autre ne le lui prenne.

Toujours fin 1788 à Londres, Charles Marsh se lève un matin à cinq heures moins le quart pour se rendre à son travail et, en traversant la cour, entend « une voix de femme dans les commodités ». Il s'agit d'Esther Curtis, dix-huit ans, complètement ivre. Quand il lui demande ce qu'elle fabrique dans ses cabinets, Esther lui explique qu'elle s'est écroulée et endormie sur les marches pendant la nuit, et qu'elle se soulage avant de partir. L'incident n'a rien d'inhabituel, et Marsh la laisse filer. Lorsqu'il se rend compte qu'elle lui a volé pour près de vingt shillings de vêtements, il le prend comme une bonne leçon et décide de verrouiller à l'avenir la porte des lieux d'aisance. Il aurait oublié la jeune femme si elle n'avait de nouveau atterri sur son perron le jour suivant, nu-pieds et ivre morte. Cette fois, il va chercher le guet. Au tribunal, la défense d'Esther est aussi embrouillée que ses actions dans la cour de Marsh.

C'est souvent dans ces pensions privées et ces « dortoirs », au milieu des dormeurs, que les prostituées font leurs passes. Des femmes peuvent se partager un lit ou une chambre à la nuit et l'utiliser à tour de rôle. Une prostituée qui n'a nulle part où aller avec son client peut aussi demander à une amie de lui céder son lit pour une demi-heure en échange d'une participation, voire du profit tiré du vol et de la mise en gage de la montre ou des culottes de l'homme. À l'Old Bailey, le cas de la fille de joie qui a vidé les poches de son client et passé le contenu à une amie cachée dans l'ombre est aussi répandu que celui du locataire qui a mis la courtepointe au clou.

Les hommes ayant perdu leurs hauts de chausse à la faveur de la nuit n'ont pas tous la réserve de James Roach quant à leurs arrangements. L'histoire de Nimrod Blampin tient de la farce, une farce qui lui a fait perdre autant en argent qu'en dignité. Devant la cour, il reconnaît ouvertement que, soûl, il a accosté Rachel Hoddy dans Saint James's Park et l'a suivie chez elle, à Gravel Lane, pour souper de saumon et de bière avant de coucher avec elle. Il se réveille à sept heures du matin enfermé dans la pièce, sans habits ni argent. Comme on est en juin, la situation est plus embarrassante que critique. Après avoir fracassé la porte avec un tisonnier, il convainc le militaire qui vit en dessous de lui prêter des vêtements. Lorsqu'il arrive au poste le plus proche, la colocataire de Rachel, Ann Hardiman, a déjà été interpellée par un agent de nuit vigilant alors qu'elle se rendait chez un prêteur sur gages, la chemise de Nimrod sur le bras. Elle a eu le temps de répartir ses autres vêtements entre trois prêteurs différents de Fleet Street. Ann reconnaît que les habits appartiennent à Blampin et qu'ils lui ont été confiés par Rachel durant la nuit, mais elle affirme que l'autre a reçu « les affaires en dédommagement ».

Nimrod Blampin et James Roach s'en tirent à bon compte : pas de dommage hormis leur dignité froissée, et ils ont récupéré leurs vêtements. Tous n'ont pas cette chance. Dans les quartiers plus durs de la ville, une prostituée qui met la main dans la poche d'un homme se sert souvent de l'autre pour le frapper à la tête, ou demande à une complice de s'en charger pour elle. L'endroit alors le plus tristement renommé en la matière, Ratcliff Highway, est une longue route droite allant de l'est de Londres à Limehouse, bordée d'établissements louches abritant des bandes de catins sans foi ni loi. Il est fort risqué d'y aborder une prostituée, surtout si l'on est un homme seul et éméché, car en suivant un froufrou de jupes sales dans une venelle on a toutes les chances de déboucher dans une cour où vous attend un comité d'accueil déterminé. L'homme avisé sauvera les meubles en prenant la fuite.

Un rapport officiel sur les *common lodging-houses* commandé en 1788 donne certains détails sur les pièges qui guettent le client imprudent. Il décrit notamment un scénario qui se répète sur Ratcliff Highway à longueur de nuit : « Quand une prostituée réussit à dépouiller sa victime, la maîtresse des lieux reçoit la moitié de la rétribution et la moitié du butin. » En octobre 1788, Mary Anson attire Benjamin Solomon dans une maison appartenant à Elizabeth Underhill. Celle-ci est du genre à faire trembler les hommes, sans compter que Solomon, fesses à l'air et prêt pour l'amour, est particulièrement vulnérable. Non seulement sa force physique donne du poids aux menaces de Mme Underhill, mais l'imagination dont elle fait preuve les rend particulièrement ignobles. Mary Anson, vingt-trois ans, possède sans doute bien des attraits, surtout dans les rues sombres de Shoreditch où elle a racolé Solomon qui rentrait chez lui après une soirée conviviale à Hoxton Square. Il lui donne d'abord un penny pour une chandelle, puis lui paye un verre, déboursant un shilling ; quand ils arrivent dans Saint Paul's Alley, il est ferré et commet la grave erreur de se déshabiller le premier. Une fois qu'il est nu en dessous de la ceinture, on lui arrache ses culottes tintinnabulantes et la jolie Mary disparaît, remplacée par Mme Underhill. Elle « me demanda ce que je faisais là », avant de menacer avec superbe de « m'étouffer sous six ou sept baquets d'excréments [...] provenant des commodités », explique-t-il au juge. Confronté à la perspective d'une mort par vidange de la fosse d'aisances, Solomon accepte de se taire. On lui rend ses culottes soulagées de leur monnaie et de leurs boucles, qui font partie du prix de la liberté, et on le met à la porte.

Effrayé, mais pas au point de renoncer à porter plainte, il court chercher la patrouille. Jugée à l'Old Bailey, Mary Anson est condamnée à sept ans de transportation. À la demande des juges, Mme Underhill est détenue jusqu'aux sessions de décembre dans l'attente de son procès pour complicité. Les deux femmes atterrissent à Newgate.

Un autre duo de l'East End frappé par la même sentence est emprisonné là : Poll Randall et Mary Butler. Ces deux-là ont commis un forfait encore plus audacieux sur la personne de Joseph Clark, dans un bordel de Cable Street appartenant à Elizabeth Sully, vingt-cinq ans. Le 10 novembre 1787 au soir, l'inconséquent M. Clark marche sans hâte dans Cable Street avec la moitié d'un fromage sur la tête et la somme astronomique de quarante livres en poche. Lorsqu'il est saisi à bras-le-corps par Poll Randall et Mary Butler et emmené de force dans une maison, il n'oppose aucune résistance à cause de son fromage, explique-t-il à une cour perplexe. Et s'il reste, c'est parce qu'à son arrivée on le lui prend. Un homme plus avisé aurait sacrifié quelques shillings de fromage pour sauver ses quarante livres.

Mais Joseph Clark ne cesse de le réclamer, même

après une demi-pinte de gin, une partie de cartes, une autre demi-pinte de gin et un souper. Il affirme avoir protesté lorsqu'on lui a proposé de se restaurer : « Je voulais simplement récupérer mon fromage et rentrer chez moi. » Soudain, l'humeur change. Poll et Mary le traînent à l'étage — « Vous ne vous êtes pas débattu ? » demande un juge incrédule — et le déshabillent de force. « Elle m'a jeté sur le lit ! » répond Clark pour sa défense, et « j'ai crié : "Pour l'amour du Ciel, ne me faites pas de mal !" » C'est seulement lorsque Poll exige les billets qu'il a dans les poches que Joseph comprend qu'elles n'en ont pas uniquement après son fromage. Même à cet instant dramatique ils prennent tous une nouvelle assiette de bœuf arrosée de gin (Clark est toujours au lit). Les filles semblent prêtes à lui passer ses caprices quand brusquement Poll Randall perd patience : elle veut boire. « Elle m'a immobilisé les mains ; je n'ai pas osé résister. » Poll Randall et Mary Butler n'ont que treize ans…

Cinq mois après leur procès, la mère Sully les rejoint en prison, accompagnée d'une autre poulette de sa couvée. Sully s'est apparemment spécialisée dans la prostitution juvénile : Mary Bateman, condamnée avec elle en mai 1788, a quatorze ans. Avec son amie Elizabeth Durand, elles ont racolé James Palmer dans Wellhouse Square alors qu'il regagnait son logement de Limehouse après avoir passé la nuit à se soûler dans les Minories. Palmer leur a payé une demi-pinte de gin à chacune dans une taverne de Wellhouse Square, s'est mis d'accord sur un tarif avec Mary Bateman, et l'a suivie dans la maison de Mme Sully, où ils ont eu des relations sexuelles. Bien qu'il ait affirmé sous serment au tribunal : « Comment je suis sorti [de chez elle], je l'ignore tellement j'étais ivre », il a dessoûlé dans la rue et il s'est aperçu qu'on lui avait volé son manteau, son argent, et une montre d'une valeur de trois livres. Il est alors allé trouver le constable de garde, Joshua Grey.

Lorsque celui-ci arrive à Cable Street, les femmes ont eu le temps de dissimuler la montre si habilement que sa fouille de la chambre de Mary Bateman est infructueuse. Cependant, le vol d'une montre de trois livres dans son secteur — surtout dans un établissement à la réputation aussi douteuse que celui de Mme Sully — est trop grave pour qu'il en reste là. Dans les jours qui suivent, Grey réussit à prendre Elizabeth Durand à part et à lui soutirer — par la menace ou contre dédommagement — des renseignements. Fort de ses révélations, il convoque les femmes et cherche à leur faire peur pour les obliger à tirer l'affaire au clair. Peut-être leur propose-t-il de diminuer la valeur du vol dans l'acte d'accusation afin qu'elles ne soient plus passibles de la peine capitale, mais à la condition qu'elles coopèrent sur-le-champ. Mary Bateman ramène donc Grey chez Mme Sully et lui indique la cachette : le matelas de la propriétaire des lieux.

Ainsi le Londres surpeuplé des années 1780 est-il un endroit étrange. Certains quartiers sont absolument magnifiques, d'autres désespérément sordides. Dans les zones intermédiaires, les dortoirs où des inconnus dorment tête-bêche jouxtent les demeures respectables des marchands, des employés et des petits commerçants. Entre ces catégories les échanges sont permanents : une servante sans emploi qui loge dans un hôtel minable de Seven Dials peut, par un coup de chance, trouver une place de bonne à tout faire chez un boucher de Smithfield. La veuve d'un commerçant qui dispose d'une petite rente aura pour voisine une voleuse à la tire ou à l'étalage. Dans cette ville, les gens côtoient sans arrêt des étrangers, d'où cette histoire si courante à l'Old Bailey : celle de la bonne qui fauche l'argenterie.

« Les domestiques qui volent leurs maîtres [...] commettent un crime constituant une telle rupture du lien social qu'il est du devoir des tribunaux de le punir avec sévérité. » Ce sont les mots du premier magistrat de Londres, le juge ou *recorder* James Adair, qui a condamné de nombreuses femmes à la transportation. Sa conception des relations entre maîtres et serviteurs est pourtant de plus en plus éloignée de la réalité. Il insiste en effet sur des notions presque obsolètes dans un monde en pleine évolution caractérisé par la précarité de l'emploi : devoir et obéissance aux maîtres en échange de leur protection morale et financière. Or ce sont rarement des serviteurs attachés à une famille qui passent devant la haute cour, mais plutôt des gens qui, une malle sur le dos pour tout bagage, vont d'un emploi à l'autre afin d'obtenir six pence de plus par semaine, une meilleure nourriture, un lit plus chaud. Ces étrangers qui ont accès à la maison sont engagés sans trop de façons, renvoyés de même, et remplacés si nécessaire par d'autres inconnus.

Le plus souvent, les familles aisées congédient les domestiques à la fin du printemps, quand la maisonnée se prépare à passer l'été loin de Londres. Parfois, on maintient sur place un personnel très réduit, mais les employeurs n'ignorent pas qu'il leur sera facile d'engager de nouvelles bonnes à leur retour en automne. Les adeptes de cette pratique savent que pendant les quelques jours qui séparent le renvoi du départ effectif ils ont tout intérêt à ouvrir l'œil. En avril 1788, la surprise n'est donc pas bien grande à Grosvenor Square quand un prêteur sur gages du quartier frappe à la porte de sir Henry George Little, baronnet, avec une cuillère de service en argent armoriée et la description de la bonne à tout faire qui a reçu son congé la veille. Lors de sa déposition, le majordome est incapable de dire à la cour pourquoi Catherine Hounsam a été renvoyée. On devine son haussement de sourcils quand on insinue qu'il devrait être au fait des affaires d'une fille de cuisine. Catherine donne l'impression d'être un peu simplette : elle a porté une cuillère facilement identifiable chez un prêteur du coin en lui racontant qu'elle était tombée d'un chariot d'ordures. Vraiment ? s'est étonné l'homme. Oui, et les boueux ont dit que « je pouvais la prendre pour manger mon porridge avec ». La valeur et les circonstances du vol auraient dû lui valoir la mort, mais le jury, qui la considère comme un peu dérangée, se prononce en toute humilité en faveur d'une commutation de peine, « à cause de sa grande jeunesse et de son ignorance ». En réalité, elle a trente ans et se montrera par la suite nettement plus finaude que ne l'aurait laissé soupçonner son forfait absurde.

Catherine s'est sans doute emparée de la cuillère pour tenir jusqu'à ce qu'elle retrouve une place ; cette situation, qui touche ses semblables par milliers, n'a rien de surprenant. Elizabeth Gale n'a pas agi autrement, même si elle a fait preuve d'une plus grande habileté. Accusée d'avoir dérobé pour dix-sept livres de biens, une somme considérable, elle est condamnée pour un vol d'une valeur de neuf pence. Servante d'Alexander Annesley pendant seize mois, elle « devait partir le lendemain du cambriolage », a-t-il déclaré. Au cours de la nuit, Elizabeth réveille la famille et appelle le guet : le buffet a été dévalisé. Or on découvre, preuve accablante, « le cocher d'un voisin caché sous le lit de l'accusée ». On trouve pour neuf pence de vêtements d'enfants dans sa malle, et pendant son interrogatoire elle reconnaît avoir permis à quatre hommes de dormir sous son lit pendant son service. Le vol de l'argenterie ne peut lui être imputé, mais celui des vêtements est suffisant pour lui valoir sept ans de bagne.

Tout comme pour les vendeuses remplacées par des soldats, on éprouve une certaine sympathie à l'endroit des servantes renvoyées. Pourtant, aux yeux de l'opinion, elles sont affligées de deux tares : ce sont à la fois des femmes irrécupérables et des servantes voleuses. Or beaucoup de domestiques volent non par nécessité mais simplement parce qu'ils en ont l'occasion. Si la maîtresse du XVIIIe siècle porte un énorme trousseau de clés autour de la taille, c'est plus pour se prémunir contre un danger intérieur que contre une menace extérieure. Les employeurs qui oublient de fermer la caisse à thé ou la porte du parloir sont considérés comme des proies rêvées ; le chapardage est généralisé, quelle que soit la taille de la maisonnée.

En mai 1787, Elizabeth Parry, vingt et un ans, prétend

arriver tout juste du Lancashire quand elle fait le tour des maisons près des champs, au nord de City Road, à la recherche d'un emploi « dans le lait ». La chance lui sourit avec Mme Attewell, qui la prend comme vachère, et elle s'installe aussitôt avec ses affaires. Pendant les huit jours qu'elle passe auprès d'elle, elle ne trait pas une seule vache ni ne salit ses bottes dans un champ, car très vite elle tombe malade et s'alite. Mme Attewell la soigne dans sa propre chambre, paye les services d'un apothicaire — y compris les saignées, qui coûtent trois pence — et rentre chez elle un après-midi pour découvrir qu'Elizabeth a disparu, que sa malle a été dévalisée, et les gages destinés aux autres vachères dérobés. Susanna Attewell jauge peut-être mal les gens, mais elle a suffisamment d'expérience pour savoir que si elle ne lance pas rapidement un constable sur les traces d'Elizabeth Parry celle-ci aura tôt fait de se fondre dans le flot continu de bonnets et de robes de coton marron sur City Road. Elle réagit donc promptement et Elizabeth est appréhendée dans les heures qui suivent. Au tribunal, elle se montre belliqueuse, interrompant le témoignage de Mme Attewell avec des « Je n'ai jamais dit une chose pareille ! », faisant remarquer que sa maîtresse s'est également absentée la veille et que le vol a très bien pu se produire à ce moment-là, et achevant sa défense sur une provocation : « Les affaires sont à moi et pour ce qui est de l'argent la plaignante n'en avait pas ! »

Elizabeth Parry cherche à se remplir les poches, Catherine Hounsam est dans la détresse, Elizabeth Gale se situe quelque part entre les deux. L'histoire d'une autre prisonnière de Newgate est plus équivoque. Rachel Turner, vingt-sept ans, travaille pour Cleophas Comber, marchand de chandelles et de bougies dans la paroisse de Saint Martin. L'homme est suffisamment prospère pour employer Rachel, deux serviteurs, ainsi qu'une garde-malade (pendant les couches de sa femme). C'est à l'arrivée de cette dernière que du linge, des vêtements et des saucières commencent à disparaître. Comber soupçonne alors Rachel, déclare-t-il à la cour, mais il envoie chercher un certain Beadle Parsley, car il ne souhaite pas l'affronter directement. M. Parsley écoute le maître exposer ses soupçons, puis interroge la servante et insiste pour inspecter sa malle, dans laquelle il découvre les saucières en argent. Rachel est emmenée. Au poste, en présence du constable, on établit une liste des biens volés que Rachel « signe d'une croix » devant le juge à l'Old Bailey, en décembre 1787.

Elle fait appel à un avocat célèbre, Me Garrow, dont le principal moyen de défense est l'attaque : selon lui, Rachel est victime d'un coup monté. Harcelé par sa femme qui l'accusait de coucher avec la bonne, Cleophas Comber a trouvé un moyen commode de s'en débarrasser. Au service de Mme Comber pendant six mois, Rachel s'est pourtant montrée irréprochable. Les scènes de ménage ont dû commencer quand « la brave femme était en couches » (et, compte tenu de son état, portée à l'hystérie), c'est-à-dire à l'arrivée de la garde-malade (« une vraie commère »), qui a insinué que le maître fricotait avec la bonne dans le petit salon. Me Garrow a-t-il inventé cette histoire ou s'est-il appuyé sur un élément fourni par Rachel ? Le récit de Cleophas Comber ne permet pas de trancher, mais il n'a pas joué un rôle très glorieux dans la chute de Rachel. Ce ne serait pas la première fois qu'un époux, pendant ou après la grossesse de sa femme, frappe à la porte de la bonne un soir et tente précipitamment d'acheter son silence le lendemain en lui offrant le premier objet qui lui tombe sous la main.

CHAPITRE II

Les blanches nymphes d'Albion

L'un des personnages les plus en vogue de la littérature de la fin du XVIIIe siècle est la femme perdue. La fille de bonne famille séduite et trahie par un scélérat crédible fascine tout particulièrement. Dans les recueils d'« histoires vraies » — racontées sous un angle historique ou moral — qui constituent la lecture principale de la petite bourgeoisie instruite, la femme perdue est un personnage récurrent. Sur les seize « récits » d'un *chapbook**, deux concernent des héroïnes séduites et trahies, deux sont des contes moraux (*Le Nègre heureux* et *Ben à l'école du dimanche*) et deux des « romans » roses très librement inspirés d'événements historiques.

Patty Damour aux yeux bleus, qui s'habille en soldat pour suivre son amant à Botany Bay, incarne une autre obsession du XVIIIe : les femmes qui se déguisent en marin ou en militaire pour accomplir des exploits figurent dans trois récits sur seize.

L'histoire imaginaire de Louisa Harewood, publiée dans un autre *chapbook*, est relatée de façon émouvante sous forme de confession par lettre à ses parents la veille de son départ pour Botany Bay. Elle est suivie d'un petit poème :

* Petit livre vendu par les colporteurs. (*N.d.T.*)

Blanches nymphes d'Albion, à la beauté fameuse,
Écoutez mon histoire, voyez quel fut mon sort.
Jadis, j'étais comme vous bénie et heureuse,
Maintenant, misérable, je souffre mille morts,
Ah ! pleurez donc sur moi, la pauvre condamnée.
Voici que l'on m'emmène vers Botany Bay !

Et tout cela parce qu'elle a rencontré par hasard le lieutenant Henry Harris chez le hobereau du coin. Avec le bel officier, une chose conduit à une autre, et « un soir fatal je sacrifiai, dans mon innocence virginale, la paix de mon âme, votre protection et la chaleur de votre foyer, et attirai sur moi des tourments infinis ». Henry l'a en effet convaincue de se laisser enlever. Après seulement quelques semaines de bonheur, il a été rappelé sur son vaisseau à Portsmouth et l'a quittée avec des serments de « fidélité éternelle », et l'assurance « qu'il m'enverrait de l'argent et m'écrirait chaque fois qu'il en aurait l'occasion, promesses qu'il ne tint hélas jamais ». Finalement, Louisa prend la diligence pour Portsmouth avec ses dernières économies, trouve un logement et envoie un mot à Henry. Ils passent encore deux jours ensemble avant qu'elle apprenne que son bâtiment s'apprête à appareiller, nouvelle qui la met dans un état tel que lorsqu'elle en émerge elle « ne possède plus que quatre guinées ». Obligée d'engager ses vêtements, puis « (bien qu'avec le plus grand regret) de disposer de ce qui meublait mon logement », elle est poursuivie et condamnée à sept ans de bagne à Botany Bay.

Il est facile de se moquer de ces histoires moralisatrices pleines d'excitation sexuelle refoulée ; tellement facile qu'on est frappé de stupeur en découvrant à quel point elles sont proches de la réalité. Une jeune fille qui a pu servir de modèle à Louisa Harewood est emprisonnée à quatre cents kilomètres au nord de Londres. À l'instar de Sarah Whitelam, qui deviendra sa meilleure amie, Mary Rose est originaire du Lincolnshire, un comté long, plat et marécageux situé dans l'est de l'Angleterre.

Toutes deux font partie de la poignée de filles de mauvaise vie qui ont été condamnées au bagne par les juges du tribunal itinérant du Norfolk en 1787.

Le Lincolnshire est trop éloigné et beaucoup trop rural pour susciter l'intérêt des grandes villes, et particulièrement de la capitale, mais en 1788 il peut prétendre à la célébrité. Cette année-là en effet, le roi George III traverse sa crise de démence la plus sévère, et le médecin amené à Kew pour soigner ses délires vient du Lincolnshire. Les espoirs du parti du roi et ceux du Premier ministre, William Pitt, reposent sur les épaules du docteur Willis et de sa méthode : franc-parler et cataplasmes brûlants. Le docteur Willis est pourtant de basse extraction. Le personnage le plus important du Lincolnshire est alors sir Joseph Banks, de Revesby Hall : président de la Société royale, il finance des expéditions géographiques et botaniques partout dans le monde ; presque vingt ans plus tôt, en 1770, il a accompagné le capitaine Cook dans le voyage d'exploration qui l'a conduit en Nouvelle-Galles du Sud.

Ni le docteur Willis ni sir Joseph Banks n'ont entendu parler de Sarah Whitelam, dix-huit ans, simplement désignée comme « célibataire de Tealby » lors de son procès qui a lieu au cours des sessions trimestrielles de Kesteven en avril 1787. Elle est condamnée pour cambriolage « avec recours à la force et aux armes ». Son énorme butin comprend : « Une robe de Coventry gris foncé, une robe en coton à rayures rouges et lilas sur fond blanc, une robe en crêpe de Norwich, un jupon rose piqué et matelassé, sept yards [6,4 mètres] de calimanco noir, un corset de femme, une cape en satin noir, une cape en dauphine rouge, un tablier de batiste, un mouchoir de soie chocolat, un mouchoir de soie rouge et noir, un mouchoir de soie noire, un chapeau de femme en soie noire, trois tabliers de lin blanc, deux tabliers blancs à carreaux en lin et coton, une paire de souliers en cuir et une paire de boucles de souliers tressées », pour un montant total de cinquante et un shillings. On ne sait rien des circonstances dans lesquelles ce forfait a été commis. Il s'agit sans doute d'un grand classique de l'époque : vol de la maîtresse ou de la voisine de chambre. La mention « recours à la force et aux armes » ne fournit guère d'indications, car l'éventail des possibilités est trop large : cela peut aller du fait de pousser quelqu'un pour l'écarter de son chemin au maniement d'une hache. En tout cas, l'arme n'était sans doute guère dangereuse, sinon cet acte ajouté au montant du vol supérieur à trente-neuf shillings lui aurait valu la peine de mort.

À Lincoln, Mary Rose, seize ans selon certains procès-verbaux, vingt selon d'autres, se prépare à passer son deuxième Noël en prison. La situation de Mary Rose est assez différente de celle de Sarah Whitelam, car en décembre 1788 sir Joseph Banks s'intéresse personnellement à son cas. Visiblement bouleversés par l'histoire de cette véritable Louisa Harewood au joli minois et au nom charmant, des notables locaux ont en effet attiré son attention sur la jeune fille. Dans le *Lincoln, Rutland and Stamford Mercury* du 26 décembre 1788, l'un d'entre eux fait paraître un poème extraordinaire :

Sur MARY ROSE, *jeune fille de seize ou dix-sept ans emprisonnée à Lincoln [...] pour un délit mineur :*

Quand les nuages s'amoncellent,
Que l'hiver règne sans partage,
Quand la morsure des vents cruels
Du fleuve arrête le voyage,
Alors, vous, riches et puissants,
Vous les Howard du vieux Lincoln,
Songez aux grilles de la prison
Où se tapit l'horreur sans bornes.

Afin de chasser le sommeil,
L'aube nacrée qui si fort luit
D'un double rayon de soleil
Perce le sein noir de la nuit.

C'est lors que mon esprit m'emporte
Vers Lincoln et sa triste geôle,
Où, sans ami d'aucune sorte,
Une ROSE *accablée s'étiole.*

Lourde est ta peine, infortunée,
Toujours sur la paille tu gis.
Du gai soleil tu es privée.
Avec des larmes pour tout ris,
Pour siège, une pierre glacée,
Pour séjour, un sombre caveau.
Puisse le destin m'accorder
L'éternelle paix du tombeau.

Il semble qu'avant cette malheureuse histoire Mary Rose, fille d'une famille unie aux revenus moyens, ait vécu tranquillement avec ses parents, travaillant la terre du Lincolnshire, promise à un mariage avec un fils de fermiers voisins, vouée à la même existence paisible que sa mère et sa grand-mère ; une fille du comté parmi d'autres, en somme. Tout cela change quand elle rencontre un officier en garnison.

Apparemment, le mariage est impossible. Refus de sa famille qui la trouve trop jeune, opposition des supérieurs et des parents du jeune homme qui ne veulent pas d'une mésalliance ? Si les différences sociales sont très importantes, il n'a peut-être jamais été question de mariage ; Mary est pourtant persuadée que son officier prendra soin d'elle. Ils tombent amoureux (elle, en tout cas), et une nuit elle s'enfuit de la ferme familiale pour s'installer à Lincoln.

Quand ses parents découvrent sa disparition à leur réveil, ils doivent agir vite : dans quelques heures, leur petite fille sera une femme perdue et la famille déshonorée. Mary Rose n'est pas une servante sans nom ni fortune, mais un bon parti : à sa majorité, elle disposera d'une rente de vingt livres par an. Sa famille organise des recherches affolées dans la ferme et tous les environs avant de comprendre qu'elle s'est enfuie avec le jeune officier. Ils le connaissent sans doute déjà pour l'avoir invité chez eux et vu en d'autres occasions.

Pour sauver leur fille du scandale, il faudrait la retrouver ou la marier sur-le-champ. Mais dans les jours ou les heures qui suivent son départ, Mary Rose partage la couche de son officier. Souhaite-t-il l'épouser — l'enlèvement de Mary serait alors un moyen de forcer la main de son père — ou a-t-il toujours eu l'intention de l'abandonner un jour ? Quoi qu'il en soit, les événements décident à sa place : quelques semaines après leur fuite, son régiment est envoyé à l'étranger et il est obligé de quitter sa toute jeune maîtresse. Il semble qu'il se soit bien comporté, car il laisse de l'argent à la logeuse pour payer la pension de Mary jusqu'à son retour. Bien que tout ne soit pas très clair, l'honneur de l'officier sort plus ou moins intact de cette aventure, tandis que la logeuse révèle la noirceur de sa nature.

Quelle que soit l'histoire racontée par Mary et son amant, Ann Kestleby se fait rapidement une idée de la situation. Son comportement à l'égard de Mary après le départ de l'officier montre à quelle considération peut s'attendre une fille qui a préféré l'amour à la respectabilité. Aux yeux de la logeuse, Mary Rose s'est exclue volontairement de la société et n'a donc plus droit à la protection de sa famille ; et comme son unique protecteur est en route pour la France, il faudra bien qu'elle accepte sa destinée. Mme Kestleby convoite l'argent laissé par l'officier. Or quoi de plus facile, pour se débarrasser de Mary, que de l'accuser de vol ? N'importe quel magistrat la croira, surtout une fois informé de la position de la fille. Mary Rose se retrouve ainsi devant un magistrat qui, en présence d'un forfait manifeste et d'un témoin, n'a d'autre choix que de porter l'affaire devant un juge de la haute cour lors des assises itinérantes du Norfolk. Dans l'attente du procès, Mary est enfermée à la prison de Lincoln.

La jeune fille a vécu la même chose que Louisa Harewood et Lydia Bennett, deux personnages de fiction. Le recours fréquent à cette intrigue, tant dans les *chapbooks* que dans les romans de Jane Austen, montre bien la fascination exercée par les filles séduites. Dans *Orgueil et préjugés*, Lydia s'enfuit et se cache à Londres — où personne ne la connaît — avec son bel intrigant, et sa famille a un peu de temps pour réagir. Mais surtout, les Bennett sont sauvés de la disgrâce par M. Darcy, qui dénoue la situation en obligeant son dépravé de futur beau-frère à épouser Lydia. Personne, en revanche, ne sauve Mary Rose de la prison.

Le juge Heath fait son entrée dans Lincoln par une fin d'après-midi de mai 1787, escorté par les hommes en grande tenue du shérif Theophilus Buckworth, qui l'accueille. On l'installe dans une auberge où il reçoit la visite des notables du comté. Les assises de carême débutent le jour suivant avec la pompe habituelle. Seuls dix prévenus doivent comparaître, mais le rituel qui consiste à citer les noms de chaque juge de paix, maire, coroner, intendant, huissier et constable est respecté avec la même solennité qu'à l'Old Bailey, où l'on examine le cas de centaines de criminels à chaque séance. Les membres du grand jury — ces propriétaires plutôt ternes, d'âge moyen, sur l'intelligence et le désintéressement desquels repose finalement tout le système — entrent un par un. Après les recommandations d'usage, on leur fait prêter serment, et le juge se lance dans d'interminables généralités sur la grandeur de la Constitution anglaise, le droit coutumier, George III, la liberté, la propriété et la moralité. Les jurés se rendent alors dans une autre salle pour entendre la lecture des actes d'accusation par le greffier.

Tous ces préliminaires sont assez ennuyeux pour le public installé sur les bancs branlants des tribunes. « Le beau temps a attiré à ces assises une foule beaucoup plus importante qu'à l'accoutumée », indique le *Lincoln Mercury*. On s'agite et les rafraîchissements circulent. Si un homme important que les braves gens n'ont guère l'occasion d'approcher — un beau propriétaire terrien ou un jeune esquire — fait partie du grand jury, cela égaye un peu les premières heures assommantes des assises, mais tous attendent le clou du spectacle : les criminels enchaînés qui sortent en trébuchant de leur cellule pour raconter leur histoire. S'il y a de la violence ou de la passion, c'est encore mieux. Plus que le beau temps, c'est sans doute l'affiche particulièrement prometteuse qui explique une telle affluence : au moins un meurtrier et une fille de bonne famille perdue.

Les procureurs et les témoins de chaque affaire se présentent devant le juge Heath pour prêter serment ; ils sont ensuite conduits auprès du grand jury, devant lequel ils vont témoigner, à l'écart du public. Enfin, on fait entrer les dix accusés ensemble. Toute l'assistance se redresse pour commenter leur aspect et parier sur leur avenir. On fait sortir ceux que le grand jury a déjà relaxés. Un à un, les autres s'avancent, lèvent la main à l'appel de leur nom, et répondent s'ils plaident coupable ou non coupable.

« Comment serez-vous jugé ? demande le greffier à William Rawby.

— Par Dieu et par mon pays. »

La seule réponse possible.

« Comment serez-vous jugé(e) ? demande-t-il à Mary Rose, John Lee et John Thompson.

— Par Dieu et par mon pays. »

Après la constitution d'un petit jury de douze hommes, le public finit par se taire pour écouter l'histoire triste et fascinante des prisonniers. C'est le grand moment de la journée, mais il est vite passé : les audiences sont menées tambour battant, et si le prévenu est un peu lent d'esprit il sera déclaré innocent ou coupable avant même d'avoir compris qu'il s'agit de son affaire. Les accusés peuvent appeler des témoins de moralité à la barre, mais Mary Rose n'a sans doute personne qui puisse garantir la sienne. Après le récit d'Anne Kestleby, la méchante logeuse, en présence d'une Mary probablement silencieuse, le jury sort brièvement pour délibérer, revient et rend son verdict : coupable. Murmures dans l'assistance. On fait sortir la jeune fille. Si le tribunal suit le schéma habituel, une fois que le jury s'est prononcé sur toutes les affaires le shérif invite le juge Heath à venir se restaurer chez lui. Les prisonniers attendent. Après le pudding, le juge revient au tribunal et s'apprête à prononcer sa sentence.

« Y a-t-il quelque chose qui s'oppose à ce que vous soyez jugés ?

— Non », répondent les accusés.

John Lee et John Thompson, cambrioleurs, et Mary Rosc, volcusc, sont condamnés à sept ans de bagne. Quant à William Rawby, qui a assassiné sa servante, il sera exécuté le lendemain.

À seize heures, tout est terminé. Le juge Heath quitte la ville afin de poursuivre sa mission à Nottingham et Stafford, et les fermiers des villages voisins rentrent chez eux. On reconduit Mary Rose dans sa cellule. Quel désespoir doit être le sien ! Elle va passer vingt mois dans la prison de la ville, quatre cellules en mauvais état situées au sous-sol d'une maison juste à côté de Guildhall*, trois marches en dessous du niveau de la rue. La seule lumière provient de petites fenêtres à barreaux devant lesquelles les gens peuvent s'agenouiller pour passer nourriture et boisson. Deux cellules sont réservées aux hommes, deux aux femmes. Dans toutes les prisons, chaque fois que c'est possible, on sépare les criminels des détenus pour dettes. Mary passe sans doute les premiers mois seule, car il y a peu de criminelles dans les environs. Elle n'est donc pas trop à l'étroit, et le seau placé dans le coin n'est destiné qu'à son usage personnel, mais cette solitude lui laisse du temps pour réfléchir à l'avenir sombre qui l'attend.

Deux mois avant l'incarcération de Mary Rose à Lincoln et celle de Sarah Whitelam à Kesteven, plusieurs prisons du Lincolnshire se sont débarrassées d'une partie de leurs détenus de longue date. On a emmené les condamnés à la transportation au sud pour les embarquer sur la première flotte à destination de Botany Bay

* L'hôtel des guildes ou des corporations ; souvent l'hôtel de ville. (*N.d.T.*)

en Nouvelle-Galles du Sud, l'île sauvage choisie pour l'exil des forçats britanniques. William Douglas, de Horncastle ; Mary Groves, une fille de Lincoln qui s'est emparée d'un sac contenant treize guinées ; Mary Harrison, qui a volé des lettres de change dans un pli à la poste de Gainsborough ; John Irvine, alias Aderson, alias Law, un charlatan vendant de prétendues panacées et condamné en 1784 pour le vol d'une timbale en argent ; Paul Page, condamné à la pendaison pour cambriolage et gracié à la condition qu'il parte pour Botany Bay ; le pickpocket George Robinson, de Market Rasen ; Thomas Saunderson, pour vol à main armée ; James Stow, voleur ; John Mowbray, qui a dérobé une montre en argent ; William Sands, qui a volé une jument ; Mary Pinder, dont on ne sait rien ; Rebecca Bolton, épouse de Thomas, avec son bébé de huit mois. Tous ont été embarqués sur les navires à Londres.

Pour Mary Rose et Sarah Whitelam, il s'en est fallu de quelques semaines. Au cours de leurs premiers mois d'emprisonnement, elles se réjouissent peut-être d'y avoir échappé. Une semaine après le procès de Mary Rose, le *Lincoln Mercury* publie en effet un article fort encourageant :

« Les navires à destination de Botany Bay ont emmené près de mille criminels. [...] Cette opération sera organisée une fois l'an : tous les criminels condamnés au cours de la période seront alors rassemblés et envoyés outre-mer. [...] La transportation à Botany Bay présente le même intérêt que les anciens convois pour l'Amérique, car elle met le royaume à l'abri d'une nouvelle contagion des membres pernicieux de la société. Si l'on se réfère à la mortalité des voyages précédents, on suppose que seul un convict sur cinq survivra à la traversée. Et, quand bien même les survivants purgeraient leur peine, jamais ils ne pourront se payer le voyage de retour au pays. »

Dans les dix-huit mois qui suivent, il devient évident que cette belle organisation d'expulsions annuelles n'est pas au point. En novembre 1787, le *Mercury* reste convaincu que les préparatifs pour le départ de la prochaine flotte suivent leur cours : d'après des informations de Londres, « les bâtiments en partance pour Botany Bay devraient prendre la mer à la fin du mois prochain ». En février, les navires ne sont toujours pas partis, mais sept hommes emprisonnés à Lincoln sont transportés à Portsmouth en chariot cellulaire. À la mi-juin, ils sont rejoints par cinq hommes d'Oakham. En décembre 1788, les navires pour Botany Bay sont encore en cale à Deptford, et les criminels emmenés au sud quelques mois plus tôt vivent sur les pontons de Porstmouth tandis que Mary Rose et Sarah Whitelam ont déjà purgé un an et demi de leur peine sans quitter le Lincolnshire.

Les parents de Sarah, qui vivent dans le comté, n'ont pas abandonné leur fille. Ils lui ont apporté de la nourriture, du linge propre et d'autres petites choses pour pallier l'inconfort de sa cellule commune. En général, les femmes détenues dans les prisons rurales sont mises en liberté conditionnelle pendant l'été pour aider aux moissons et aux récoltes dans les fermes des environs. Le soir, elles regagnent leur cellule ou sont placées sous la garde d'un fermier de confiance. En ce qui concerne Sarah, on ne trouve aucune trace de demande de remise de peine, mais il est peu probable qu'elle en ait présenté une : reconnue coupable d'un crime passible de la peine capitale, elle n'a été condamnée qu'à la transportation et ne peut donc guère s'attendre à davantage de clémence.

Mary Rose, elle, souffre beaucoup. Au printemps 1787, la perspective d'un exil à Botany Bay lui paraît peut-être épouvantable, mais en décembre 1788 il est sans doute devenu préférable à la vie en prison. On peut s'imaginer le désespoir de la jeune fille : visiblement abandonnée par sa famille et son officier, elle n'est pas sortie une seule fois à l'air libre en dix-huit mois et n'a pas eu d'autre exercice que celui que lui permet une cellule de douze mètres carrés. En outre, son passé l'expose sans doute aux obscénités et à d'éventuelles agressions des geôliers.

Néanmoins, pendant l'année 1788, Mary recueille des soutiens, peut-être grâce à une personne restée en contact avec elle. Chance ou détermination, sir Joseph Banks prend fait et cause pour elle. À Noël, Mary reçoit la visite d'un M. Vanniel, apparemment à la demande du maire en réponse à une lettre de sir Joseph. Comme il n'y a en cours ni recours en grâce, ni projet d'envoi des prisonnières des villes dans des cellules ouvertes à la campagne susceptible d'intéresser Mary, l'homme vient probablement la sonder sur son désir de faire partie du deuxième convoi pour Botany Bay.

Sir Joseph Banks a été associé de près à la création de la nouvelle colonie pénitentiaire. Alors qu'il était jeune et ambitieux, il a fait avec le capitaine Cook un voyage de trois ans qui l'a mené aux îles des mers du Sud, en Nouvelle-Zélande, et sur un étrange continent alors connu sous beaucoup de noms différents, le plus célèbre étant celui de Nouvelle-Hollande. La baptisant Nouvelle-Galles du Sud, les explorateurs ont pris possession de la côte orientale au nom de la Grande-Bretagne. Le risque de contestation par les Hollandais était mince, car il y avait plus d'un siècle qu'ils n'étaient pas retournés sur ce rivage hostile. Botany Bay a reçu son nom au cours du même voyage, en l'honneur de la variété et de l'exotisme des spécimens que sir Joseph avait pu réunir. Au retour des explorateurs, en 1771, on en a montré quelques-uns dans des expositions extrêmement populaires. Tout cela a fait la renommée de Banks, et par la suite il ne cessera de se poser en expert des antipodes. Quinze ans plus tard, c'est en partie sur sa recommandation que lord Sydney, ministre de l'Intérieur et des Colonies, choisira la Nouvelle-Galles du Sud comme lieu de bannissement des criminels condamnés au bagne.

En 1786, le projet de colonie pénitentiaire Banks-Sydney est approuvé, et en mai 1787 onze navires quittent Portsmouth avec un premier contingent de forçats à leur bord. En décembre 1788, alors qu'un deuxième convoi aurait déjà dû rejoindre le premier, aucune liste de noms n'a été établie et un seul bâtiment a été armé. M. Vanniel et Mary Rose ont cependant dû discuter de l'envoi éventuel de quelques criminels du Lincolnshire sur le prochain navire moyennant un discret coup de pouce de sir Joseph. « Elle m'a paru désireuse de se rendre à Botany Bay », écrit M. Vanniel au maire le 28 décembre ; en effet, « elle est toute disposée à aller n'importe où plutôt que de demeurer dans cet horrible endroit ». Environ une semaine après que le maire (et donc sir Joseph) a été informé de cette rencontre, on discute de son cas au cours d'une réunion du conseil municipal. D'un côté, on mentionne sir Joseph et Botany Bay et on laisse entendre qu'il serait souhaitable d'user de certaines influences locales pour soulager les dépenses de la ville en transférant quelques criminels aux frais de la Couronne. De l'autre, on observe que faire conduire la fille au sud de Londres coûterait dix livres et douze shillings pour la voiture et les services d'un geôlier. Quelqu'un ajoute également que d'après ses informations Mary Rose est « un mauvais sujet ». Ces échanges sont rapportés à Banks, qui met un terme aux objections en proposant de participer au coût du transport. En février, la décision est prise, et le conseil municipal attend l'ordre officiel de lord Sydney pour envoyer Mary au sud du pays, première étape de son voyage. En attendant, on lui constitue « un petit pécule ».

À vingt et un mille kilomètres de là, les convicts qui ont quitté Lincoln en mars 1787 sont arrivés en Nouvelle-Galles du Sud en janvier 1788 avec le reste de la première flotte. En Angleterre, on ignore encore que leur camp ne se trouve pas à Botany Bay, car la terre y est aride et trop exposée. Les colons se sont installés près d'une petite baie à quelques kilomètres d'un cours d'eau repéré en 1770. Ils ont baptisé l'endroit Sydney Cove. Là, le sol semble plus fertile, les eaux de la crique à l'extrémité de l'anse (*cove*) sont abondantes et pures, et le port naturel est immense.

En décembre 1788, Sydney Cove est une « ville » de garnison britannique en bordure d'un continent aborigène, un camp de travail gardé par deux cent cinquante militaires et administré par une poignée d'hommes affectés à des postes civils qui relèvent du tout nouveau gouverneur colonial de la Couronne, Arthur Phillip. Partis à l'intérieur des terres à vingt-cinq kilomètres de là, en amont du cours d'eau, des colons ont fondé un village appelé Rose Hill. D'autres ont repris la mer (côté Pacifique) et en ont fondé un autre sur l'île de Norfolk — également repérée par le capitaine Cook et sir Joseph dix-huit ans plus tôt —, à mille six cents kilomètres au nord-est. Huit mille kilomètres séparent la garnison de ses voisins européens les plus proches, les Hollandais, qui possèdent des comptoirs à Batavia (Jakarta) au nord et au Cap à l'est. Entre les Britanniques et les Hollandais, donc, des milliers de kilomètres de terres inconnues : c'est la colonie européenne la plus isolée du globe.

La première flotte a quitté l'Angleterre avec des réserves de nourriture calculées pour six mois en mer et un an à terre, et la promesse du ministre Sydney que la relève arriverait dans l'année. On espérait que d'ici là la colonie serait parvenue à un certain degré d'autosuffisance, or rien n'a tourné comme prévu. On a apporté du bétail pour l'élevage, mais beaucoup d'animaux sont tombés malades entre Le Cap et la Nouvelle-Galles ou ont disparu dans le bush. Au Cap, on s'est également procuré des semences qui sont devenues inutilisables car elles ont germé pendant la traversée. À Sydney Cove, les pentes sur lesquelles on a construit les petites cabanes sont stériles. Bien qu'on ait retourné et ensemencé le promontoire et les îles au milieu du cours d'eau, on ne parvient pas à produire assez de légumes pour le camp. Le terrain n'étant pas naturellement fertile, il faudrait du fumier pour l'amender, et donc des animaux, des chevaux de trait, mais aussi des charrues, des houes, des seaux, des haches, des charrettes, des jardiniers et des travailleurs agricoles. Il faudrait en effet des hommes possédant des connaissances en agriculture et en horticulture, des personnes sachant atteler un cheval et utiliser son crottin. Le gouverneur Phillip n'a rien de tel. Ses condamnés viennent des villes : après avoir vidé des poches à Covent Garden et Shoreditch ou cambriolé des chambres à Bristol et Hull, ils se retrouvent attelés à des charrettes en bois vert aux roues pas vraiment rondes qui bringuebalent sur des chemins de terre autour de l'anse. C'est de la ville aussi que sont originaires les femmes qui ont volé dans les boutiques de Holborn ou dérobé l'argenterie de leur maîtresse à Liverpool et qui parcourent à présent le littoral à la recherche de coquilles d'huîtres destinées à la fabrication de la chaux qui empêchera les huttes de s'écrouler. Enfin, des militaires moroses se chamaillent pour des histoires de préséance et d'honneurs et considèrent que la garde d'un camp ne sied pas à leur rang.

Depuis le XVIe siècle, les gouvernements européens envoient des groupes de reconnaissance outre-mer pour encourager le commerce, se débarrasser des indésirables et s'approprier de nouvelles terres avant leurs voisins. La petite colonie de Sydney Cove est alors la dernière de cette série, avec ses hommes aux tenues inadaptées qui se frayent un chemin dans la végétation hostile d'un continent inconnu. En décembre 1788 elle souffre des problèmes propres à toutes les jeunes colonies à prédominance masculine éloignées de la mère patrie.

Quand on commence à envisager de coloniser ce territoire dans les années 1770, on évalue les ressources nécessaires pour permettre aux futurs colons de survivre jusqu'à l'autosuffisance. Les discussions ne se limitent pas aux semences, au bétail et aux briques. Les femmes constituent une ressource tout aussi vitale afin d'assurer le renouvellement de la population et d'éviter certaines déviances. « Si elles ne sont pas en nombre suffisant, on sait bien qu'il sera impossible de préserver la colonie de lourdes irrégularités », écrit un fonctionnaire plutôt prude. L'opinion du gouverneur Phillip sur ces éventuelles « irrégularités » est pour le moins tranchée. Il estime que tout homme surpris entrain de commettre l'acte de sodomie doit être emmené en Nouvelle-Zélande et jeté en pâture aux Maoris. « Leur très faible proportion rend l'envoi de femmes supplémentaires absolument indispensable », note Phillip dans l'un de ses premiers rapports.

Les discussions autour de ce problème suscitent des propositions originales. En 1786, des conseillers de lord Sydney suggèrent d'aller les chercher aux îles des Amis (Tonga) et en Nouvelle-Calédonie, « où l'on peut se procurer le nombre souhaité sans difficulté ». Initialement, Sydney et Phillip avaient admis qu'une cargaison de beautés à la peau mate était le meilleur arrangement possible pour préserver la colonie d'actes impurs, et ce projet avait été incorporé aux instructions officielles de Phillip (à condition qu'on n'ait recours à aucune « mesure contraignante ou prétexte fallacieux » pour les obtenir). Lorsque Phillip envoie ses premières lettres en 1788, il a changé d'avis : « Faire venir des femmes des îles, compte tenu de notre situation présente, les exposerait à des souffrances certaines. » Sydney Cove n'est pas le paradis tropical pour jeunes filles en pagne qu'on imagine avec optimisme à Londres.

Sur les 1 079 personnes parties en 1787, 259 sont des fonctionnaires ou des militaires, et 35 d'entre eux sont accompagnés de leur épouse. Les 193 femmes convicts ne sont pas assez nombreuses pour prévenir les déviances parmi ceux qui dirigent la colonie, sans parler des forçats. Le développement de la colonie implique que les émigrants et les bagnards libérés s'intéressent à son avenir à long terme, d'où la nécessité de leur fournir des femmes. Le problème n'est ni nouveau ni insoluble. Dans les colonies plus anciennes, la réponse classique consiste à déporter des criminelles. Depuis des décennies, des convois traversent régulièrement l'Atlantique et l'océan Indien suivant des itinéraires préétablis, essentiellement vers les Amériques et les Indes orientales. Avant l'établissement en Nouvelle-Galles du Sud, soixante mille hommes et femmes des îles Britanniques ont déjà quitté leur pays d'origine pour les plantations et les comptoirs. Il suffit de changer la destination des convois. Ces femmes — futures épouses ou concubines — contribueront à stabiliser les hommes. En effet, la nouvelle administration coloniale a une position très claire quant à leur rôle. Certains forçats ne tarderont pas à recouvrer leur liberté ; afin de les inciter à s'installer et à demeurer productifs, il faudra leur procurer des terres, de l'aide pour défricher et labourer par le biais du travail forcé de leurs anciens camarades, et puis une femme. Par conséquent, les autorités ont décidé d'attribuer cinquante arpents de terrain à un homme marié (et dix de plus par enfant), contre seulement trente à un célibataire. Ce projet raisonnable et pragmatique devrait servir son objectif, mais il suppose une réserve d'épouses potentielles et dociles.

Cependant, toutes les femmes ne sont pas destinées au mariage. Lord Sydney avait initialement estimé que deux cents indigènes du Pacifique suffiraient « pour servir de compagnes aux hommes », et par « hommes » il entendait les sous-officiers et les hommes de troupe — pas les convicts. Comme les insulaires n'ont pas quitté leurs îles, il faut bien aller chercher les « femmes de réconfort » ailleurs. Ce qui nous apparaît aujourd'hui comme un système d'une hypocrisie stupéfiante est parfaitement normal aux yeux du commodore Phillip et du ministre Sydney. Au fait des mœurs et des besoins des jeunes colonies, ils connaissent la version dévoyée du foyer traditionnel qui y a cours. Le rôle de ces « femmes de réconfort » est alors si bien établi que de nombreux commentateurs les désignent comme des « épouses », surtout lorsqu'elles sont attribuées aux militaires de haut rang. Ainsi, écrira cinq ans plus tard un visiteur, « tout officier, émigrant ou soldat a droit [à son épouse], et peu n'en ont pas». Sydney Cove s'est donc empressé de suivre le modèle social de la ville de garnison coloniale où personne n'attend d'une union qu'elle dure éternellement. Rares sont ceux, parmi les militaires ou les personnes occupant une position privilégiée, qui vivent sans «épouse». La seule exception semble être le gouverneur, mais cela tient peut-être à des lacunes dans les archives plutôt qu'à une chasteté effective de l'occupant de la grande maison.

Le gouverneur Phillip estime qu'encourager les convicts à se marier entre eux doit favoriser la moralisation de la lie de la société. Néanmoins, il est conscient que le mariage ne peut absorber toute l'énergie sexuelle d'une colonie essentiellement masculine et que les hommes jeunes ont certains besoins indéniables. Avant de prendre la mer, il a proposé à lord Sydney de créer un ghetto de prostituées composé «des plus débauchées». Ces filles qui, semble-t-il suggérer, se dévoileront d'elles-mêmes seraient «autorisées à recevoir la visite des bagnards dans les limites qui leur seraient assignées et sous certaines conditions». Les autres, parfaitement vertueuses, pourraient épouser des forçats ou devenir concubines de militaires.

En décembre 1788, les lettres de Phillip à l'attention de lord Sydney se trouvent à bord de deux convois séparés. Sur les onze navires partis en 1787, deux restent sur place; parmi les neuf qui vont regagner l'Angleterre, trois n'étaient sous contrat avec l'amirauté que jusqu'à Sydney Cove. Ensuite, engagés par la Compagnie des Indes orientales, ils doivent rentrer via Canton pour y prendre livraison d'un chargement de thé. Ils quittent donc Sydney Cove en mai 1788. Les six autres bâtiments, qui retournent directement en Angleterre, partent en juillet. Chaque convoi emporte avec lui des rapports très francs du gouverneur. Il y décrit sans détour l'état de la colonie et exprime encore plus ouvertement ses craintes quant à son avenir, fort compromis si on ne lui fournit pas les soutiens nécessaires à ce stade précoce et éminemment fragile de son développement. Phillip croit néanmoins à la Nouvelle-Galles du Sud : il est convaincu que la terre va produire, le défrichement progresser, les sauvages devenir amicaux, la mer fournir du poisson et des tortues, et que sous peu soldats et négociants vivront côte à côte à Sydney Cove. Mais il sait qu'il n'arrivera à rien avec ce qui lui a été fourni par la Couronne en mai 1787. Dans ses dépêches, il ne cesse de revenir sur ses besoins fondamentaux : par ordre de priorité, plus de nourriture, plus d'hommes qualifiés, et plus de femmes.

CHAPITRE III

Le typhus

En décembre 1788, à Newgate, cent cinquante et une détenues occupent les trois cellules prévues à l'origine pour soixante-dix et vivent des rations déterminées pour ce maximum théorique. Chaque cellule possède une fenêtre ouvrant sur un puits intérieur. Il n'y a pas de lit, mais une planche au fond de la pièce et une poutre fixée au bout, qui servent respectivement de matelas et d'oreiller. Dormir là est un privilège qui se paye chaque semaine. Les couvertures de chanvre se louent également. Celles qui n'ont pas les moyens de s'offrir l'un ou l'autre doivent se pelotonner sur le sol en pierre souillé de salive et d'urine. Avant d'ouvrir les cellules chaque matin, les geôliers avalent un verre d'alcool pour ne pas s'évanouir, car le « flot de miasmes pestilentiels » suffit à les renverser.

Affaiblie, la population de Newgate souffre de malnutrition, du froid faute d'habillement convenable, et est infestée de poux porteurs de maladies. Les cellules constituent donc le foyer idéal du typhus. Pendant quelque temps, M. Simpson, le chirurgien de la prison, avance lui-même les fonds pour payer les remèdes et embaucher des apothicaires. Dans les années 1780, cette situation n'a rien d'exceptionnel : tous les hivers, les prisons traversent une crise et, sauf catastrophe majeure, en sortent tant bien que mal au printemps. Mais en 1788, l'hiver est particulièrement rigoureux. Or les geôles sont surpeuplées et il n'y a pas assez d'argent pour la nourriture, sans parler des médicaments.

Un matin de novembre, Simpson est appelé : une prisonnière montre des symptômes indubitables de typhus. Le chirurgien court prévenir le gouverneur. Compte tenu des conditions de détention, tous deux sont conscients du risque d'épidémie.

En novembre et début décembre, pendant que le personnel pénitentiaire lutte pour contenir la maladie parmi les détenus, des agents et des constables surmenés venus de tout Londres amènent de nouveaux prisonniers. Ann Clapton et Charlotte Marsh arrivent par le chariot du poste de Wood Street le 5 décembre. Mary Arnold, prise en flagrant délit de vol à la tire dans les écuries de Long Acre, et Mary Oakley, arrêtée pour le même motif à Holborn, viennent de Poultry. La « cambrioleuse » Esther Curtis, retrouvée ivre dans les commodités, est amenée de Tothill. Ann Bone, alias Smith, Jane Walters — une prostituée de Ratcliff — et son petit ami John Dearman, Ann Gallant et son complice Francis Bunting sont tous arrivés fin novembre et doivent être « présentés devant la justice » aux sessions de l'Old Bailey qui ouvriront le 10 décembre.

Newgate héberge alors non seulement les prévenus, mais aussi les personnes condamnées à mort ou au bagne lors des séances précédentes qui se sont achevées six semaines plus tôt. Au cours de l'année 1788, le taux d'occupation de la prison atteint des sommets entre les sessions, puisqu'on y amène de soixante-quinze à deux cents nouveaux prisonniers. Environ un cinquième des arrivants vient d'être jugé, tandis que les autres attendent leur procès. Après chaque session, une partie d'entre eux rejoint les condamnés, et leur nom est alors reporté sur un autre des immenses registres de la prison. Au fil des mois, cette population croît dans des proportions intenables.

Fin octobre, le recensement des criminels est le suivant : 18 exécutions en attente, 288 condamnés à la transportation, dont 1 aux Amériques, 4 en Afrique, 4 en Nouvelle-Galles du Sud et 279 outre-mer. À ce total il faut ajouter les nombreux prisonniers pour dettes qui représentent plus de la moitié de la population carcérale. Au matin du 10 décembre, 141 inculpés attendent de comparaître ; au total, on compte plus de 800 détenus. Ce chiffre excède de presque trois cents pour cent ce qui était prévu lors de la reconstruction de la prison quelques années plus tôt. La situation est ingérable ; or les filles de mauvaise vie, les débiteurs, les voleurs à la petite semaine et les agresseurs ne cessent d'affluer et ont besoin de place, de couchage, de nourriture et d'air.

C'est dans ces conditions alarmantes que s'ouvre la dernière session de l'année devant la haute cour de Londres. L'arrière des tribunaux donne directement sur Newgate. Ces deux institutions longent Old Bailey, la ruelle nord-sud reliant Holborn et Ludgate Hill à l'ancienne limite de la Cité de Londres. La prison est alors reliée à la haute cour par Dead Man's Walk, la « promenade du Mort », un passage souterrain qu'empruntent les prisonniers conduits à la barre. À quelques mètres des tribunaux, le typhus sévit. Pendant quatre jours, en plein cœur de l'hiver, les juges, jurés, témoins et auxiliaires de justice vont vivre portes et fenêtres ouvertes, exposés à la neige et à la pluie battante, tant ils redoutent la contagion. Les salles d'audience sont nettoyées au vin et au vinaigre ; pendant la journée, on brûle des herbes aromatiques sur des braseros ouverts et l'on fait exploser de petites quantités de soufre et de tabac. Afin d'éviter une contamination par l'haleine des accusés, les jurés, les avocats et les juges mâchent de l'ail, du zeste d'agrume, de la cardamome et des graines de cumin.

Le premier jour de la session est glacial. Les accusés se recroquevillent et toussent sur les marches situées au bout de la promenade du Mort, où une Bible, un livre de prières et un bougeoir sont enchaînés au mur. À neuf heures du matin le lord-maire en robe, avec chapeau et chaîne*, quitte sa résidence officielle, la Mansion House, accompagné du *recorder*, le premier magistrat de la Cité de Londres, du massier**, du porte-glaive et du chef du protocole. À l'Old Bailey, ils sont cérémonieusement accueillis par M. Bloxham, le shérif de la Cité de Londres, et escortés à l'intérieur. Le lord-maire pénètre dans la première salle d'audience, la plus grande, et prend place sous le glaive de la justice. Les deux autres juges sont emmenés par les échevins et les shérifs dans les salles d'audience deux et trois. On fait prêter serment aux jurés, et on les parque dans des box.

Quand les tribunaux se mettent enfin au travail, ils ne chôment pas. Mary Dowling, vol à l'étalage à Holborn ; Mary Oakley, Matilda Johnson et Mary Arnold, vol à la tire ; Ann Bone, alias Smith, vol d'un tablier ; Charlotte Thomas Marsh et Ann William Clapton, vol de calicot à Snow Hill ; Ann Gallant, vol dans une demeure de Soho : transportation. Les condamnées regagnent ensuite leur cellule, et les commis inscrivent leurs noms sur un autre registre.

À la fin du XVIIIe siècle, même aux yeux de ses contemporains, le Code pénal paraît inadapté et rudimentaire. Il s'est constitué au fil des siècles sans vision d'ensemble, avec de brusques poussées législatives à chaque augmentation de la criminalité. Théoriquement, si l'on se reporte à l'énumération qui figure dans tous les comptes rendus d'audience de l'Old Bailey, les crimes passibles de la peine capitale, ou *double felonies*, sont alors les suivants :

« Incendie criminel, vol par effraction, vol d'animaux, fausse monnaie, contrefaçon, vol de grand chemin, cam-

* Insigne de la fonction de maire. (*N.d.T.*)

** Dans un cortège, les huissiers, appelés massiers, précèdent certains personnages de marque et portent la masse, un bâton à tête d'or ou d'argent. (*N.d.T.*)

briolage, vol de chevaux, meurtre, homicide involontaire, vol d'un particulier, viol, vol à main armée dans une demeure privée, attaque à main armée de la malle-poste, attaque à main armée d'un bureau postal, émeute, vol simple dans une demeure privée, vol à l'étalage, vol de moutons, vol à bord d'un navire ou d'une barge, trahison, homicide volontaire. »

Tout n'est pourtant pas si simple. La plupart des vols rentrent dans la catégorie des infractions simples, *single felonies*, mais peuvent être requalifiés en *double felonies* dans certaines circonstances liées à la valeur et au lieu du délit. Tout cela, fixé longtemps auparavant, est peu adapté aux années 1780. Dans la plupart des cas, un vol d'une valeur supérieure à trente-neuf shillings est passible de la peine capitale. Ceci s'applique par exemple au vol d'un particulier à son domicile et concerne par conséquent les domestiques qui volent leurs maîtres, les locataires qui volent leur propriétaire, et certains vols dans les boutiques. Il arrive qu'un vol d'une valeur inférieure soit tout de même passible de la peine de mort à cause d'autres circonstances aggravantes. Le cambriolage est une *double felony*, quelle que soit la valeur des biens dérobés. Quand cette notion de « vol d'un particulier » se réfère à la pratique courante des prostituées consistant à faire les poches de leur victime, subtiliser le moindre objet valant plus de un shilling est passible de la peine capitale.

Cette législation est inapplicable. Les jurés, les juges et les procureurs ne sont plus disposés à envoyer des gens à la potence pour quelques pence. Avec l'accord tacite de tout le tribunal, les femmes inculpées de *double felony* sont couramment déclarées coupables de *single felony* et condamnées au bagne. Même quand on ne peut éviter la condamnation à mort, on pend rarement les femmes ; le juge adresse un recours en grâce et la peine est commuée en transportation *to parts beyond the seas* (littéralement, « sur des territoires au-delà des mers »), expression vague désignant le reste du globe dans la loi sur la transportation, l'Elizabethan Transportation Act, adoptée quand existaient encore des continents inconnus en bordure des cartes. Si les juges avaient appliqué strictement la loi, beaucoup de femmes auraient fini au bout d'une corde au lieu de se retrouver à Sydney Cove.

Les observateurs australiens qui s'indignent aujourd'hui de la barbarie avec laquelle les Britanniques traitaient leurs prisonniers seraient choqués de découvrir comment leurs voisins européens considéraient leur système judiciaire. Le baron prussien Johann von Archenholz écrit avec une certaine perplexité que dans ce pays « une infraction [...] est punie sans qu'il soit tenu compte du rang ou de la fortune du coupable », et qu'en outre, « si jamais le premier magistrat s'écarte de la ligne de conduite qui lui est prescrite par les lois, il est obligé de se soumettre à la justice comme le dernier des citoyens ». Aux yeux d'un aristocrate européen, cette façon de diriger un pays est scandaleusement démocratique. « Rien n'est plus stupéfiant que la douceur et l'humanité avec lesquelles on traite les criminels, qu'ils soient voleurs, assassins ou incendiaires, poursuit-il. Même si leur culpabilité ne fait aucun doute, avocats, juges et jurés semblent tous conspirer pour que l'acquittement soit prononcé ; l'avocat défend l'accusé avec zèle, et les témoins à charge sont interrogés avec une grande rigueur et parfois même une grande sévérité. On n'exige jamais les aveux de l'accusé [...], un contraste étonnant avec ces tribunaux dont la torture est l'instrument principal. »

Bien que clémente comparée à la peine de mort, la condamnation à la transportation outre-mer — solution unique censée convenir à tous les cas — si fréquemment prononcée par les juges montre bien les limites du système : voudraient-ils infliger une peine moins sévère qu'ils ne le pourraient point. En effet, faute d'échelle des sanctions, ils n'ont que cette alternative, ce qui explique certaines anomalies cruelles. Elizabeth Sully, qui dirige une bande de jeunes prostituées, vole et menace presque systématiquement leurs clients, est condamnée à sept ans de déportation, tout comme Esther Curtis, retrouvée ivre dans les commodités. La justice frappe encore sans nuances.

Le réformateur social anglais Jonas Hanway présente la situation qui a provoqué l'étonnement d'Archenholz sous un autre angle et met le doigt sur le problème découlant de cette indulgence. « Les châtiments en vigueur ne sont pas proportionnés à la faute commise », écrit-il, observant qu'on n'a plus recours aux châtiments corporels brutaux en Angleterre, car « l'esprit plus mesuré des temps modernes a assoupli ces rigueurs. [...] Le recours au fouet est devenu très rare ; [...] pour autant il est injuste de mettre à mort toutes les personnes [...] qui tombent sous le coup de la loi. Par conséquent, que devons-nous faire ? » C'est la question de la décennie.

Sarah Dorset, dix-neuf ans, fait partie des prisonnières condamnées à la transportation qui attendent dans les cellules surpeuplées de Newgate. Un après-midi d'octobre 1787, on l'arrête dans une gargote de Londres. Elle a quitté sa famille pour s'enfuir avec un homme, mais elle est « depuis six semaines à peine avec le scélérat qui a causé sa perte » lorsqu'il l'abandonne et que « le besoin la jette dans les rues », où elle commet des larcins. Si Sarah échoue à Londres, c'est sans doute faute de pouvoir trouver du travail dans sa paroisse ou parce qu'elle ne veut pas gêner davantage ses parents. Elle est néanmoins restée en relation avec sa sœur Mary, qui l'accompagne dans la gargote. Installées dans l'arrière-salle, elles commandent à manger et un verre de bière. La tenancière, Mme Davidson, s'éloigne pour aller tirer deux pintes. Alors que les deux sœurs s'apprêtent à partir, elle s'aperçoit qu'un manteau qui était suspendu à un crochet sur la porte a disparu. Elle attrape Sarah, fouille sous sa cape et en retire le vêtement. « Le manteau a glissé depuis le dossier du banc jusque sur mon bras, et la dame m'a fait emmener », affirme Sarah. « Je ne sais rien », dit Mary, qui sera déclarée non coupable. Sarah est condamnée à la peine habituelle : sept ans de bagne.

Un certain mystère entoure l'histoire de la jeune fille. Au tribunal, les dires de Mme Davidson sont confirmés par son domestique, William Powell, qui assure que oui, le manteau était bien suspendu à cet endroit, qu'on l'a retrouvé sous la cape de la fille, et que c'est elle qui l'a pris. C'est en partie sur son témoignage que Sarah est condamnée. Or un William Powell — un prénom et un nom fort répandus à l'époque — que ses amis appellent par son deuxième prénom, Edward, jouera plus tard un rôle important dans la vie de Sarah. De cet homonyme, on sait simplement qu'originaire du Lancashire il a été fermier avant de prendre la mer, sans doute enrôlé de force dans la guerre contre les Américains.

À Newgate, en décembre 1788, Sarah Dorset est enfermée avec cent cinquante autres femmes dans le quartier commun. Le « quartier des maîtres » offre des conditions d'hébergement plus confortables à celles qui peuvent s'acquitter de la demi-couronne de loyer hebdomadaire. Non seulement peu de prisonnières possèdent une telle somme, mais il en faudrait bien davantage pour y demeurer pendant les mois voire les années qui séparent leur condamnation de leur libération. La plupart des filles de joie incarcérées vivent donc sur les pierres du quartier commun. À l'exception d'une seule, les quelques détenues ayant les moyens de vivre dans le quartier des maîtres sont des voleuses à l'étalage de grande envergure qui ont réussi à mettre assez d'argent de côté avant leur arrestation. Pour les femmes prêtes à jouer gros mais non spécialisées dans un domaine aussi lucratif que la contrefaçon, le vol à l'étalage est en effet la meilleure solution. Ainsi, parmi les occupantes du quartier privilégié, Alice Haynes a été condamnée après avoir volé de la dentelle dans une mercerie de Fleet Street, et Mary Higgins, trente ans, enceinte de huit mois quand elle arrive en janvier 1789, pour avoir dérobé dans Cranbourn Passage une pièce de lustrine bleue valant sept livres, soit l'équivalent d'un an de gages pour une bonne.

De toutes les femmes installées là, la plus intelligente est la faussaire et femme d'affaires Nelly Kerwin, jugée sous le nom d'« Eleanor Kerwin, alias Karavan, veuve », qui a dirigé pendant plusieurs années « une maison de divertissement privée pour les marins » à Gosport, près de Portsmouth. Sa principale activité consistait à accorder un large crédit à des marins en mal de liquidités. Elle servait aussi d'agent recruteur informel pour les capitaines prêts à prendre la mer mais dont l'équipage n'était pas au complet. Lors de son procès, on apprend qu'elle a procuré quatorze ou quinze hommes au capitaine Urmiston en 1781. Parmi eux, Samuel Druce, qui lui a déjà emprunté plusieurs livres pour financer logement et distractions dans deux établissements, dont le sien. Peut-être est-ce un ami de cœur qui s'est transformé en pique-assiette, provoquant l'irritation de Nelly. Elle lui trouve un engagement avec Urmiston et, avant qu'il s'en aille, exige un testament en sa faveur à titre de garantie. Cependant, quand Druce monte à bord, il s'enrôle sous le nom de James White, et c'est sous ce nom qu'il rédige un testament — le capitaine Urmiston lui sert d'ailleurs de témoin en toute bonne foi — dans lequel il laisse sa solde et son éventuelle part de prise à sa mère. Or l'amirauté verse la solde au nom figurant sur le rôle de l'équipage. Nelly a été dupée. Si elle est poursuivie dans cette affaire, c'est parce qu'elle a décidé de faire un faux testament qui, Druce viendrait-il à mourir outre-mer, réfuterait la légitimité de tout document signé James White.

Il faut une heure au jury pour trancher sur les deux chefs d'accusation : la falsification directe ou indirecte du testament, et le fait d'avoir « établi ce testament avec l'intention d'escroquer le roi, notre seigneur ». Elle est reconnue coupable du second chef et condamnée à mort.

Si Nelly est la plus maligne de toutes les femmes du quartier des maîtres, les plus hautes en couleur sont deux reines du vol à l'étalage : Elizabeth Barnsley possède le pedigree et Ann Wheeler, son acolyte, la distinction. Quand ils parlent d'elles, même les membres du tribunal les appellent les « dames », apparemment sans ironie. Dans les mois à venir, Mme Barnsley s'arrangera pour que nul n'ignore ses droits et ses privilèges.

Ann et Elizabeth choisissent les meilleures adresses pour commettre leurs forfaits : les seize mètres de mousseline que Wheeler a tenté de dissimuler sous sa « cape de soie blanche, bordée de fourrure » et derrière son « grand manchon » viennent de chez Hodgkinson, Warrener et Percival, dans Bond Street. À l'instar de Mary Higgins, les petites prises ne les intéressent pas : la mousseline vaut six livres, et Wheeler a tendu un billet de dix pour régler sa pièce de lin irlandais. Mais si cette première étape s'est déroulée à merveille, l'une des femmes n'a pas fait disparaître assez vite le tissu sous sa robe avant de s'éloigner dans un froufrou de jupes pour couvrir son acte. Alors qu'elles s'apprêtent à partir, un commis courageux se met en travers de leur chemin et ne se démonte pas quand elles s'indignent de son impertinence. Ann lui demande d'un ton glacial s'il ne la reconnaît pas comme une dame qui se fournit régulièrement chez eux pour elle-même et ses domestiques et qui est, argument massue, une intime de lady Spencer. Elizabeth Barnsley la soutient, mais le vendeur ne s'en laisse pas conter et ces dames, qui protestent de leurs relations, sont expédiées à Newgate. Condamnées à sept ans de déportation en février, elles reçoivent régulièrement des visiteurs dans leurs appartements du quartier des maîtres.

La présence de Sarah Roberts, quinze ans, y est plus étonnante. En effet, le vol de calicot dont elle s'est rendue coupable sur Holborn Hill n'est pas très important et ne témoigne pas d'un grand talent. Enceinte de quelques mois, c'est à un bienfaiteur anonyme qu'elle doit ce confort relatif.

À Newgate, les contacts entre quartier des maîtres et quartier commun sont nombreux, trop même au goût des autorités dans cette seconde moitié de 1788, car la mutinerie menace. En août, l'indiscipline règne dans les cellules des femmes, sous l'influence séditieuse d'un homme qui partage le quartier des maîtres avec Mmes Barnsley, Higgins et Haynes. Lord George Gordon est l'incarnation de l'élégance *fin de siècle**. Filleul du roi, mais aussi chéri de la populace londonienne, c'est lui qui, en 1780, a poussé la foule à se livrer aux émeutes anticatholiques durant lesquelles la précédente prison de Newgate a entièrement brûlé. En 1787, lord George est reconnu coupable d'avoir poussé à la mutinerie les convicts sur le point d'embarquer pour Botany Bay. Il a distribué (ou plutôt, fait distribuer par son valet de pied) un pamphlet aux prisonniers de Newgate qui, dit-on à son procès, « incitait les sujets [c'est-à-dire les criminels condamnés à mort ou au bagne] à se soulever pour défendre ceux dont les vies et les libertés sont confisquées ». Jugé coupable de sédition, lord George Gordon est condamné à la prison et se retrouve à Newgate. Aussitôt, il entreprend de devenir l'ami des prisonniers, ou, aux yeux des autorités, de jouer les fauteurs de troubles parmi les détenus qui doivent partir avec la prochaine flotte. On le voit tous les jours, dans le quartier des femmes, discutant de leur cas, les conseillant sur leur recours en grâce et distribuant argent et nourriture. Le talent de Gordon à faire de la publicité autour de lui et de ses protégées est redoutable, de même que le nombre de ses partisans parmi les convicts, les marins, les pro-Américains et autres éléments dangereux pour lesquels son soutien ne se limite pas à des paroles encourageantes. Chaque semaine, certains détenus chanceux viennent dans ses appartements chercher la « pension » qu'il leur octroie. Lord George peut fort bien avoir payé pour Sarah Roberts : quinze ans, enceinte, condamnée à la transportation, elle suscite forcément la compassion. Gordon charme par un dangereux mélange de fanatisme, de charisme et d'argent. Le shérif et le gouverneur le considèrent donc comme une menace sérieuse pour l'ordre au sein de la prison.

Peu de temps auparavant, le cabinet a prié Sa Majesté de se prononcer publiquement contre l'augmentation du crime dans les rues, contre l'alcool, le jeu, la prostitution, le non-respect du repos dominical et la décadence morale généralisée. Diffusé dans tout le royaume, ce discours devient vite l'un des plus célèbres de l'année, et sa renommée s'étend encore lorsque les femmes de Newgate, sous l'influence de Gordon, tentent de le tourner à leur avantage. Cet été-là, Arabella Stuart, voleuse à la petite semaine, stupéfie la cour en proclamant à son procès que la loi sacrée de Dieu, invoquée par le roi en personne, exige que « quelle que soit l'offense commise [...], celui que les juges condamneront [...] devra payer le double à son prochain ». Par conséquent, conclut-elle, on devrait la condamner à rembourser le double de ce qu'elle a pris, et non l'exiler à Botany Bay, car ce serait aller à l'encontre de la parole du Seigneur. Elle sera pendue.

Arabella est la première des amies détenues de lord George à recourir à cet argument, qui apparaît entre les lignes de toutes les lettres et de tous les recours émanant de la prison au cours de l'été. En août 1788, le *Times* présente à Sa Majesté une pétition réaffirmant que la transportation est contraire à la loi divine telle qu'exposée dans sa propre proclamation. Elle est signée par quatre-vingt-deux femmes qui doivent partir pour la Nouvelle-Galles du Sud sur le prochain bateau. Huit ans plus tôt, lord George Gordon a mobilisé une foule de soixante mille personnes qui ont menacé la Banque d'Angleterre et la Tour de Londres. Il est trop dangereux pour qu'on lui permette de côtoyer librement des détenus dont les relations s'étendent à certains des criminels les plus habiles de Londres. Le shérif Bloxham et le gouverneur Akerman vont donc limiter sa liberté de circulation au quartier des maîtres et étouffer dans l'œuf la mutinerie du quartier commun. En 1793, George Gordon mourra du typhus en prison.

Mais les crises se succèdent. Que ce soit la mutinerie,

la faim ou le typhus, la cause est toujours la même : cent cinquante et une femmes qui reçoivent trois pence de pain par jour vivent dans des conditions épouvantables ; leur avenir est totalement incertain, elles ne peuvent demeurer soumises bien longtemps.

CHAPITRE IV

Galleons Reach

L'explosion de la population carcérale suscite des propositions extravagantes. Certains suggèrent d'offrir chaque année les criminels à l'impératrice Catherine de Russie, qui ne parvient pas à convaincre ses sujets d'aller s'installer dans « les régions sinistres et inhospitalières » du Caucase, dont « il est impossible de s'échapper », indique le *Times*. On pourrait également s'en débarrasser en les envoyant à « Alger, Tripoli et Tunis pour les échanger contre d'infortunés esclaves chrétiens aux mains de ces barbares », en faire des galériens comme en France, des esclaves comme dans les États allemands, des mineurs comme en Suède ou au Danemark.

Les solutions adoptées par ses voisins européens ne séduisent pas le gouvernement britannique, qui garde une préférence marquée pour le bagne. Même après que l'Amérique a déclaré son indépendance et remplacé les forçats par des esclaves, les Britanniques s'accrochent à l'idée qu'il existe bien un endroit dans le Nouveau Monde qui acceptera leurs criminels. Après quelques essais plus au nord, ils doivent cependant renoncer, car même les loyalistes américains ne veulent plus des condamnés du vieux pays. En novembre 1785, on signale que Halifax et la Nouvelle-Écosse ont commencé à renvoyer des navires transportant des convicts.

Cinq ans après la fin de la guerre, il existe toujours une liste « Transportation en Amérique » dans les registres de Newgate, et le nom de l'unique détenu concerné est soigneusement reporté d'une semaine sur l'autre. Les condamnés à la déportation en Afrique figurent sur une liste distincte. Sans cesse proposées comme colonies pénitentiaires, les côtes africaines sont synonymes d'échec. En 1782, il faut moins d'un mois pour que maladie et désertion réduisent à cinquante le contingent de deux cents personnes envoyées en reconnaissance au fort de Cape Coast. En 1783, on envoie un nouveau groupe de gens sans leur fournir la moindre ressource, et on les débarque « sur le sable, nus et malades », à Gorée. Les survivants reprendront la mer quelques mois plus tard. En 1785, à Portsmouth, un ponton est spécialement réservé aux prisonniers attendant leur exil en Afrique. Il s'agit du *Ceres*, dont les occupants doivent rapidement rejoindre un bagne privé sur le fleuve Gambie. Au mois de février, après des discussions avec le ministre Sydney, le *recorder* de Londres confie aux échevins de la Cité que le gouvernement destine un vaisseau « anciennement employé dans le commerce de Guinée [c'est-à-dire dans la traite des esclaves] avec des doubles barricades et autres » qu'il fait armer à Deptford « au transport de criminels sur la côte d'Afrique. » Le bâtiment peut accueillir deux cents prisonniers, et le premier magistrat a arraché la promesse qu'au moins une centaine d'entre eux sortiraient des geôles de Newgate. Les tribunaux s'accrochent à cette solution, de même qu'ils s'accrocheront à Botany Bay en 1787 et à Sydney Cove en 1789. En avril 1785, cent criminels de Newgate sont emmenés sur les pontons de Woolwich en vue du départ pour l'île de Lemano, sur le fleuve Gambie. Ils ne prendront jamais la mer, et resteront sur le *Ceres*.

Une vague tentative pour fonder une colonie pénitentiaire en Afrique resurgit en 1786, quand la baie de Das Voltas reçoit la visite des topographes ; ils seront vite découragés, mais entre-temps le gouvernement s'est empressé de promettre qu'on allait envoyer mille condamnés dans ce nouveau bagne.

En décembre 1786, un nouveau projet se dessine, cette fois à destination de Freetown, en Sierra Leone. Il introduit un retournement de situation bizarre. Selon ce plan incroyable, les prisonniers envoyés là-bas « seraient esclaves à vie au service des maîtres noirs qui vont s'installer dans cette nouvelle colonie, un châtiment qu'on estime plus grand que la mort ».

On refuse donc de faire une croix sur ce continent, et les juges condamnent encore quelques criminels à la transportation en Afrique *faute de mieux**. Ces derniers partagent les cellules des détenus condamnés plus vaguement à l'exil outre-mer. La solution africaine semble réservée à des criminels particulièrement dépravés. La description des horreurs qu'ils vont rencontrer donne le frisson. « De chaque côté du fleuve [Gambie], le pays est peuplé de tribus nègres belliqueuses qui font des sacrifices à leurs divinités et dévorent les hommes blancs qui tombent entre leurs mains, ce qui les empêchera de s'enfuir... », écrit le *Times.*

L'Afrique se révèle insalubre et stérile, l'Amérique ne veut plus des criminels britanniques, et l'on est sans nouvelles de la flotte du commodore Phillip depuis plus d'un an. Ses vaisseaux ont été vus pour la dernière fois par des Européens quittant la colonie hollandaise du Cap en novembre 1787. Comme le dit le *Times* en août 1788 avant de revenir précipitamment sur sa déclaration, « nous n'entendrons sans doute plus jamais parler de nos convicts de Botany Bay ». Les îles des mers du Sud sont jonchées des os d'infortunés marins, et les mois passant on commence à songer que les membres de la flotte de Phillip les ont rejoints. Les Hollandais, eux, disposent de nouvelles plus fraîches, car le capitaine John Hunter, un des officiers servant sous Phillip, est revenu au Cap en octobre 1788 acheter des provisions pour la colonie désespérée. Les rapports qu'il a envoyés depuis Le Cap ne sont pas encore arrivés en Angleterre.

Sans conviction, on fait une dernière tentative de déportation durant l'été 1788, cette fois vers le Québec, où les criminels sont destinés à des « travaux domestiques et agricoles ». Pendant deux ou trois mois, l'optimisme règne. Si les prisonniers sont embarqués rapidement, les bâtiments pourront traverser l'Atlantique et remonter le Saint-Laurent avant qu'il ne soit pris par les glaces. En juillet et août, les chariots cellulaires se succèdent à Gosport avec leur chargement de forçats. Mais le temps que la flotte soit prête, la date limite permettant de rejoindre la destination finale sans encombre a été dépassée. Les prisons de Londres connaissent donc une période de soulagement relatif au détriment des pontons de Portsmouth, où les hommes destinés au Québec vont passer la majeure partie de l'année suivante dans des conditions effroyables.

Au sein du ministère de l'Intérieur et de l'amirauté, certains savent que la flotte du commodore Phillip a été mal préparée et insuffisamment équipée. Ils ignorent s'il a réussi à survivre, si tant est qu'il soit parvenu à Botany Bay, mais fin 1788 la Nouvelle-Galles du Sud leur paraît la seule solution envisageable pour vider des geôles pleines à craquer. La constitution d'une nouvelle flotte est un pari risqué dont l'enjeu est la vie de ces détenus en surnombre.

Le 20 décembre 1788, lord Sydney écrit : « En ce qui concerne l'état alarmant de la prison de Newgate, je constate [...] que le bâtiment sur lequel ils doivent être embarqués est à présent presque, sinon totalement prêt à les accueillir. [...] J'ai tout lieu de penser que cent cinquante convicts seront emmenés, ce qui soulagera certainement la geôle [...] et empêchera la propagation du terrible désordre qui [...] a fait son apparition. » Ainsi, alors qu'on ne sait toujours pas si les hommes de la première flotte sont vivants, on prévient tous les tribunaux et les directeurs de prison du pays qu'on va en réunir une deuxième.

Le bateau précipitamment armé par l'amirauté pour

emmener des criminels en Nouvelle-Galles du Sud est le *Lady Julian*, « un beau vaisseau construit sur le fleuve [la Tamise], le premier capturé par les Américains lors de sa traversée entre la Jamaïque et Londres, repris par un navire de guerre, et ramené en Angleterre ». On ne dispose pas des caractéristiques de ce trois-mâts à deux ponts, car il a été construit avant que les assureurs de la Lloyd's ne rédigent leur livre vert, qui contient le tonnage et les dimensions des nouveaux bâtiments. On possède néanmoins celles du *Scarborough*, le trois-mâts à deux ponts équipé deux ans plus tôt sur le même dock, qui a fait partie de la première flotte. À dix tonneaux près — 411 contre 401 pour le *Lady Julian* —, le *Scarborough* a une jauge comparable et sans doute les mêmes dimensions : 33,5 mètres de long et 9 mètres de large au maître-couple, avec environ 1,35 mètre de hauteur entre les ponts. Chacun des mâts — de la proue à la poupe : mât de misaine, grand mât et mât d'artimon — est gréé pour porter au moins trois voiles carrées, auxquelles s'ajoutent les voiles d'étai. À la proue, on peut enverguer jusqu'à trois voiles de misaine, et un beaupré s'avance de 7,62 mètres au-dessus de l'eau. La partie du pont supérieur côté poupe, la dunette, domine le reste. Entourée d'une rambarde, c'est le domaine réservé des officiers, dont les quartiers se situent juste en dessous. La partie du pont supérieur comprise entre le grand mât et la proue se nomme le gaillard d'avant. Situé sur une zone surélevée, le logement des matelots est construit en regard de celui des officiers. En bas, le faux-pont est généralement réservé à une cargaison bien isolée. C'est là que les charpentiers de Deptford travaillent à transformer le *Lady Julian* en bateau prison. Ils montent des cloisons pour créer trois espaces indépendants. Les réserves occuperont l'avant et l'arrière, et les 150 à 190 mètres carrés du milieu recevront cent cinquante criminels. Les écoutilles permettant d'accéder à cet espace sont garnies de grilles que l'on peut verrouiller du dessus. De larges planches destinées au couchage de quatre à six personnes sont fixées entre les parois de la coque.

En décembre 1788, le *Lady Julian* se trouve à Galleons Reach, sur la Tamise. Sous contrat avec l'amirauté jusqu'en Nouvelle-Galles, il doit transporter plus de cent cinquante condamnées et cent fusiliers marins avant de rentrer au pays via Canton afin d'y prendre livraison d'un chargement de thé pour la Compagnie des Indes orientales. Le commandement du navire est confié au capitaine Aitken, sur lequel on a peu d'informations. Moins pittoresque que le lieutenant Thomas Edgar, qui remplit le double rôle de capitaine en second et d'agent du gouvernement, il aura par ailleurs une influence moins directe que celui-ci sur les femmes à bord. Surnommé « Petit Choimaudit » — « Petit » du fait de sa taille, et « Choimaudit » à cause du défaut d'élocution qui lui fait prononcer de la sorte son juron favori, « Que j'sois maudit »* —, Edgar prend ses fonctions début 1789.

Un matelot qui a accompagné Thomas Edgar sur un autre navire en 1794 l'a décrit avec une certaine affection comme un « être étrange et incompréhensible, [...] bon marin et bon navigateur, enfin autrefois, parce qu'il buvait beaucoup, assez pour se ruiner complètement la santé ». En 1794, esclave malheureux de la bouteille, il a passé la traversée à s'enivrer toujours plus, oubliant de transmettre les ordres. « Edgar, vous êtes ivre », lui disait régulièrement le capitaine, un homme doué d'une patience à toute épreuve. « Non, monsieur, choimaudit si je le suis », répliquait Edgar.

En 1776, jeune officier brillant, il reçoit la commission de sa vie en tant que capitaine en second du *Discovery*, l'un des deux bâtiments qui doivent prendre la mer pour un voyage de quatre ans jusqu'aux antipodes et revenir par le cap Horn et les mers du Sud sous le

* En anglais, Little Bassey, car il prononce mal « Blast me ». (*N.d.T.*)

commandement du plus grand marin de l'époque, le capitaine James Cook. Sur l'autre navire (le *Resolution*) effectuant ce troisième et dernier grand voyage de Cook, le capitaine en second est William Bligh, qui servira par la suite sur le *Bounty*.

Le rôle joué par Thomas Edgar dans l'affrontement au cours duquel Cook trouve la mort n'est pas très clair. Sa conduite paraît non pas déshonorante mais impétueuse. En février 1779, à Hawaii, c'est en partie son action — la veille de l'assassinat du capitaine Cook — qui suscite le sentiment de malaise entre l'équipage et les indigènes qui va déclencher la violence. Après un vol d'outils commis par un indigène à bord du *Discovery*, Edgar se lance à la poursuite de sa pirogue avec quelques hommes. Mais, à l'instar des Britanniques à terre qui ont vu ce qui se passait et se joignent à lui, il échoue pitoyablement à arrêter les Hawaiiens hilares ; ceux-ci se faufilent parmi les palmiers du rivage et les font tourner en rond. Dans l'intervalle, les outils ont été rendus, mais Edgar, exaspéré, cherche à s'emparer de la pirogue du voleur. Une bagarre s'ensuit, qui fait des blessés tant parmi les marins que parmi les insulaires. Pour se venger, ces derniers dérobent le canot du *Discovery*, et quand Cook se rend à terre afin de le récupérer, un conflit plus sérieux éclate, et le capitaine est tué.

En 1789, Edgar a le même grade de lieutenant que dix ans plus tôt. Parmi les officiers de Cook, certains ont pourtant été promus au fil des commissions. William Bligh, par exemple, a été choisi pour prendre la tête d'un voyage de commerce et d'exploration à la manière de Cook financé par sir Joseph Banks, avec pour mission de rapporter l'arbre à pain de Tahiti à bord du *Bounty* afin de nourrir les esclaves des Caraïbes. Pourtant, malgré son absence d'avancement, l'expérience de la navigation au long cours dans le Pacifique fait d'Edgar un candidat évident pour le poste de capitaine en second du *Lady Julian* ; en tant qu'ancien homme de Cook, il a pu être recommandé par Banks.

Comme agent du gouvernement, le rôle d'Edgar est plus administratif que technique. La nomination d'un homme digne de confiance à ce poste est essentielle pour les convicts. Leur bien-être au cours de la traversée dépend en effet de l'honnêteté et de l'humanité de cet officier plus que d'aucun autre à bord. Il lui appartient de contrôler que les termes du contrat conclu entre le ministère de l'Intérieur et l'agent maritime qui possède ou loue le navire à bail sont respectés. S'il est consciencieux, il doit également vérifier que l'agent maritime livre la totalité des provisions prévues dans le contrat et ne lèse pas les prisonniers sur la quantité ou la qualité. En mer, il doit s'assurer que le capitaine et son équipage accordent suffisamment d'exercice et de sorties sur le pont aux détenus. Enfin, il doit veiller à ce que le chirurgien remplisse sa mission et empêcher matelots et officiers de maltraiter les convicts.

Il serait tentant d'imaginer le lieutenant Edgar en sentimental ayant trouvé refuge dans l'alcool, tourmenté par le rôle qu'il a joué dans la mort de Cook et par ses conséquences (le frein à une carrière prometteuse). En réalité, il apparaît comme quelqu'un d'insouciant : un petit homme gras, jovial et constamment essoufflé, qui boit plus par plaisir que pour échapper à ses fantômes. En 1789, c'est toujours un marin compétent capable de prendre les décisions qui s'imposent. Son attitude à l'égard des prisonnières sera exemplaire. C'est un des rares agents à se servir de ses pouvoirs non pour escroquer le ministère de la Marine et tirer un profit personnel des rations destinées à celles dont il a la charge, mais pour faire en sorte que ces rations soient les meilleures possibles. Son steward sur le *Lady Julian* décrit Edgar comme « un homme honnête et bon » ; il s'est bien acquitté de sa tâche en traitant les détenues avec compassion.

Début 1789, on engage également un médecin à bord du *Lady Julian*, Richard Alley. Pour les convicts, sa personnalité compte presque autant que celle de l'agent.

Sur les navires où l'agent se montre cruel ou négligent, c'est au chirurgien de prendre le parti des prisonniers afin qu'ils aient une nourriture convenable et suffisamment d'exercice. Sur les bâtiments où l'un et l'autre se désintéressent des occupants du faux-pont, les conséquences sont terribles. Les médecins de marine sont communément décrits comme des ivrognes incompétents. Un fusilier marin de la première flotte se souvient qu'un chirurgien « pris de boisson quitta le navire » avant même leur départ d'Angleterre. Le capitaine William Bligh invoquera l'ivrognerie du médecin parti avec lui sur le *Bounty* pour expliquer la mutinerie à bord de son navire. Alley ne souffre apparemment pas de ce vice, car son attitude vis-à-vis des détenues lui vaudra d'être promu plus tard agent sur un autre bâtiment à destination de la Nouvelle-Galles du Sud. Pour les femmes du *Lady Julian*, c'est une chance que deux hommes dignes d'estime occupent les postes qui ont le plus d'influence sur leurs conditions de vie.

Les condamnés envoyés sur la Tamise à bord des transporteurs ont subi au préalable un examen médical superficiel pour évaluer leurs chances de survie pendant la traversée et, en théorie, leur capacité à contribuer à la vie de la colonie. En fonction du médecin qui procède à ces examens et de la pression pour faire sortir les détenus des geôles, les personnes malades ou fragiles passent plus ou moins facilement à travers les mailles du filet. À bord du *Lady Julian*, on compte trois prisonnières sur soixante dont on ne peut raisonnablement rien attendre — ni bébés, ni travail forcé — pour la colonie. Près de la moitié des femmes arrivent directement d'une prison envahie par le typhus, et la plupart d'entre elles sont sans doute porteuses de la vérole. On ne peut donc écarter toutes les détenues atteintes de maladies vénériennes. Selon le docteur William Buchan, auteur reconnu d'ouvrages sur la syphilis et la blennorragie, « le bastion de cette maladie se trouve dans une classe bien particulière de la société, c'est-à-dire chez ces femmes communément appelées filles de joie. [...] Parmi ces patientes, rares sont celles qui connaissent un rétablissement complet». De toute façon, cela ne changera pas grand-chose à la situation de la colonie, car en ce printemps 1789, même si tout le monde l'ignore encore en Angleterre, la blennorragie a déjà frappé Sydney Cove.

Plusieurs membres de l'équipage sont déjà à bord du navire à Galleons Reach, ainsi qu'au moins un artisan, John Nicol, trente-quatre ans, qui remplira la double fonction de steward (serviteur des officiers) et de tonnelier. À ce jour, l'unique récit de première main concernant la traversée du *Lady Julian* se trouve dans ses Mémoires, dictés quelque trente ans plus tard à un journaliste d'Édimbourg. Lorsque Nicol monte à bord, cela fait moins de trois mois qu'il est revenu en Grande-Bretagne; cet Écossais originaire de Borrowstowness dans les Lowlands a passé vingt ans en mer, parcourant la majeure partie du monde connu.

Au cours de la première semaine de mars 1789, alors que John Nicol vit à bord depuis trois ou quatre mois, un bâtiment en provenance de Canton remonte lentement la Tamise. Il s'agit du *Prince of Wales*, le premier vaisseau de Botany Bay à regagner le pays. La destination des convicts est enfin confirmée — Sydney Cove, Port Jackson — et des comptes rendus sur la colonie sont publiés dans tous les journaux. Les documents autorisant le transfert des prisonnières s'accumulent aussi vite que les condamnées elles-mêmes, et les commis aux doigts tachés d'encre ont du mal à suivre le mouvement pour mettre à jour les registres des prisons. En l'espace de quelques jours, des femmes hébétées venues de tout le pays sont expédiées à Londres, sur la Tamise et enfin sur le *Lady Julian.*

Une voiture arrive de Lincoln sous la responsabilité du geôlier. Il connaît bien la procédure : trois ans plus tôt, il a emmené onze criminels et un bébé qui sont partis avec la première flotte. Cette fois-ci, quatorze femmes épuisées sont attachées aux sièges extérieurs. Elles ont voyagé fers aux poignets pendant trente-six heures, soumises aux intempéries du mois de mars anglais et à la curiosité du moindre palefrenier ou porteur excité par le spectacle. Parmi elles se trouvent Sarah Whitelam et Mary Rose. Quand on les transporte en canot sur le *Lady Julian*, les femmes sont sales, trempées, gelées et affamées. C'est Nicol qui les hisse à bord avec leurs affaires.

Malgré les circonstances sordides, l'attirance est immédiate, du moins pour lui. En dépit de l'état lamentable dans lequel les autorités lui ont remis Sarah Whitelam, elle a encore suffisamment d'allure pour produire une forte impression. Après avoir réglé sa demi-couronne par tête au geôlier de Lincoln et permis aux femmes de retrouver l'équilibre, la première action de Nicol est de leur ôter ces odieuses entraves. Docilement, elles se mettent en rang devant son enclume de forgeron et tendent les mains. Parmi elles, Sarah. « Je me suis entiché d'elle dès l'instant où j'ai ôté le rivet de ses fers sur mon enclume », écrit Nicol. Une façon insolite de débuter une cour.

Tandis que Sarah se remet du voyage dans la relative chaleur du bateau, elle raconte petit à petit son histoire au steward épris. Dans son récit, la malchance le dispute à la trahison. Apparemment, elle a vécu à Kesteven avant son procès, travaillant pour une famille et logeant avec d'autres jeunes femmes. Comme souvent entre amies, elles se prêtent leurs vêtements et leurs affaires, aucune n'étant assez fortunée pour disposer d'une large garde-robe, et chacune complétant sa toilette avec des accessoires empruntés dans les malles des autres. Tout se passe bien pendant quelque temps : elle gagne convenablement sa vie et mène une existence honnête. Un jour, elle emprunte la mante d'une amie et la rend le lendemain ; rien que de très banal, en somme. Mais pour une raison qu'elle ignore toujours, on l'accuse deux ou trois jours plus tard d'avoir pris la cape sans autorisation. Au début, elle se dit qu'elle a dû froisser son amie sans le vouloir ; peut-être a-t-elle taché ou déchiré le vêtement sans s'en apercevoir et contrarié sa propriétaire en ne lui proposant pas de le réparer ou de le remplacer. Mais l'amie refuse d'entendre raison et Sarah est confrontée à une surenchère : après lui avoir reproché un abus d'amitié, on la traite de criminelle, car une autre fille l'accuse à présent d'avoir volé la mante. Elle est donc dans la situation terrible d'être poursuivie par cette « fausse amie », ainsi qu'elle la qualifie devant John Nicol, au point qu'un jour elle se retrouve devant les magistrats, jugée coupable d'un crime qu'elle n'a pas commis, et condamnée à sept ans de bannissement outre-mer.

À dix-sept ans, sa vie est brisée. Sa famille semble dans l'impossibilité de l'aider, et ses employeurs s'y refusent, peut-être convaincus d'avoir été bernés par une jolie frimousse et des manières charmeuses. La jeune fille pleine d'entrain et d'avenir est devenue une condamnée qui dort sur la paille moisie d'une prison rurale, vouée à l'exil. C'est l'histoire qu'elle raconte à John au cours de ses premières semaines sur la Tamise et qu'il rapporte dans ses Mémoires trente ans plus tard. Navré par son destin tragique et déterminé à adoucir sa peine, le steward tombe éperdument amoureux de cette « fille à la tournure modeste et réservée, la meilleure et la plus fidèle créature qui ait jamais vécu ». Aux yeux de Nicol, l'adolescente condamnée à tort et envoyée avec des coquins dans une colonie de voleurs paraît digne de sa plus profonde compassion. Quant à Sarah, c'est la première fois en deux ans qu'elle rencontre un homme qui ne lui témoigne ni défiance ni mépris, et qui ignore la vérité à son sujet. Alors elle lui rend son amour, plus lentement, mais avec une confiance et une tendresse croissantes. « Je la courtisai pendant plus d'une semaine », note Nicol. À l'évidence, cela lui a semblé long. Pourtant, Sarah abandonne le faux-pont pour partager le confort et l'intimité de la couchette de Nicol dans l'entrepont bien avant que le bâtiment ne quitte Galleons Reach, et fin avril elle est enceinte.

CHAPITRE V

La vie sur la Tamise

Au printemps 1789, le *Lady Julian* héberge plus de cent cinquante détenues, et il en arrive chaque semaine davantage pour rejoindre ce que John Nicol appelle « une colonie en cruel manque de femmes ». Les projets de transporter des convicts des deux sexes ou des prisonnières accompagnées par des soldats qui relèveraient la garnison sont abandonnés au profit d'un convoi entier de femmes : volonté d'accroître très vite leur nombre dans la colonie, de relâcher la pression dans les cellules de Newgate, ou impossibilité de lever rapidement un bataillon ?

La majorité d'entre elles viennent de Newgate. Le 12 mars 1789, à l'aube, on fait sortir cent huit femmes et deux nourrissons de la prison, on les embarque sur des allèges à Blackfriars Bridge et on leur fait descendre la Tamise jusqu'à Galleons Reach. Sarah Dorset est du nombre : James Adair a rejeté son recours en grâce en juillet 1788. Sur les cent huit détenues, trois sont passées de la liste « Transportation en Afrique » à celle pour la Nouvelle-Galles du Sud. Les quatre-vingt-deux femmes qui, en août 1788, ont signé la pétition de lord George adressée à Sa Majesté se retrouvent toutes sur la Tamise ce jour-là.

Même à cette heure matinale, le fleuve est très

fréquenté, car le port de Londres est l'un des plus animés du monde. Bien décidée à préserver le revenu considérable que lui rapportent les licences, la Cité attendra encore une décennie avant d'autoriser la construction de nouveaux docks, malgré l'engorgement du bassin de Londres. Avec parfois dix grands voiliers amarrés côte à côte, c'est une véritable course d'obstacles pour les bateliers. À l'est, sur des kilomètres, les navires attendent pendant des jours qu'un mouillage se libère. Un nuage de poussière émanant des charbonniers flotte au-dessus des docks.

Les femmes longent la rive nord de la Tamise où la moitié d'entre elles ont vécu et travaillé parmi leurs victimes. Dans Fish Street Hill, Mary Cavenor, treize ans, a tenté de dérober une pièce d'étoffe sur le seuil d'une boutique de nouveautés. Non loin du Monument, à Lombard Court, Mary Hook a vidé le secrétaire de sa maîtresse pour s'emparer des gages de la maisonnée au lieu de faire bouillir des homards à la cuisine. Près de la Tour de Londres, dans Blue Anchor Yard, Bett Farrell est tombée sur un constable qui, « la connaissant, l'a arrêtée et lui a demandé ce qu'elle avait dans son tablier » ; il a découvert du linge volé dans une maison d'East Smithfield. « Bett, il y en a pour quarante livres », lui a-t-il dit en l'emmenant au poste. À trois rues de là, dans Virginia Street, Mary Anderson a cambriolé une maison pour échapper à la prostitution. Et derrière cette même maison, Mary Butler et Poll Randall ont entraîné Joseph Clark et son fromage au lit avant de s'enfuir avec ses billets, tandis que Mary Bateman et Elizabeth Sully attiraient James Palmer dans une maison pour lui prendre sa montre en argent.

Entre Wapping et Limehouse, dans un méandre du fleuve, Ratcliff Highway rejoint presque la rive. Beaucoup ont vécu là. Sophia Sarah Ann Brown a travaillé « chez Mme Foy en qualité de fille, de fille infortunée », et a subtilisé neuf guinées, trois shillings et une montre à un client ivre. Deux mois plus tôt, Jane Walters a également volé un client ivre quand il s'est endormi dans une chambre louée à l'heure. Ann Morgan a racolé un portier en l'apostrophant ainsi : « Viens avec moi, Ned. » À la première étreinte, elle lui a fait les poches et l'a prévenu « qu'elle allait [lui] crever un œil [...], et bien qu'elle soit une femme elle s'est mieux battue que [lui] » quand il a tenté de récupérer sa demi-guinée.

En dépassant Limehouse Reach, les filles se retrouvent en territoire moins connu. Là où se terminent les quais de la Cité débutent les bassins de radoub et de construction des navires. À l'extrême sud de Limehouse, dans les docks de Deptford, des bassins destinés à équiper des navires de la marine marchande ou militaire bordent les deux rives vers l'est. C'est là qu'on transforme le *Guardian*, ancien bâtiment de guerre de Sa Majesté, en ravitailleur à destination de Sydney Cove.

Dans les eaux de Deptford et Woolwich se trouvent les pontons, ces vieux navires désarmés trop abîmés pour reprendre la mer. Pendant les années de désobéissance coloniale, lorsque le gouvernement s'imaginait encore que la transportation en Amérique allait reprendre un jour, ces bagnes flottants ont été une solution provisoire à la surpopulation carcérale. Mais la pression sur les prisons classiques ne s'étant jamais relâchée, le provisoire a duré. En 1789, certains navires sont à l'ancre depuis plus d'une décennie, avec des centaines de détenus à leur bord. Ils dorment enchaînés, sont peu nourris, continuellement en proie à la fièvre, et exploités de l'aube à la tombée de la nuit sur les chantiers navals du royaume. Lorsqu'il fait chaud et qu'il n'y a pas de vent, ils empuantissent le fleuve d'une rive à l'autre. Tel un bidonville flottant, les pontons se succèdent sur le fleuve, avec leurs étendages de literies et de vêtements, leurs mauvaises herbes et leur gréement pourrissant. Tandis que les allèges passent devant ces bateaux, les forçats qui embarquent pour commencer leur journée de travail à terre sifflent leurs sœurs d'infortune.

À compter de cette date, deux ou trois allèges conduisent chaque semaine des femmes gelées et trempées à bord du *Lady Julian*. Dix-huit viennent de Warwick, dix de Maidstone, trois de Nottingham, trois de Reading, et il en arrive, seules ou par deux, de tout le pays : de Hertford, une voleuse de porc, Sarah Gregory, et son bébé ; du Northumberland, une voleuse à l'étalage de soixante-huit ans et une trayeuse de dix-huit ; de Chelmsford, une domestique et une femme coupable d'agression ; de New Sarum, une cambrioleuse dont la peine de mort a été commuée. C'est John Nicol qui les accueille, les aide à monter à bord, arrime leurs coffres et leurs malles, et les conduit dans leurs nouveaux quartiers. À leur égard, il éprouve surtout une compassion chevaleresque, car selon lui la plupart d'entre elles sont « de malheureuses créatures inoffensives, victimes de la séduction la plus vile ».

En avril, une allège se dirige vers le *Lady Julian* avec une seule passagère sur les quatre prévues. Ann Wheeler est trop gravement malade du typhus pour sortir de l'infirmerie de Newgate. Alice Haynes a été gardée à la dernière minute car sa demande de libération va être examinée. Sarah Roberts a été « retenue suite à l'objection émise par M. Akerman, qui a estimé que grosse et proche du terme elle ne pouvait être emmenée sur le vaisseau sans souffrance ni danger considérable ». Elizabeth Barnsley, qui n'est ni malade, ni enceinte, ni susceptible de bénéficier d'une mesure de clémence, se trouve donc seule dans l'embarcation quand elle se laisse hisser par John Nicol et est présentée à l'agent Edgar. Les deux hommes comprennent bien vite que la *grande dame** du *Lady Julian* est arrivée.

Elizabeth Barnsley ne tarde pas à se faire un nom à bord. Elle s'enorgueillit de venir d'une famille de voleurs de grand chemin qui sévit depuis une centaine d'années. Au XVIIIe siècle, ces bandits sont les héros du crime, des hommes qui ont fière allure sur leur étalon noir, avec de la dentelle aux poignets et des manières irrésistibles avec les femmes. Assurément le frère d'Elizabeth, qui lui rend souvent visite à bord, a fait forte impression sur John Nicol. Trente ans plus tard, il se souviendra avec une admiration respectueuse peu fréquente chez lui qu'il était « bien habillé, avec une distinction de gentleman » et suffisamment insouciant, peut-on ajouter, pour ne pas se formaliser que sa sœur crie sa profession sur tous les toits. Elizabeth a de l'argent et de belles toilettes dans les coffres à la cale. À peine arrivée, elle demande à l'agent Edgar l'autorisation d'échanger son grossier uniforme de détenue en serge marron contre une tenue plus adaptée pour recevoir sa famille et ses amis. Edgar refuse, mais lui promet qu'elle pourra revêtir ses beaux atours dès qu'ils prendront la mer.

Mme Barnsley n'est pas la seule à avoir de la visite. Pendant tout le printemps, les ponts du navire sont le théâtre d'une activité constante. Des parents déjà présents au procès et qui sont venus voir leur fille en prison envoient aux autorités des recours en grâce désespérés dans lesquels ils plaident la jeunesse et l'ignorance, se portant garants de leur enfant en vue de sa libération. Des familles qui ne vivent pas à Londres entreprennent un long et coûteux voyage pour faire leurs adieux à une fille ou une sœur qu'ils pensent ne jamais revoir. Des amis ou des proches apportent des lettres adressées par une connaissance de connaissance à un officier déjà à Sydney Cove dans l'espoir d'obtenir plus de nourriture, un travail moins dur, ou un meilleur toit pour leur femme ou leur mère. Certains parents ont même engagé leurs derniers biens pour munir leur enfant de quelques guinées qui lui permettront peut-être d'acheter sa libération anticipée ou d'améliorer sa vie sur place. Il y a aussi des journalistes et des illustrateurs à la recherche d'une bonne histoire ou de scènes émouvantes. Jusqu'à la veille du départ, proches, avocats et bienfaiteurs œuvrent contre la montre et pour l'improbable, cherchant à obtenir une grâce ou une réduction de peine, écrivant lettre sur lettre à des personnes influentes — même s'ils n'ont qu'un lien très vague avec elles — qui accepteront peut-être de les aider, espérant de toutes leurs forces, alors que la date fatidique se rapproche dangereusement, que quelqu'un se laissera fléchir et les sauvera.

Sir Joseph Banks est sans doute venu à bord. Lorsqu'il n'est pas à Revesby Hall, il passe la majeure partie de son temps dans sa résidence londonienne au 34, Soho Square, se mêlant de tout ce qui a trait aux expéditions. En août 1788, juste avant son intervention dans les affaires de Mary Rose, il a monté une expédition afin de pénétrer l'intérieur du continent africain par la Sierra Leone. Son ami, M. Lucas — un autre passager du capitaine Cook lors de ces voyages formateurs des années 1770 — en a pris la tête. Au printemps 1789, Banks reporte son intérêt sur Sydney Cove, et l'on sollicite ses conseils pour l'équipement du *Guardian*.

En avril 1789, la petite flotte de deux navires est en bonne voie. Le cabinet de lord Sydney a réfléchi aux demandes spécifiques figurant dans les dépêches du gouverneur Phillip. Le *Guardian*, une frégate élancée de près de neuf cents tonneaux, est à même d'accomplir une traversée rapide et de transporter plusieurs mois de ravitaillement. On doit sélectionner vingt-cinq bagnards possédant des compétences en horticulture et agriculture dans les pontons de Portsmouth pour les embarquer sur le *Guardian* avec la promesse de certains privilèges dans la colonie. Une poignée d'hommes libres sont engagés à quarante livres par an pour superviser les travaux publics effectués par les forçats à Sydney Cove. Ils forment une équipe hétérogène et étrange. Deux d'entre eux ont été triés sur le volet par sir Joseph parmi les jardiniers royaux de Kew. Un troisième, Philip Schaffer, militaire veuf, est l'un des mercenaires achetés par George III aux États allemands lors de la guerre contre les colonies américaines. Comme il ne parle pas anglais, ou très peu, il dépend de sa fille de dix ans, Elisabeth, pour la traduction. Parmi eux, on compte aussi un cardeur de lin, Andrew Hume, censé transformer la culture du chanvre sur l'île de Norfolk en industrie rentable ; un fermier, Thomas Clarke ; un surveillant de forçats sur les pontons de Woolwich, Philip Devine ; un « ancien planteur américain », James Reid, vraisemblablement chassé d'une colonie à cause de sa loyauté à l'Union Jack ; un ancien officier et superviseur, John Barlow, qui a été « ingénieur en Jamaïque ». On trouve également une brebis galeuse de la petite bourgeoisie, John Thomas Doidge, à qui l'on a apparemment conseillé de quitter le pays pour quelque temps.

C'est un autre ancien officier de Cook qui reçoit le commandement du *Guardian* : lors du dernier grand voyage, Edward Riou, aspirant âgé de treize ans, a servi sous les ordres et du lieutenant Edgar à bord du *Discovery* et du lieutenant Bligh sur le *Resolution.* En 1789, il a vingt-six ans, et c'est une étoile montante de la marine militaire ; le fait qu'il ait connu personnellement le gourou des antipodes le désigne tout naturellement pour le poste. Le *Guardian* doit transporter des plantes pour la colonie. Diplomate, Riou invite sir Joseph à superviser la construction d'une cabine suffisamment spacieuse pour abriter quatre-vingt-treize pots d'arbres fruitiers, d'herbes et de légumes de Kew destinés aux colons « comme nourriture ou médecine ». Pendant la première semaine de juin, Banks arpente donc le bateau pour tracer à la craie les contours de la fameuse cabine. Sa protégée, Mary Rose, se trouve à quatre cents mètres de là.

L'autre gentleman compatissant qui s'intéresse également à Botany Bay n'a pas oublié les prisonnières qu'il soutenait à Newgate : au moins quatre femmes du *Lady Julian* touchent toujours une pension de lord George Gordon. Une fois par semaine, John Nicol se rend à Newgate de leur part et « reçoit l'argent de sa main ».

Au cours d'une de ces visites hebdomadaires, il rencontre des gens « à l'air décent » qui recherchent leur fille et ont retrouvé sa trace à Newgate. Reconnaissant le nom de Sarah Dorset, le geôlier leur a suggéré d'attendre le steward. « La mère me supplia de lui dire si une personne de ce nom se trouvait à bord.» Nicol a donc la tâche désagréable d'apprendre aux parents de Sarah que si leur fille est en vie et bien portante, elle va partir à Sydney Cove. «Le père semblait avoir le cœur trop gros pour parler, mais la mère, en larmes, rendit grâce à Dieu d'avoir retrouvé leur pauvre enfant égarée, si perdue fût-elle.»

John les fait monter à bord du *Lady Julian* et les conduit à sa propre couchette afin que la réunion familiale ait lieu à l'abri des regards curieux ou moqueurs. Quand Sarah, incrédule, découvre ses parents, elle s'évanouit avant d'«implorer leur pardon avec des accents déchirants. [...] Cela faisait à peine deux ans qu'elle avait quitté la maison de son père, [...] tant sa vie de folie et de péché avait été brève».

La jeune fille a abandonné tout espoir de grâce car elle a déjà déposé un recours auprès de lord Sydney en 1788. Lorsque Sydney a demandé un résumé de l'affaire au juge qui l'avait condamnée, ce dernier lui a opposé qu'elle lui paraissait être «un sujet tout indiqué pour la colonie de Botany Bay». Il n'y a donc plus rien à faire. Ce jour d'avril 1789 où John Nicol lui amène ses parents, elle les voit pour la dernière fois.

À bord, Sarah Dorset n'est pas la seule dont la grâce ait été rejetée. James Adair est resté de marbre devant la demande de Catherine Wilmot, de Chelmsford. Les certificats de moralité joints à son recours émanent du gardien d'une écurie de louage qui déclare la connaître depuis deux ans comme une personne «paisible et industrieuse» et pense qu'elle «gagne sa vie en vendant de la quincaillerie et en se rendant sur les foires», et d'un fournisseur qui la connaît depuis un an et demi comme une femme qui «se déplace pour vendre de la quincaillerie dans un panier.» Rien de bien édifiant. Légèrement plus encourageante est l'attestation des paroissiens de Saint Mary, à Whitechapel, affirmant que Catherine s'est toujours bien comportée et qu'elle a eu quatre enfants de son mari, en mer pendant son procès, et que lesdits enfants sont «inconsolables, dispersés et dans la détresse ». Le premier magistrat n'est pas convaincu : « Un crime aux conséquences graves. [...] La prisonnière n'en est pas à son premier forfait. [...] Je ne vois aucune raison de modifier mon jugement, ni de penser que ses enfants subiront un préjudice en n'étant pas élevés par un tel parent... »

Trente ans après la traversée, seules les femmes à la personnalité ou à l'histoire marquante sont restées dans la mémoire de John Nicol. L'une d'elles s'est inscrite dans son souvenir non à cause de son crime ou de son tempérament, mais parce qu'à bord tous la croient fille illégitime du Premier ministre, William Pitt. D'après Nicol, « elle-même ne le nia jamais. [...] Sa ressemblance avec lui était si frappante dans chacun de ses traits qu'il était difficile de ne pas les confondre ». On ignore malheureusement son identité, car Nicol ne cite aucun nom.

Le Premier ministre a un cousin de quatorze ans, Thomas, qui en janvier 1789 s'est enfui au bout de neuf jours de l'école de Charterhouse où on l'avait envoyé et a supplié qu'on le laisse prendre la mer. Son père a cédé pour éviter une nouvelle fugue et lui a obtenu un brevet d'aspirant sur le *Guardian*. Il naviguera donc aux côtés du bâtiment censé transporter la bâtarde de son oncle. Est-ce une simple coïncidence ? S'il s'agit vraiment d'une enfant illégitime et qu'à un certain moment de sa vie elle a été élevée par un proche de Pitt, elle a pu rencontrer le jeune Thomas qui, fasciné, aura voulu la suivre à l'étranger par affection, curiosité, amitié d'enfance ou amour.

Aux yeux de la plupart des contemporains qui participent à ou commentent la grande aventure des convicts de Sydney Cove, on peut difficilement concevoir destin plus terrible. Cette vision correspond bien sûr au souhait de l'establishment : à quoi bon un bagne, en effet, s'il ne sert pas de formidable instrument de dissuasion ? Néanmoins, certaines femmes du *Lady Julian* considèrent leur exil davantage comme une façon d'échapper aux dures conditions de vie de leur pays d'origine que comme un châtiment. Selon John Nicol, « nombre d'entre elles ne prendraient pas leur liberté comme une aubaine… »

« Nous avons à manger et un lit bien chaud. Nous ne sommes plus maltraitées ou à la merci du moindre souteneur ivre comme avant. Quand nous nous levions le matin, nous ignorions où nous poserions la tête le soir, ou même si nous mangerions dans la journée. Le bannissement est une bénédiction pour nous. N'avons-nous pas été bannies depuis longtemps dans notre propre pays ? […] Nous n'osions pas aller trouver notre famille que nous avions déshonorée. Les autres nous claquaient la porte au nez. Nous étions comme des pestiférées, haïes et fuies. »

Tous ces propos rapportés sont sujets à caution, car Nicol a écrit ses Mémoires bien des années plus tard. Manifestement, nombreuses sont celles qui sont soulagées d'être en sécurité dans un endroit où elles n'ont plus à se battre chaque jour pour leur survie. Assurément, certaines femmes qui ont parlé à John Nicol ont exprimé leur soulagement, ou à tout le moins leur résignation. C'est sans doute l'état d'esprit de celles que plusieurs années de pauvreté et de mauvais traitements ont plongées dans une détresse extrême. Que peuvent attendre de la vie des femmes comme Esther Curtis, sinon d'autres nuits où elles s'écrouleront sur un perron et dormiront dans des lieux d'aisance ?

Mais si certaines abandonnent sans regret une vie misérable en songeant que n'importe quel avenir, même celui de convict à l'autre bout du monde, est préférable à ce qu'elles ont déjà vécu, d'autres se battent encore pour éviter le sort fixé par les juges de Sa Majesté.

CHAPITRE VI

Les condamnées à mort

Pour vider les geôles, il existe d'autres moyens que d'envoyer les criminels en exil ou sur les pontons. Ceux qui sont passibles de la peine de mort ne rencontrent pas tous des jurés et des procureurs disposés à leur épargner la potence ou à leur permettre d'obtenir leur grâce. Parmi ces prisonniers qui attendent leur exécution à Newgate, deux au moins sont des femmes : Catherine Heyland, trente-quatre ans, et Christian Murphy, dix-neuf ans, condamnées séparément pour « avoir commis le crime de contrefaçon en fabriquant frauduleusement et traîtreusement une fausse pièce de un shilling ».

En mars 1788, la société de conférences Wesminster Forum discute de la question suivante : « N'est-elle pas injuste et cruelle, la loi qui condamne la femme à être brûlée vive quand pour un même crime l'homme est exécuté de la manière habituelle ? » Le moment est bien choisi pour en débattre.

En effet, dans cette paroisse de Westminster, à la même période, l'agent Treadway et deux collègues surprennent deux personnes dans un galetas : on les a informés que des faux-monnayeurs étaient à l'œuvre. Arrivés en haut des marches, découvrant que la serrure a été bouchée, ils collent leur oreille contre la porte, écoutent et se précipitent à l'intérieur.

« Le prisonnier James, affirme Edward Treadway, frottait quelque chose dans ses doigts. » Pris à bras-le-corps par l'agent Meecham, William James, alias Levi, porte ses doigts à sa bouche. Meecham lui serre aussitôt la mâchoire, mais James a déjà avalé la pièce à conviction, et l'agent ne recueille que de la bave noire sur sa manche. Sur le rebord de la fenêtre, il y a une soucoupe pleine de sable humide, un tas de vieilles pièces de six pence, deux fausses pièces neuves, un poêlon, une lime, du « papier d'émeri », un morceau de bouchon, une « substance noire » et une paire de pinces. Près du feu, les agents trouvent un creuset ; « au-dessus de la fenêtre du galetas, dehors, entre le plafond et le toit », un moule en fer, ou « fossile ». Sur le manteau de la cheminée sont posés une fiole d'eau-forte (acide nitrique), un récipient pour transporter le métal jusqu'au moule, une balance en laiton et de l'arsenic blanc : la panoplie du parfait faux-monnayeur. Pour couronner le tout, un voisin qui ignore la présence de la police entre alors avec des chemises propres pour James. Dans l'une des poches, les agents découvrent de la fausse monnaie, ainsi que deux sachets de fausses pièces fourrés dans le corsage d'une robe, celle de Catherine Heyland.

En avril 1788, John Nicholls, qui travaille à l'hôtel des Monnaies, est appelé à la barre de l'Old Bailey en tant qu'expert pour expliquer aux jurés l'utilisation d'un équipement dont ils ne sont guère familiers. Le « fossile », leur dit-il, est le moule utilisé pour prendre une empreinte de la bonne pièce dans du gros sable humide, une face après l'autre. Dans un second temps, on remplit les interstices avec du sable plus fin, « sinon la forme reproduite serait criblée de petits trous », et l'on fait sécher au-dessus du feu. Ensuite, les empreintes sont remplies de cuivre ou d'étain fondu dans le creuset et vissées l'une à l'autre. Le métal fondu est affiné pour ressembler au cuivre ou à l'argent : au cuivre en le mélangeant avec de l'arsenic blanc, qui lui donne une nuance plus pâle, et à l'argent en ajoutant de l'eau-forte qui, mélangée à n'importe quel composant en contenant une trace, « fait remonter l'argent à la surface et le blanchit ». Une fois que la fausse pièce a durci, elle est polie, d'abord avec la lime, puis avec le papier d'émeri et le bouchon de liège. Comme l'expert le confirme, William James et Catherine Heyland possèdent « l'attirail complet pour fabriquer de la fausse monnaie ».

L'activité à laquelle se livraient les deux inculpés dans le galetas de Weston Street ne fait aucun doute, pas plus que la peine qui leur sera infligée. Pour William James, une seule chose compte pendant l'audience : convaincre le juge et le jury qu'il est seul coupable et Catherine une simple spectatrice ou, au pire, une complice malgré elle. Au cours du procès, il interrompt le juge, le procureur et les témoins pour contester les preuves de l'implication de Catherine. Le tribunal ne le suivra pas.

Outre Catherine et William, un autre couple de faux-monnayeurs est jugé en avril 1788 : Jeremiah Grace et Margaret Sullivan sont eux aussi reconnus coupables. Le lundi 23 juin, ils se retrouvent tous les quatre devant le tribunal pour apprendre la date de leur exécution. William, Jeremiah et Margaret n'ont aucun espoir d'échapper à la mort. Catherine, en revanche, a trouvé un soutien en la personne de M. Bloxham, shérif de la Cité de Londres. Pour lui, elle est innocente, ou du moins ne mérite pas le sort qui l'attend. En tant que shérif, M. Bloxham doit prendre part aux cérémonies qui accompagnent les exécutions. Il a assisté à d'innombrables pendaisons et, en juin 1786, a vu la faussaire Phebe Harris attachée sur un bûcher et brûlée vive devant la prison de Newgate. C'est un spectacle qui ne s'oublie pas facilement.

Le juge Adair s'adresse d'abord aux hommes : William James, alias Levi, et Jeremiah Grace seront pendus le mercredi devant Newgate. Puis il se tourne vers les femmes : l'exécution de Catherine est différée d'un mois, mais Margaret Sullivan sera brûlée. Comme les hommes, elle a deux jours pour se préparer.

Le lendemain, le *Times* lance sa première attaque contre la cruauté de cette sentence : « L'humanité ne doit-elle pas bien rire de nos grands discours contre l'esclavage africain [...], lorsque [...] nous faisons griller vive une de nos semblables pour avoir mélangé un sou de vif-argent à un demi-sou de laiton ? »

Margaret Sullivan passe la nuit du mardi en prière avec un prêtre catholique et refuse les fraises envoyées en cadeau par la femme du shérif. Le mercredi, au petit jour, les prisonniers de Newgate entendent les premiers signes d'excitation du peuple qui commence à se rassembler dans le cimetière de Saint Paul et les tavernes de l'Old Bailey. À six heures, la cloche de l'église du Saint-Sépulcre se met à sonner et une foule excitée se presse dans la ruelle où les hommes du shérif installent le dispositif de l'exécution : tout d'abord, un passage couvert à partir de la Debtors' Gate ; puis les marches conduisant à l'échafaud amovible, haut comme trois hommes. Les gens se battent pour les meilleures places ; quelques jeunes hommes escaladent les balcons des maisons qui font face à la prison. Le King's Head et le Four Kings, les deux tavernes les plus proches du lieu d'exécution, ne désemplissent pas. Au Magpie and Stump, on vend des potences miniatures en souvenir.

À sept heures, William James et Jeremiah Grace sortent par la Debtors' Gate. Encapuchonnés, mains attachées dans le dos, ils sont menés à l'échafaud et on leur met la corde au cou ; à l'arrière de la foule, un rugissement s'élève : « Chapeau bas ! » Puis, pendant trois quarts d'heure, l'aumônier débite son sermon inaudible. Juste avant huit heures, Catherine Heyland, depuis sa cellule, entend la rumeur au moment où la trappe s'ouvre sous les pieds de William. Les gens se rafraîchissent et un quart d'heure plus tard Margaret Sullivan, vêtue du blanc pénitentiel, apparaît, le prêtre à ses côtés. Elle est conduite au bûcher, on la fait monter sur un tabouret et l'on dispose des fagots autour d'elle. Avec solennité, les hommes du shérif s'avancent, portant des torches enflammées, et le corps de Margaret Sullivan, coupable de haute trahison, est rituellement réduit en cendres devant la foule et les dignitaires de la Cité — dont le shérif Bloxham — installés sur une tribune dressée pour l'occasion.

Londres est sous le choc. Deux ans se sont écoulés depuis la dernière mise à mort de ce genre, avec son écœurante odeur de chair humaine flottant de Newgate Street à la Cité et du Strand à la Tamise. L'exécution de Margaret Sullivan est considérée comme inhumaine, absurde, totalement anachronique par rapport à la pensée des Lumières, et odieuse quant à son application aux seules femmes. « Le pays s'est toujours enorgueilli de ne pas assortir de cruauté le châtiment des criminels. Brûler une femme n'est-il pas un acte de torture ? Cette barbarie ne nous fait pas honneur. Les sauvages des contrées les plus reculées du monde respectent leurs femmes, tandis que la Grande-Bretagne fait de leur corps délicat l'unique objet d'une torture atroce. » En cette occasion, le *Times* exprime l'opinion des partisans purs et durs de la pendaison.

Si pour beaucoup cette semaine est celle de la honte et de la protestation, elle marque pour Catherine Heyland le début d'un mois de terreur et du jeu angoissant des demandes de sursis. En principe, on doit la brûler le 21 juillet. Or le Parlement est en vacances et les hommes susceptibles de la sauver — tant les ministres que leur entourage — sont à la campagne pour l'été. Trois semaines et demie s'écoulent sans aucune nouvelle.

Aux dernières lueurs du jour, le dimanche 20 juillet, des hommes préparent son exécution devant les murs de la prison et disposent des fagots autour du bûcher. Catherine, elle, se trouve avec l'aumônier. Elle reçoit des messages et des cadeaux de sympathie.

Le shérif Bloxham est absent. Il veut à tout prix épargner cette horrible mort à une femme qu'il croit innocente. Voyant que le sursis demandé n'arrivera pas dans la journée, il comprend que s'il n'agit pas sur-le-champ elle va être immolée. Pendant que Catherine prie, il galope vers la maison de campagne où le ministre passe le week-end. Il arrive à trois heures du matin, exige d'être conduit auprès de Son Excellence, et repart aussitôt à Londres avec le précieux document. Déjà la foule se rassemble dans la cour du Saint-Sépulcre. Deux heures avant que les torches n'enflamment les fagots, Catherine Heyland se voit accorder quatre jours de sursis.

On démonte le bûcher et l'on remporte les fagots. Le lundi, le ministre est à peine rentré que Bloxham vient le harceler pour qu'il prolonge le sursis. Le 24 juillet, alors qu'on a déjà donné l'ordre de préparer l'exécution, arrive la prolongation du sursis de Catherine, « aussi longtemps qu'il plaira à Sa Majesté ». Elle est encore vivante, mais son avenir est plus qu'incertain.

En mars 1789, Catherine Heyland figure sur la liste des condamnés à mort depuis près d'un an. Vingt-quatre autres femmes (et soixante-quatorze hommes) attendent avec elle leur exécution ou leur grâce. Six jours après le départ de cent huit femmes pour le *Lady Julian*, l'horrible numéro du bûcher se répète. Cette fois-ci, la faussaire est Christian Murphy ; de nouveau, on commence par pendre son complice, et Catherine entend la foule se repaître d'un spectacle dans lequel elle risque un jour de jouer le rôle principal.

Le mois suivant cependant se produit un événement qui affecte l'Angleterre tout entière et a des répercussions spécifiques sur le sort de Catherine Heyland, Nelly Kerwin et vingt autres femmes condamnées à mort. En effet, le roi George III recouvre officiellement la raison en avril, ce qui donne lieu à des réjouissances nationales. « Jamais un pays n'a vécu une telle journée de liesse », rapporte loyalement le *Times*, décrivant les feux d'artifice, les illuminations, les fêtes de rue, les encombrements autour de Saint James et Saint Paul, les chants, les cloches, et les salves d'artillerie. Courtisans, membres du Tout-Londres et du Parlement, négociants… c'est à qui donnera la réception la plus somptueuse. Huit cents personnes se rendent à un gala dans la Cité, au Merchant Taylors' Hall, où une « collation froide et des veloutés » sont servis avant des créations en sucre comprenant un arc de triomphe haut d'un mètre vingt sur lequel sont gravés des serments de fidélité. Une procession a même été prévue de Saint James à Saint Paul pour un service d'actions de grâce à la cathédrale. Durant la semaine qui précède, les gens payent deux pence pour regarder l'installation d'un dais dans la cathédrale ; ils viendront par dizaines de milliers voir la famille royale sourire et saluer.

Les villes de province ne sont pas en reste, et le *Lincoln Mercury* va rapporter les diverses célébrations pendant des semaines. À Gainsborough on tire des coups de canon, à Lincoln on organise un dîner pour le comté, à Louth on sonne les cloches pour commencer une matinée d'actions de grâce. À Swinhead, une fanfare paroissiale défile dans les rues et l'on fait venir de la bière dans des seaux à lait. À Corby, les citoyens avancent en cortège du Roe Buck Inn jusqu'à la croix de la place du marché « en jouant *God Save the King* et en s'interrompant parfois pour une doxologie ». On assiste à des feux d'artifice à Melton Mowbray, à un feu de joie à Wymondham, à Falkingham on fait rôtir plusieurs moutons, à Thurlby les réjouissances s'accompagnent d'« une grande quantité de spiritueux fournis par tous les fermiers de la ville » ; à Houghton-on-the-Hill, tous les enfants reçoivent un petit pain et l'on offre du thé à toutes les femmes. C'est à « la libéralité et la condescendance envers le bas peuple » qu'on attribue surtout le caractère bon enfant des célébrations. Le docteur Willis participe à des réceptions et à des bals dans tout le comté, où « il est l'objet d'une adulation indescriptible ». À Wisbech, une Britannia* d'un mètre vingt assise sur un lion couché illumine le Ship Inn ; à Stamford se tient « un bal élégant avec une collation froide ».

À Londres, un combat sans merci va s'engager entre le juge et des condamnées à mort qui doivent bénéficier d'une mesure de grâce dans le cadre des célébrations.

Pendant les cinq jours de la session d'avril, certaines femmes de mauvaise vie deviennent une telle *cause célèbre** dans le Tout-Londres que les dernières étapes du procès sont suivies par deux membres plus favorisés de la communauté, la duchesse de Cumberland et Mme Fitzherbert.

Du 20 au 23 avril comparaît le lot habituel de voleurs et agresseurs dans la succession traditionnelle de brèves audiences et de jugements rapides. Le 24 avril, les condamnées à mort sont tirées de leur cellule, « conduites à la barre et informées que la grâce de Sa Majesté leur est accordée aux conditions suivantes : pour Lydia Jones, Elizabeth Shakespear, Esther Thornton, Catherine Heyland, Ann Steel, Elizabeth Smith, Mary Wade, Jane Whiting, Jane Tyler, Sarah Mills, Sarah Cowden, Sarah Storer, Martha Cutler, Eleanor Kirwin alias Karavan : *transportation à perpétuité.* Pour Margaret Wood, Sarah McCormick, Mary Kimes alias Potten, Sarah Chasey, Sarah Young, Mary Hook, Elizabeth Goldsmith, Elizabeth Hounsum [en réalité, Catherine Hounsam] : *sept ans de transportation.* »

« Acceptez-vous les termes de la grâce ? demande le juge.

— Oui, répondent Catherine Heyland et quinze autres femmes.

— Non », disent les six autres, et le bras de fer s'engage.

Catherine Heyland échappe donc au bûcher. Avec celles qui ont accepté la commutation de leur peine, elle est reconduite dans sa cellule et réenregistrée sur la liste « Transportation à Sydney Cove ». Les autres demeurent à la barre.

« Je préfère mourir selon les lois de mon pays que de

* Figure de femme coiffée d'un casque et tenant un trident, généralement assise, représentant la Grande-Bretagne et les dominions. (*N.d.T.*)

partir pour toujours en terre étrangère, déclare Sarah Cowden. Je suis innocente, et Sarah Storer aussi. »

« Plutôt mourir que de partir pour toujours en terre étrangère » et « Je refuse, je suis innocente », affirment Martha Cutler et Sarah Storer.

Les trois autres femmes à refuser, Nelly Kerwin, Sarah Mills et Jane Tyler, sont des criminelles professionnelles. En revanche, Martha Cutler, Sarah Storer et Sarah Cowden sont peut-être innocentes du crime — agression sur la voie publique — qui leur a valu la condamnation au gibet en décembre 1787.

Ces trois femmes et leur complice non identifié connaissent déjà Henry Solomon, qui vit dans la partie juive de Whitechapel. Elles l'appellent par son nom quand il passe devant Gun Alley pour se rendre chez le barbier, aussi s'engage-t-il dans la ruelle. Tout au bout, Sarah Storer subtilise son chapeau et s'engouffre dans une maison. Il se retrouve encerclé par trois ou quatre personnes qui se moquent de lui et le mettent au défi de reprendre son couvre-chef avant de le pousser à l'intérieur. C'est alors que « les trois m'ont jeté sur le lit ». Cowden « s'est assise sur moi », Storer « m'a fermement bâillonné de la main », et Martha s'est placée « le dos contre la porte ». Storer lui fait les poches et tend quatorze guinées et dix shillings à Martha, qui disparaît. Les deux autres le mettent à la porte, lui jettent son chapeau, et lui conseillent de « vaquer à [s]es affaires. » Entendant l'échauffourée, un couple s'est approché de la fenêtre et s'apprête à appeler le guet quand Solomon sort en titubant. C'est principalement sur leur témoignage que les trois femmes sont condamnées.

Sur le banc des accusés, elles fournissent des excuses éculées et peu convaincantes : Cowden, de passage, était absente au moment du délit ; Storer a entendu Solomon entrer et affirmer : « On m'a volé et je le ferai payer au premier venu » ; Cutler prétend que Solomon a voulu se venger de quelque chose sans préciser quoi. Ces arguments reviennent sans arrêt au tribunal, et ils n'ébranlent nullement le juge Rose.

Selon toute probabilité, elles sont coupables. Mais certains sont peut-être plus coupables que d'autres ; Solomon a été pris au mot pour la détermination de la somme, suffisamment importante pour entraîner une condamnation à mort. Or l'homme du guet qui a appréhendé Martha une demi-heure après les faits n'a trouvé que trois shillings sur elle. Certes, elle a eu le temps de se débarrasser du fruit de son larcin, mais la véhémence avec laquelle les filles se défendent encore quatorze mois plus tard fait naître des doutes quant au verdict.

Pris au dépourvu par ce refus impassible de la bienveillance de Sa Majesté, le juge prévient celles qui ne se sont pas encore exprimées : « Si vous n'acceptez pas sur-le-champ la grâce du roi, vous ne pourrez plus revenir sur votre décision ; je vous garantis que toute femme qui refuse la grâce royale s'expose à une exécution immédiate. » Un mois plus tôt, Christian Murphy et onze hommes ont été exécutés juste à côté. Or « exécution immédiate » signifie « dans les jours qui suivent ». Pourtant les autres condamnées n'hésitent pas à imiter leurs trois camarades. « Je m'en tiens à ma condamnation initiale, dit Sarah Mills. Plutôt mourir que de quitter mon pays pour finir dévorée par les sauvages. » Jane Tyler préfère elle aussi « mourir. J'estime avoir suffisamment souffert pendant ces trois années de prison pour la faute que j'ai commise ».

La fine mouche Nelly Kerwin, quoique plus circonspecte dans son approche, est dans le même état d'esprit : « J'espère que ni cette honorable cour ni les gentlemen ici présents n'élèveront d'objection contre ce que je vais dire. [...] Il n'est pas dans mon intention de contester la sentence, mais ma situation ne me permet pas de partir ; sinon, je le ferais. [...] J'ai deux enfants en bas âge. [...] Peu m'importe la détention à perpétuité. [...] Je ne vivrai pas longtemps. »

« Si vous n'acceptez pas maintenant, leur rappelle le

juge, je ne pourrai plus intervenir si vous souhaitez solliciter une réduction de votre peine; mais une fois que vous aurez accepté, vous pourrez éventuellement déposer une demande de réduction [...]; en revanche, si vous refusez ces termes [...], votre exécution sera ordonnée, et il sera trop tard pour revenir en arrière.»

L'homme n'y va pas par quatre chemins : il use de la carotte et du bâton pour les contraindre à accepter. Le gouvernement est décidé à vider les prisons, opération qu'il n'a pu mener à bien lors de la course désordonnée qui a précédé le départ de la première flotte. En 1786, plusieurs condamnés se sont débrouillés pour échapper à l'embarquement et encombrent les cellules depuis. Cela ne doit pas se reproduire.

L'insistance de ces six femmes à s'en tenir à leur première condamnation ne s'explique pas seulement par leur crainte de l'exil au milieu des sauvages. Il s'agit d'un risque calculé, et c'est pourquoi le tribunal insiste si brutalement sur l'inéluctabilité d'une exécution immédiate.

Nelly Kerwin est incarcérée à Newgate depuis juillet 1786. On aurait déjà dû l'exécuter ou la transporter sur la première flotte partie en mai 1787, mais fin octobre 1786 un groupe de «matrones*» a certifié sa grossesse. Sa codétenue Esther Abrahams, également enceinte, donne naissance à une petite fille en mars 1787. Le bébé de Nelly doit naître en juin, mais elle le perd à la mi-avril. Quand Esther et son nouveau-né montent à bord du *Lady Penrhyn* en partance pour Botany Bay, Nelly est toujours à l'infirmerie de Newgate. Trois semaines après sa fausse couche, sa condamnation est confirmée, mais son exécution «reportée en attendant de connaître le bon plaisir de Sa Majesté». Il faut pour cela attendre la session suivante de l'Old Bailey, qui débute deux semaines après le départ de la flotte. Le 23 avril 1787, le commis de la prison écrit «enceinte» par réflexe à côté du nom de Nelly, avant de

* Détenues jouissant d'un régime spécial. (*N.d.T.*)

rayer la mention. Deux ans plus tard, Nelly mise sur sa mauvaise santé, ses deux jeunes enfants et ses trois ans de prison pour obtenir un pardon total.

En avril 1789, le tribunal estime que cette situation a trop duré. On ne peut pas se permettre de garder ces détenues-là dans les prisons surpeuplées. Nelly doit mourir ou partir. Voilà pourquoi, le 24 avril, on les reconduit dans leur cellule, elle et ses compagnes récalcitrantes, afin que la nuit leur porte conseil. Le lendemain, on leur demande une nouvelle fois si elles acceptent les termes de leur grâce, et le juge leur répète avec la même brutalité les intentions du gouvernement. Mais douze heures de méditation n'ont pas affaibli la résolution des femmes. Toutes refusent, le magistrat se met en colère et le tumulte croît dans la salle.

« Enfermez ces femmes dans des cellules séparées et mettez-les au pain et à l'eau ! » s'écrie-t-il. Ainsi, elles ont tout le loisir de réfléchir à la question dans la solitude et au régime sec jusqu'à la session de juin.

Les dates fixées pour le départ de la deuxième flotte se succèdent ; il faut établir les listes définitives et embarquer les femmes. Les grâces, les recours, les dispenses pour grossesse ou maladie, les mouvements d'entrée et de sortie sur le navire, tout cela devient si lourd que l'administration pénitentiaire n'arrive plus à suivre. La confusion règne dans les registres. Les femmes libérées ou trop malades pour partir ne sont pas rayées du registre de transportation, alors que les arrivées de dernière minute ne sont pas enregistrées.

En mars, le chirurgien Simpson adresse une nouvelle lettre à lord Sydney ; décrivant sans complaisance les conditions de vie d'Ann Wheeler et d'autres malheureuses, il joint une requête pour l'élargissement immédiat de dix femmes dont la vie est « menacée en cas de poursuite de la détention ». Lord Sydney accède à cette demande et envoie leur grâce au shérif Bloxham. Parmi les femmes relâchées, on retrouve deux noms figurant sur le registre de transportation du *Lady Julian* : la servante

Elizabeth Metcalfe, incarcérée depuis six mois pour avoir dérobé des chaussures à son maître, un cordonnier, et Jane Williams, qui a volé son logeur après l'avoir amadoué avec une histoire déchirante de mari blessé pour qu'il lui loue une chambre.

Dans les cellules, la rotation s'accélère, mais le nombre de détenues reste encore trop élevé. La semaine où Christian Murphy est brûlée et son amant pendu, Ann Thomas vole sa maîtresse et Ann Rock son maître, la prostituée Elizabeth Jones dérobe les boucles des chausses d'un marin pendant qu'il dort dans son lit sur le Strand, Maria Israel s'empare de deux pièces de mousseline dans Prince Street, et Mary Jones prend des vêtements dans une maison de Turnmill Street. Toutes sont jugées à la session d'avril, celle qui voit Nelly Kerwin et ses cinq compagnes mises au pain et à l'eau. Deux jours plus tard, Sarah Roberts accouche d'un garçon à l'infirmerie de Newgate, où elle demeurera jusqu'à sa grâce en octobre, bien que les commis n'aient jamais supprimé son nom de la liste d'embarcation.

La servante Ann Aborough est déjà à bord du *Lady Julian* quand son recours est enfin transmis à lord Sydney. Tandis qu'Ann attend, impuissante, sur le fleuve, sa mère œuvre avec détermination pour la faire libérer. Tout d'abord, elle va trouver lord Loughborough pour plaider la cause de sa fille. Ensuite elle se procure un « certificat » auprès « des marguilliers et autres habitants considérés » de sa paroisse pour appuyer la demande envoyée à lord Sydney accompagnée de la recommandation de lord Loughborough. Le document établit qu'Ann est l'unique enfant de parents respectables qui vivent dans la paroisse depuis vingt ans et sont « disposés à prendre leur fille chez eux et à subvenir à ses besoins ». « Au vu de ces circonstances très favorables, écrit Sydney, je ne peux que me sentir incliné à la recommander à la clémence royale de Sa Majesté. » Le 26 mai, quelques semaines avant le départ du navire, la grâce est accordée et les parents d'Ann Aborough la ramènent joyeusement chez eux. Son nom est pourtant resté sur la liste des femmes qui ont pris la mer.

À la fin du mois, celles qui ont refusé la grâce de Sa Majesté reviennent à la barre. Manifestement, la sous-alimentation a eu quelque effet. Le juge obtient des réponses lasses de Jane Tyler (« Oui, j'accepte ») et de Martha Cutler (« Il le faut bien »). Le ton change lorsqu'il arrive à Sarah Cowden, vingt et un ans, la forte tête qui clame son innocence et celle de son amie.

« Je suis disposée à accepter la condamnation que le roi prononcera à mon encontre, mais Sarah Storer est innocente. J'accepterai si la peine de cette femme est réduite.

— La seule affaire qui vous concerne est la vôtre, le reste ne vous regarde pas.

— J'accepterai ma condamnation de plein gré si la peine de cette femme est réduite. »

Le juge explose alors :

« Faites sortir toutes les femmes sauf Sarah Cowden ! »

Quand celle-ci se retrouve seule face à lui, il éclate une nouvelle fois :

« Écoutez-moi bien. Le gouvernement de ce pays ne tolérera pas que la clémence du roi soit traitée à la légère. Si vous refusez, préparez-vous à mourir.

— J'espère qu'on me témoignera plus de pitié que je n'en ai eu à cette barre, réplique Sarah avec amertume.

— Si vous êtes préparée à mourir jeudi prochain, le tribunal donnera des ordres dans ce sens.

— Je suis prête.

— Qu'on l'enferme, et que le shérif prépare l'exécution pour jeudi matin. Emmenez-la. »

Sarah Cowden est reconduite en prison sous les protestations bruyantes du public. Me Garrow et M. Villette, l'aumônier de la prison, supplient le juge de les autoriser à lui faire entendre raison. À contrecœur, toujours bouillant de rage, le magistrat laisse les hommes la rejoindre. Dans l'intervalle, Sarah Storer, l'objet de la sollicitude de Sarah Cowden, et Sarah Mills se retrouvent une fois de plus face à un juge furieux et à un public captivé.

« Si à l'avenir le roi est enclin à vous accorder une remise de peine, votre soumission à sa volonté sera un motif supplémentaire [...] ; vous aurez agi sagement. »

Acculées, elles acceptent, mais comme elles ne sont visiblement pas prêtes à s'en aller paisiblement le magistrat, déterminé à éviter une nouvelle scène, ordonne qu'on les emmène sur-le-champ. Sarah Storer quitte la salle en gémissant.

À cet instant, Me Garrow réapparaît et supplie le juge d'autoriser Sarah Cowden à revenir à la barre pour accepter sa grâce. M. Villette et lui n'ont passé qu'un quart d'heure avec elle, mais à force d'arguments ils ont réussi à changer son « non » passionné en « oui » résigné. Une fois obtenu son accord, l'avocat s'est donc précipité dans la salle d'audience. Cependant, le magistrat a été trop offensé dans sa dignité de juge pour permettre à cette femme de revenir.

« Je ne peux témoigner aucune indulgence à ceux qui traitent la clémence du roi avec mépris.

— Je demande simplement à la cour de ne pas considérer l'ordre comme irrévocable.

— Pour moi, il est irrévocable. Je vais ordonner l'exécution. »

Ignorant Me Garrow, le juge coiffe sa toque noire et lit à haute voix les sentences de mort prononcées à l'encontre des dix hommes qui ont comparu devant lui au cours de la session. Dès qu'il a terminé, l'avocat revient à la charge, sollicitant son indulgence au nom d'« une pauvre diablesse qui, ayant vu la folie de sa conduite, implore humblement qu'il lui soit permis d'accepter la grâce de Sa Majesté ». Son plaidoyer finit par être entendu, et Sarah Cowden rejoint les cellules des futures déportées.

Ce n'est qu'à la mi-juin que le ministre trouve le temps de lire les demandes de clémence en faveur de Charlotte Marsh — déjà à bord du *Lady Julian* —, et ce n'est que le 30 juin, alors que le navire est sur le point de partir, qu'il décide qu'elle a agi sous la mauvaise influence de sa mère, morte du typhus en prison, et que, puisque son mari est disposé à se porter garant d'elle pendant deux ans, il peut la ramener à la maison. Six mois après le début de sa terrible épreuve, Charlotte quitte donc le navire, qui appareillera deux semaines plus tard.

En dehors de celles qui remuent ciel et terre pour obtenir une grâce, d'autres, plus téméraires, ont renoncé à l'élargissement par la voie légale et s'évadent la nuit précédant le départ. Sur les multiples tentatives qui ont lieu pendant que le *Lady Julian* était à l'ancre sur la Tamise, c'est d'ailleurs la seule évasion réussie. Beaucoup ont dû penser qu'elles n'avaient pas grand-chose à perdre à tenter leur chance, et que c'était le moment où jamais, car l'occasion ne se représenterait plus. Les amis ou les amants de ces femmes sont des malfaiteurs hors pair : ils n'ont pas leur pareil pour orchestrer un coup, fracturer portes et écoutilles, prévoir des itinéraires de fuite, distraire les gardes, acheter des passeurs…

Quatre fugitives quittent le navire par la poupe et embarquent sur un bateau qui les attend. Il leur a fallu du cran pour patienter jusqu'à la veille du départ et garder le secret aussi longtemps, mais leur sang-froid est récompensé. Ce soir-là, suivant la tradition, est soir de fête et de beuverie pour l'équipage : on transporte sur le navire des tonneaux de gin venant des tavernes qui bordent les rives du fleuve, et assez tôt dans la soirée filles et marins commencent à faire ribote sous le pont. Postée sur la dunette, frustrée d'avoir tiré la courte paille et de ne pouvoir se joindre à la débauche, la sentinelle constitue une cible facile. Les femmes flirtent avec lui, le soûlent de gin, et se font la belle après qu'il a perdu connaissance. Leur absence n'est découverte que le lendemain matin, et il est alors trop tard pour attendre qu'elles soient reprises et ramenées à bord.

Les registres ayant été mal tenus, on ne connaît pas le

nombre exact de femmes qui ont pris la mer sur le *Lady Julian*. Pour John Nicol, elles étaient deux cent quarante-cinq, mais cent soixante-douze seulement figurent sur le registre de transportation, qui ne recense que les femmes des prisons de Londres. D'après une liste erronée, Sarah Whitelam, Mary Rose et les autres condamnées du Lincolnshire seraient parties sur le *Neptune* quatre mois plus tard. À l'inverse, Ann Wheeler — la complice malade d'Elizabeth Barnsley —, qui s'est embarquée sur le *Neptune*, est comptée sur le *Lady Julian*. Et les erreurs ne s'arrêtent pas là. Ann Clapton et Charlotte Marsh sont inscrites alors que la première est morte et que la seconde a été graciée. Une autre voleuse graciée, Alice Haynes, apparaît également sur la liste, de même que Sarah Roberts, qui approchait du temps de sa délivrance quand le *Lady Julian* a levé l'ancre. Cette confusion explique qu'on ignore l'identité de trois des évadées.

On sait seulement que la voleuse à l'étalage Mary Talbot, vingt-quatre ans, s'est enfuie avec son bébé, William. Elle sera reprise et condamnée à mort, mais en décembre 1790 sa peine sera commuée en transportation à perpétuité. Embarquée pour la Nouvelle-Galles à bord du *Mary Ann* en 1791, elle mourra à l'arrivée. Quelles qu'aient été les trois autres, le *Lady Julian* est parti sans elles.

CHAPITRE VII

Départ de Londres

La première semaine de juillet 1789, le *Lady Julian* quitte son mouillage de Galleons Reach et descend la Tamise, longeant les côtes du Kent pour gagner Portsmouth. Là, comme à Woolwich, le port est encombré de pontons où sont détenus, entre autres, des hommes qui auraient dû partir au Québec l'été précédent et des prisonniers des geôles de Lincoln et Oakham arrivés en 1788. Le *Ceres* et le *Dunkirk*, anciens vaisseaux de ligne engagés dans des combats contre les Américains, hébergent six cents criminels, dont une poignée est étroitement liée aux passagères du *Lady Julian*. Thomas Higgins, complice de la receleuse de Londres Grace Maddox, y est emprisonné. À bord du *Dunkirk* se trouve James Saney, originaire de Bristol, qui connaît quatre femmes devant faire le voyage sur le *Lady Julian* : sa sœur de dix-huit ans, Elizabeth, et trois membres de la famille Fidoe, la mère et les filles ; il semble d'ailleurs que ce soit l'une d'elles qui l'ait dénoncé. George Simpson, lui, est enfermé sur le *Ceres* depuis deux ans. Parent ou mari de Charlotte Simpson, alias Hall, il a été jugé avec elle pour le vol d'une scie égoïne et d'un rabot en 1787. Toujours sur le *Ceres* est incarcéré William Pimlott, complice de Sarah Carter : deux ans plus tôt, ils ont été reconnus coupables du vol de six manteaux en drap, d'une pince à sucre et de quarante-sept shillings. Sarah et Elizabeth, l'épouse et le bébé d'un homme originaire du Hertfordshire, Thomas Gregory, sont également à bord du *Lady Julian*. William Bramsden, un autre voleur, est arrivé en juillet 1788, six semaines après l'arrestation dans Swallow Street de sa femme Sarah Young pour le vol de huit mètres de mousseline, vol qui lui a valu une condamnation à mort. De son côté, Bramsden a été condamné à la transportation et envoyé sur le *Ceres*, où il a appris que la peine de Sarah avait été commuée à l'occasion de la guérison du roi. Le 25 août, un mois après le départ du *Lady Julian* de Portsmouth, le ministre Nepean reçoit une demande de Bramsden suppliant d'être envoyé à Sydney Cove par le prochain bateau pour rejoindre son épouse bien-aimée, âgée de dix-huit ans.

Thomas Barnsley, lui aussi sur le *Ceres*, attend d'être transporté depuis 1785. En 1786, il a embarqué sur un ponton, d'abord sur la Tamise, puis à Portsmouth, et Elizabeth a emmené leurs enfants de Reading à Londres afin de se rapprocher de lui. Deux pétitions, sans doute transmises par Elizabeth, ont déjà été présentées aux magistrats. À l'instar de son épouse, Thomas ne manque ni d'assurance ni d'imagination. Ses demandes (ou celles qu'Elizabeth a adressées en son nom) le décrivent comme un homme honnête et instruit, un musicien de profession tombé dans la misère et contraint par les circonstances à voler pour préserver sa femme et ses enfants d'une détresse absolue. Il s'élève vigoureusement contre le fait que les hommes éduqués soient « parqués comme des animaux » avec la lie de la société. Les Barnsley ont des relations et de la persévérance : Thomas est déjà parvenu à échapper au premier convoi, et les pétitions d'Elizabeth sont signées d'un échevin et de deux négociants de la Cité. Les magistrats demeurent cependant inébranlables. Le vol d'une malle remplie de thé à l'arrière d'une voiture à destination de Bristol ne correspond pas à leur idée du délit commis pour nourrir des bébés affamés.

L'union des Barnsley est celle de deux personnes intelligentes et pleines de ressources ; leur relation a survécu à une séparation de quatre ans et à la fin des visites d'Elizabeth, suite à sa propre arrestation en février 1788.

Celles qui ont des attaches à Portsmouth, dont Mme Barnsley, trouvent certainement le moyen de faire leurs adieux, sinon en personne du moins par le biais d'un message.

Le séjour du *Lady Julian* à Portsmouth est bref. Il mouille juste à côté du port, là où se rassemblent traditionnellement des convois de marine marchande ou militaire. Début 1789, on avait prévu avec optimisme qu'il ferait partie d'une flotte de transporteurs qui, ensemble, quitteraient Portsmouth sous la protection du *Guardian* et d'un corps de fusiliers marins. Mais la confusion, les contrordres, le remplacement de l'agent maritime William Richards par les négriers Camden, Calvert et King, le changement de ministre (Sydney passe le relais à Evan Nepean), retardent le départ. Le *Guardian* a appareillé pour Portsmouth quelques jours avant le transporteur : non seulement il a besoin de temps pour embarquer des réserves, mais il lui faut aussi compléter son équipage. Le *Lady Julian* va donc partir seul, et tard dans la saison.

Juste avant le départ, l'agent Edgar reçoit un document lui ordonnant de renvoyer l'une des femmes à terre : une pétition présentée en mai en faveur de Susannah Bray, alias Gray, voleuse à l'étalage de vingt-deux ans, va bientôt être examinée. En attendant la décision, Susannah doit être ramenée à Londres. On remonte ses affaires de la cale et elle quitte le navire après de brefs adieux. Ainsi, c'est avec une personne en moins que le *Lady Julian* quitte Portsmouth avant de contourner les bancs de sable de l'île de Wight et de faire route vers l'ouest. Une autre femme les abandonnera avant que le bateau ne sorte des eaux britanniques. Voici ce que John Nicol a écrit à son sujet trente ans plus tard :

« Je n'ai jamais pu oublier la pauvre jeune fille

écossaise. Elle était jeune et belle, même dans sa tenue de convict, mais pâle comme la mort et les yeux rougis par les pleurs. Elle ne parlait jamais à personne ni ne montait sur le pont. Elle était toujours assise dans le même coin du matin au soir [...] ; mon cœur saignait pour elle, c'était une compatriote dans le malheur. Quand je tentais de la consoler, elle ne m'écoutait point ou ne me répondait que par des soupirs et des larmes. Si je lui parlais de l'Écosse, elle se tordait les mains et sanglotait jusqu'à ce que son cœur semblât prêt à éclater. [...] Je lui prêtai ma Bible pour la réconforter, mais elle ne la lut point : après l'avoir embrassée, elle la posa sur ses genoux et l'arrosa de larmes. Ce fut son cœur brisé et non la maladie qui l'emporta dans la tombe. »

Dans la mesure où les registres d'embarquement ne mentionnent que les prisonnières venues de Londres et qu'à Sydney on a recensé uniquement les arrivantes, « la pauvre jeune fille écossaise » reste anonyme. Seule certitude, le navire se trouve encore dans les eaux territoriales lorsqu'elle meurt de malnutrition, d'épuisement, d'un typhus persistant et du manque d'envie de vivre. Un cercueil grossier sera fabriqué pour elle par le charpentier du bord, et la Manche sera sa dernière demeure.

Fin juillet, le navire rejoint une foule de bâtiments dans le Plymouth Sound. Le port est l'un des plus animés du pays. Les embarcations sont nombreuses dans le Sound lui-même dans Cawsand Bay, Cattewater, sur le fleuve Tamar jusqu'à Calstock, et dans les docks de Devonport, navires qui font le voyage des Indes, navires de commerce privés, bateaux-pilotes, allèges, flottille de pêche, bâtiments de guerre de Sa Majesté. Sur les rivages se succèdent chantiers, ateliers, et jardins maraîchers qui ravitaillent des vaisseaux d'une douzaine de nationalités. Le long du domaine du mont Edgecumbe, une batterie de canons pointe vers la France. En juillet, on distingue à peine l'eau glaciale et bleu indigo de Cawsand à travers la forêt de voiliers qui se pressent dans la baie. C'est la dernière escale avant les Canaries pour ceux qui font route vers l'Afrique, les Indes, les Açores ou l'Amérique.

Pour un navire qui fait relâche, le ravitaillement en eau est la première préoccupation. Les systèmes d'adduction diffèrent en sophistication et en coût d'un port et d'un pays à l'autre. À Plymouth, c'est Drake's Leat, le canal construit pour sir Francis — fléau des Espagnols dans des guerres d'un autre siècle — qui de Dartmoor au Sound achemine l'eau douce destinée aux bateaux. Transporter les barriques à terre, les remplir, les rembarquer et les arrimer solidement prend au moins une journée entière.

Le lieutenant Edgar occupe ces heures à arpenter les abattoirs publics de Stonehouse Creek pour constituer des réserves de bœuf; il fait monter à lui seul le cours de la viande sur pied dans les marchés aux bestiaux de Plymouth Hoe, et rend visite à des agents afin que les maraîchers de la Tamar Valley négocient le prix de leurs légumes. La majeure partie des provisions et du matériel a été commandée directement par l'amirauté, tant à Londres qu'à Plymouth, mais les produits frais doivent être achetés à chaque escale en échange d'un crédit de caisse signé à Londres. Apparemment, il n'y a pas de commissaire à bord du *Lady Julian*, aussi la tenue de la comptabilité revient-elle au lieutenant Edgar, sans doute assisté de John Nicol. Ce dernier doit s'assurer que la nourriture est correctement conservée et les rations équitablement distribuées, et Edgar veille au respect du budget alloué au ravitaillement par le gouvernement, repas des femmes inclus. À terre, le lieutenant est chargé des commandes et du paiement, épaulé par les officiers ou les artisans auxquels il se fie le plus. Nicol fait certainement partie des hommes de confiance. Honnête, expérimenté, il a tout intérêt à ce que les marchandises transportées à bord soient correctement conditionnées : il sera tenu pour responsable si la nourriture pourrit. Le navire reste donc à l'ancre dans Cawsand Bay tandis que Nicol emmène tous les jours le lieutenant Edgar au

Hoe, un crayon derrière l'oreille et un morceau de papier en poche pour faire ses additions. Chaque soir, une fois les commandes passées, John rapporte un morceau de choix à Sarah Whitelam, enceinte de trois mois.

Compte tenu du nombre de bateaux dans le port et des difficultés qu'implique la manœuvre d'un grand vaisseau à la voile, faire traverser le Sound au *Lady Julian* afin de charger les provisions est inenvisageable. Soit le navire va se ranger le long des entrepôts publics de Stonehouse Creek pour tout embarquer à cet endroit, soit, plus probablement, Edgar se sert d'allèges pour traverser la baie. Pendant que Nicol et lui passent leurs commandes de viande sur pied, le charpentier et son compagnon construisent des enclos pour le bétail à l'avant du bateau et des cages pour la volaille derrière la barre à roue. Il n'y a sans doute pas eu d'animaux vivants à bord pour le petit voyage entre Londres et la côte sud ; en revanche, pour une traversée jusqu'aux Canaries puis au Cap, il est temps de s'en occuper. On transporte les bêtes — un petit troupeau de vaches, quelques chèvres, de la volaille, deux ou trois cochons et un troupeau de moutons — dans des allèges qui accostent le *Lady Julian.* Les petits animaux sont transbordés à bout de bras, puis on hisse le bétail à bord avec des élingues en toile, et on leur passe une corde autour du cou pour les tirer en avant. Les matelots sont en sueur et le pont jonché d'excréments.

Dix-huit détenues des prisons rurales de l'ouest du pays — Exeter, Bristol, Gloucester et Taunton — vont embarquer à Plymouth. Le lieutenant Edgar ne le découvre qu'au dernier moment, car l'ordre de les amener a été donné dans son dos. L'amirauté prend régulièrement de telles dispositions sans en informer les capitaines et les agents, comptant sur leur ingéniosité pour caser ces passagères surnuméraires. À Plymouth, les charpentiers des chantiers navals sont habitués à faire face à ces changements de dernière minute.

Une fois de plus, John Nicol débarrasse de leurs fers les

nouvelles arrivantes, groupe misérable de voleuses et cambrioleuses malhabiles. Comme sur la Tamise, proches et bien-aimés montent à bord pour prendre congé de leurs filles, sœurs, épouses, mères voire grand-mères, puisque l'une des femmes de Taunton a soixante-trois ans. Ils leur glissent quelques pièces et font des serments par-dessus les coups de marteau et les cris des hommes qui les bousculent pour passer. En bas, on pousse coffres et malles pour ranger ceux dcs arrivantes, et les filles se serrent sur leurs couchettes pour faire une place aux nouvelles. Le navire compte à présent entre deux cent vingt-cinq et deux cent quarante prisonnières. Environ deux cents d'entre elles, plus cinq nourrissons, dorment sur le faux-pont ; les autres partagent — de façon permanente ou régulière — la couche des officiers et de l'équipage.

Pour le matelot moyen, prendre compagne — un acte qui tient de la piraterie sexuelle — fait partie de ses droits, et ces relations ne se réduisent pas à un peu de chahut sur lequel les officiers ferment les yeux : elles sont parfaitement autorisées et prévues. Chaque matelot et officier à bord du *Lady Julian* a « légalement droit », comme le signale le *Times* en août, à obliger la femme de son choix à lui servir de « compagne » pendant la durée de la traversée. Ce mois-là, le journal publie un commentaire prudent : « [À Plymouth], un navire est au mouillage avec deux cent soixante femmes [le *Times* avance donc un autre chiffre] âgées de onze à soixante-huit ans à son bord. [...] Il y a trente membres d'équipage et cinq ou six officiers, et chacun d'eux a le droit de choisir une compagne pour le voyage. Le gouvernement a prévu de la layette pour soixante, supposant que la salubrité de l'air marin pendant la longue traversée favorisera la naissance d'un bébé par honnête femme. »

Les hommes du gaillard d'avant ne sont pas les seuls à profiter de la situation : la coutume est également respectée par les officiers. Ann Mash — dix-huit ans, originaire d'Exeter, en prison depuis mars 1788 pour avoir volé du froment — ne dort pas longtemps sur le faux-pont, car elle a attiré l'attention d'Alley ; elle va bien vite disparaître dans son réduit au fond de l'infirmerie. Quand le chirurgien donne l'exemple, les autres suivent. « Dès que nous fûmes en mer, se remémore gaiement John Nicol, chacun prit une épouse parmi les convicts, et elles n'y trouvèrent rien à redire. » Cette dernière affirmation ne peut que heurter la sensibilité du lecteur d'aujourd'hui. Nous sommes réduits à des hypothèses tant sur l'attitude de ces femmes vis-à-vis des hommes à bord — et des hommes en général — que pour déterminer si à leurs yeux il était possible d'entretenir avec l'autre sexe une relation non fondée sur la coercition. Il n'existe aucun témoignage écrit de femme convict pour lever le doute. Sarah Whitelam éprouvait peut-être de l'affection envers son homme — on n'a cependant aucune certitude à ce sujet —, mais rien ne nous permet d'affirmer que cette affection a précédé le début de sa relation « conjugale ».

S'il leur est impossible de refuser, les femmes ont néanmoins quelques raisons d'accepter, voire de se disputer la position de maîtresse. La motivation première est la protection. En effet, toutes ont déjà dû lutter pour survivre et se battre littéralement pour une assiette de porc ou un verre de gin. La plupart ont connu l'extrême pauvreté et sont, par nécessité, fourbes et intéressées. Certaines doivent considérer froidement les marins comme une source de nourriture, de boisson et de privilèges supplémentaires, et un rempart contre les vols, les escroqueries et les brimades entre détenues. Chaque femme ayant passé du temps en prison a été pervertie par un système où il faut graisser la patte du geôlier pour ne pas mourir de faim, soudoyer les brutes pour échapper aux agressions et aux vols, acheter le *trusty** pour éviter le viol. Nombreuses sont celles qui ont dû voir dans le statut de compagne le moyen de pousser « leur » homme à s'occuper de « sa » femme au détriment des autres.

* Détenu bénéficiant d'un régime de faveur. (*N.d.T.*)

La majorité des femmes à bord du *Lady Julian* sont encore adolescentes ou âgées d'une vingtaine d'années. Les marins ont le même âge, et les officiers sont un peu plus vieux — comme John Nicol, la trentaine, ou Thomas Edgar, la quarantaine. Sur les navires où l'on sépare marins et forçats des détenues, des émeutes se produisent à chaque escale, car une fois soûls les hommes tentent de s'introduire dans le quartier des femmes. L'un des lieutenants de la première flotte, Ralph Clark, décrit les difficultés auxquelles il s'est heurté en essayant d'empêcher la « fraternisation » : sur son navire, les matelots « enfoncèrent la cloison et eurent des rapports avec [...] ces maudites catins » avant même qu'ils aient atteint Land's End*. Et le phénomène n'est pas à sens unique. « Le désir des femmes d'être avec les hommes était tellement irrépressible, écrit White, le médecin général de la même flotte, que ni la pudeur ni la crainte du châtiment ne les dissuadèrent de se frayer un chemin à travers les cloisons jusqu'aux appartements des matelots. » Marins et forçats risquent gros si les femmes se faufilent dans leurs quartiers la nuit afin de rendre visite à celui qui leur a tapé dans l'œil sur le pont. Il n'empêche, les hommes de Ralph Clark recommencent au sud du cap Vert. Ils reçoivent le fouet et les femmes sont mises aux fers. Ainsi, bien que le concubinage paraisse brutal, il constitue un moyen plutôt raisonnable de prévenir les conséquences de la frustration sexuelle d'hommes et de femmes jeunes vivant côte à côte. Les problèmes rencontrés par les officiers de la première flotte font écho à ceux de leurs prédécesseurs partis pour les Indes et l'Amérique. Les capitaines, les officiers, l'équipage et les passagers de la plupart des transporteurs considèrent donc l'union libre pendant la traversée comme normale et inévitable.

En outre, pour beaucoup de prisonnières, les marins

* L'extrême pointe sud-ouest de l'Angleterre, littéralement le « Finistère ». (*N.d.T.*)

ne sont pas des inconnus : matelots, débardeurs et tonneliers sont en effet les compagnons naturels des femmes de Limehouse et Shoreditch. On a peu de traces écrites concernant la traversée, mais elles ne mentionnent pas de brutalité envers les femmes. Contrairement à ce que prétendent les légendes qui circulent sur les transporteurs à destination de la Nouvelle-Galles du Sud, le voyage a lieu dans des conditions humaines. Pour ces femmes qui viennent de quitter la violence carcérale — et avant cela la violence de la rue — et sont promises à un rude labeur à Sydney Cove, il représente une parenthèse bienvenue. Le concubinage et les rapports faciles entre femmes et marins à bord du *Lady Julian* expliquent en partie pourquoi elles ont bénéficié d'un traitement différent de celui qui fut réservé à leurs sœurs transportées sur d'autres vaisseaux.

Le 29 juillet 1789, à marée descendante, le *Lady Julian* quitte Cawsand Bay couvert d'excroissances provisoires : enclos à bétail, cages à volaille, cabanes destinées au stockage et au logement. Il glisse lentement devant les canons du mont Edgecumbe ; en dessous, à hauteur du débarcadère, résonnent les coups de marteau des ouvriers. Leurs Majestés sont en effet attendues d'un jour à l'autre, et il y a beaucoup à faire. Il faut recouvrir l'appontement d'un tapis rouge qu'elles fouleront au sortir de la barge, élever l'arc de triomphe sous lequel elles passeront, et apprendre la révérence à vingt-quatre petites demoiselles d'honneur en robe blanche à nœud bleu. C'est la dernière image que les femmes emportent de l'Angleterre. Moins de trente reviendront. La même semaine, les premiers réfugiés fuyant la France révolutionnaire commencent à arriver.

Deux ou trois heures après son départ, le *Lady Julian* double Rame Head et met le cap sur l'Atlantique. Il passe bien au large de la côte de Cornouailles et de ses rochers, et les vents d'est l'emmènent du côté d'Ushant, d'où part une route vers la pointe nord-ouest de l'Espagne. Une fois la côte espagnole en vue, il déviera vers le sud et les Canaries.

Pendant les premiers jours en mer, Nicol est très occupé car il est responsable devant le lieutenant Edgar du stockage et de la distribution des provisions. Ses réserves se trouvent à l'avant du quartier des femmes, sur le faux-pont, un labyrinthe de coffres, malles, barils de biscuits et de poudre, sacs de farine, d'avoine, de malt, et, entreposées contre la cloison séparant les réserves des couchettes, nombre de caisses en bois pleines de bouteilles d'alcool. Il faut deux jours pour dépasser la côte de Cornouailles, deux jours pendant lesquels John Nicol s'affaire à contrôler ses tonneaux.

Durant les premières heures, on enferme les femmes dans leurs quartiers afin qu'elles ne gênent pas les matelots. Pour un équipage, les moments d'activité frénétique correspondent à l'appareillage et à l'accostage ; entre les deux, sauf incident, la vie à bord d'un voilier bien dirigé navigant à la bonne saison est peu mouvementée : orientation des voiles, nettoyage, désinfection, cuisine et réparations diverses. En revanche, au départ du port, le vacarme peut terrifier les non-initiés, incapables de rattacher ce qui se passe à une activité organisée. Les voiles claquent d'une façon assourdissante avant d'être gonflées par le vent, les cordages craquent, on crie des ordres inintelligibles et pressants, les hommes courent d'un bout à l'autre du bateau. Une fois la manœuvre achevée, le fracas et les hurlements diminuent. On ouvre les écoutilles du faux-pont. Des femmes qui souffrent déjà du mal de mer vont se pencher par-dessus bord pour vomir dans l'eau couleur ardoise ou contempler les promontoires de Cornouailles, qu'elles laissent derrière elles : c'est le début de l'exil.

Certains marins restent peut-être fidèles à la première compagne qu'ils se sont choisie, d'autres non. Il y a sans doute une période d'« ajustement » avant qu'une trentaine de femmes ne se retrouvent pour de bon en couple tandis que les autres demeurent cloîtrées sur le faux-pont. Une licence excessive risquerait de provoquer des bagarres, tant chez les femmes que chez les hommes, alors que la formation de couples stables permet de diminuer la transmission des maladies. En effet, si les matelots et les prisonnières pouvaient se côtoyer librement, la syphilis se répandrait comme un feu de brousse. Or les voiliers du XVIIIe siècle sont couramment en sous-effectif : si un seul homme de quart est alité, ses camarades sont soumis à rude épreuve.

Le rôle d'équipage — où figurent des renseignements sur chaque homme du bord — ayant disparu, on ne connaît que les noms des matelots mentionnés sur le registre des baptêmes — des bébés conçus au cours de la traversée — établi à Sydney Cove. Ainsi, il ne reste pas trace des marins qui n'ont pas eu d'enfant. Quant à leurs « épouses », on n'a de certitudes que sur sept d'entre elles, choisies très tôt, dont Sarah Whitelam, déjà enceinte de John Nicol avant de quitter la Tamise, et Sarah Dorset, la jeune fille abandonnée par son amant et arrêtée pour vol de manteau dans une gargote de Londres par le domestique William Powell, l'homonyme de son « mari » du gaillard d'avant, William Edward Powell.

Si ces sept filles constituent un échantillon représentatif des femmes de matelots, elles semblent avoir été sélectionnées pour leur jeunesse, c'est-à-dire leurs charmes et un risque de maladie moindre. Sarah Whitelam et Sarah Dorset ont dix-neuf ou vingt ans. Après une condamnation à mort et deux ans de prison, Margaret Wood — cambrioleuse professionnelle de Londres également âgée de dix-neuf ans — a bénéficié d'un sursis en avril et partage à présent la couche d'Edward Burgis. Les autres « épouses » sont encore plus jeunes. Mary Warren et Mary Barlow, originaires du Warwickshire, ont dix-huit ans lorsqu'elles tombent enceintes, la première de Sam Braiden et la seconde d'Edward Scott. Ann Bryant, de Maidstone, vient d'avoir seize ans quand elle est condamnée en avril 1789 ; aussitôt après son procès, elle est envoyée sur le *Lady Julian* et devient la compagne de William Hughes. Apparemment, Sophia Sarah Ann Brown, la douce prostituée de Ratcliff, a pris la jeune fille sous son aile : âgée de vingt-sept ans, elle a joué les grandes sœurs pendant toute la traversée. Mais la plus jeune est sans conteste Jane Forbes, douze ans lors de son procès pour vol à la tire de huit shillings, et quatorze quand le matelot William Carlo la prend dans son hamac. On pourrait le soupçonner de perversité, mais puisqu'on ignore tout de lui on peut très bien supposer qu'il a le même âge que Jane Forbes, comme nombre de matelots.

Une femme originaire d'Exeter va également donner naissance à un enfant au cours de la traversée : Elizabeth Griffin, trente-cinq ans, accouche le jour de Noël 1789. Néanmoins, comme la conception a eu lieu vers la fin de mars et que la plupart des femmes de province sont montées à bord entre avril et juillet, elle était très probablement enceinte avant d'embarquer.

Si nous connaissons seulement les jeunes « épouses », c'est peut-être parce que ignorant les méthodes de contraception employées par leurs aînées elles tombent très vite enceintes. Le chirurgien peut s'assurer que les femmes de marins n'ont pas la syphilis, mais pour ce qui est de la contraception il n'aura, au mieux, qu'un vague conseil à offrir. La distribution massive de préservatifs aux hommes en service appartient encore à un avenir éloigné. La grossesse est considérée comme un problème de femme, de même que toute conséquence malheureuse d'un rapport sexuel. Les condoms existent déjà, mais ils visent plus à protéger l'homme des maladies vénériennes que la femme de la conception. Par ailleurs, ces « capotes anglaises » sont surtout destinées aux gentlemen fortunés : leur prix les met hors de portée du matelot moyen, qui n'en achètera que s'il est obsédé par l'hygiène. En membrane d'animal, elles sont disponibles en trois tailles à Londres, chez des marchands comme Mme Phillips qui, en 1776, affirme avoir « reçu tout récemment plusieurs commandes de France, d'Espagne, du Portugal, d'Italie et d'ailleurs », et invite « les capitaines de navire et gentlemen se rendant à l'étranger » à se procurer « une grande quantité des meilleurs articles dans les plus brefs délais ». Manifestement, à la fin du XVIIIe siècle, l'Angleterre ouvre la voie dans de nombreux domaines touchant à l'exploration maritime.

Le savoir des femmes du faux-pont quant à la prévention des grossesses est plus utile aux adolescentes du gaillard d'avant qu'un conseil dispensé par Alley. Si les médecins de l'époque savent déjà que le sperme joue un rôle dans la conception et qu'il faut d'une façon ou d'une autre l'empêcher de franchir le col de l'utérus, la fécondation de l'ovule ne sera découverte que cinquante ans plus tard en Europe. Quoi qu'il en soit, bien que les prisonnières ignorent tout de la biologie, elles connaissent suffisamment leur cycle menstruel pour sentir que certains moments sont plus dangereux que d'autres.

La méthode la plus courante est la simple douche vaginale après le coït, avec de l'eau et du vinaigre, de l'alcool, du sel, de la soude, ou toute autre substance désinfectante et décapante. Certaines femmes se l'injectent avec une seringue, d'autres ont recours aux fumigations et s'accroupissent au-dessus d'une marmite d'eau bouillante ; d'autres encore imbibent une éponge du mélange et l'introduisent comme un tampon pour absorber la semence. On utilise aussi des diaphragmes rudimentaires, qui vont du demi-citron pressé à la cire d'abeille que l'on fait fondre pour la modeler. Ces articles ne sont pas forcément disponibles à bord d'un navire, mais les marins qui ont déjà navigué dans les mers du Sud connaissent peut-être la technique utilisée par les insulaires : l'insertion d'algues dans le vagin. Ils sont peut-être également au fait de l'usage des îles Marquises, où il est courant qu'une femme ait plusieurs partenaires d'affilée : le dernier doit aspirer son sperme et celui des autres.

Environ douze femmes vont tomber enceintes pendant la traversée. Un bien plus grand nombre ont des relations sexuelles au cours du voyage, et comme la plupart sont en âge de procréer, certaines méthodes préventives sont sans doute utilisées. La douche vaginale à base d'eau de mer et de vinaigre est banale, sinon efficace, aussi peut-on plus certainement attribuer le nombre réduit de grossesses aux pratiques courantes du coït interrompu, de la sodomie et de l'abstinence aux périodes critiques.

CHAPITRE VIII

Insolence

Quand le *Lady Julian* quitte Plymouth, il n'a presque plus de secrets pour ses passagères, beaucoup y vivant depuis plusieurs mois. Elles connaissent par cœur le chemin qui mène du faux-pont à l'entrepont et au gaillard d'avant, ainsi que la coquerie (cuisine) et les lieux où dorment et se restaurent officiers et artisans ; elles ont suivi les travaux sur la coque et les mâts, vu les longueurs de toile déployées sur le quai puis enverguées, assisté à la mise en place et à la vérification des câbles et haubans quand le navire a été gréé à Deptford. Elles se sont habituées au bois sous leurs pieds nus et à l'odeur de la sentine. Elles comprennent certains termes de marine, distinguent le mât d'artimon du grand mât, une drisse d'une écoute. Mais un voilier en mer ne se comporte pas comme un voilier à l'ancre : c'est une terre étrangère dont les lois et le langage échappent aux non-initiés.

L'activité y est incessante. Le petit monde du *Lady Julian* vit à présent au rythme des quarts de huit heures ; les manœuvres sont dictées par les changements de direction et de force du vent et du courant susceptibles de se produire à tout moment. Il appartient aux officiers de quart de prévoir et de déceler ces variations. À toute heure du jour et de la nuit, un officier supérieur surveille les voiles ou le gaillard d'avant ; les ordres sont transmis de second à aspirant, d'aspirant à maître d'équipage, lequel les répercute par sifflet aux matelots qui s'activent pour orienter les voiles. Bien plus que la barre, c'est en effet leur nombre et leur position qui permettent au vaisseau de garder le cap. On peut hisser et ajuster plus de vingt voiles distinctes en fonction de la direction et de la force des vents; le ballet des hommes entre les mâts est capital pour l'allure. L'un des hommes de quart se tient en vigie, deux sont à la barre, tandis que les autres arpentent constamment le pont, contrôlant, épissant, glénant, rapiéçant, reprisant, graissant, peignant sans fin pour maintenir le navire en ordre.

Les marins eux-mêmes sont différents en mer : ces hommes ordinaires se métamorphosent soudain en créatures agiles capables de grimper en un clin d'œil à quinze mètres au-dessus du pont et de passer des heures dans la mâture, protégés seulement par leur sens de l'équilibre. Les jeunes messieurs et les mousses ne sont plus ces garçons boutonneux qui rougissent sous les moqueries des détenues. Le charpentier, qu'elles ont vu occupé à des tâches assez proches de celles de ses collègues « terriens » sur la Tamise et dans le Sound, dévoile l'étendue de son savoir sur la coque du navire. Il est son médecin : à lui de découvrir ses balafres, de suivre sa guérison, de déterminer ses points faibles et ce qu'il peut supporter, d'estimer l'âge et l'état de son revêtement, le gauchissement et les rides de sa membrure, et le niveau de l'eau qui clapote autour de son ventre.

La plus impressionnante de toutes les métamorphoses est celle du lieutenant Edgar : d'aimable ivrogne invétéré avec une flasque dans la jarretière, il se transforme en navigateur. C'est lui qui, grâce à ses calculs et à ses observations, va conduire le *Lady Julian* jusqu'à l'embouchure d'un cours d'eau qu'il n'a jamais vu, à vingt et un mille kilomètres de là.

Le vaisseau lui-même, on l'a dit, ne se comporte pas de la même façon en mer. Ses éléments s'accordent différemment. Les parois et les bordages changent. Chacun doit apprendre à accorder ses déplacements à ceux du pont et à fléchir le genou pour garder l'équilibre. Les prisonnières prennent le coup pour escalader l'échelle qui mène du faux-pont à l'entrepont et franchir l'écoutille en se servant du mouvement qui les propulse en avant et en laissant passer celui qui les ferait tomber les quatre fers en l'air. Elles découvrent des prises pour ne pas tomber quand le pont s'incline, des endroits où s'abriter des embruns et du soleil, où prendre l'air, où vomir.

Pour beaucoup, en effet, cette première expérience de navigation commence par là : elles vomissent copieusement depuis leur couchette, ou par-dessus bord si elles réussissent à atteindre le pont. Le mal de mer frappe Sarah Whitelam et une demi-douzaine de femmes du gaillard d'avant alors que leurs nausées matinales s'estompent tout juste. En effet, au moins un quart des « épouses » a été victime des nausées et des vertiges caractéristiques du début de grossesse tandis que le navire descendait la Tamise et traversait la Manche en faisant escale à Portsmouth et Plymouth. Il n'y a pas grand-chose à faire pour calmer le mal de mer ; de nombreux officiers en souffrent également pendant les premiers jours, et des années dans la marine ne prémunissent nullement contre cela. Nelson jouissait d'ailleurs d'une solide réputation en la matière. Sa solution consistait à délaisser la couchette équipant la cabine des officiers au profit du hamac. Celui-ci demeure stable alors qu'une couchette accompagne le tangage et le roulis du bateau. Le hamac protège ainsi de modestes matelots contre le mal de mer. On vomit donc plus à l'arrière qu'à l'avant, et la situation est encore pire sur le faux-pont.

En dehors des nausées, toutefois, les conditions de vie des détenues sont bien plus agréables en haute mer qu'à Cawsand Bay. L'eau qui les entoure est propre, alors qu'à Cawsand (et plus encore sur la Tamise) le navire macérait dans une eau souillée par leurs ordures, et il fallait attendre que la marée fasse le ménage. En outre, dans la chaleur de juillet, Plymouth Sound empestait comme une immense fosse d'aisances. Dès qu'elles font route vers l'Espagne, elles laissent leurs déchets dans le sillage du navire et respirent un air (relativement) sain. En revanche, il est une puanteur qui ne les abandonnera pas : celle du lest.

Les navires de la génération du *Lady Julian* sont lestés avec un mélange nauséabond de sable et de gravier. Des parois divisent le fond de la coque en compartiments, et chacun est rempli de la même quantité de lest. Le fait qu'il soit en vrac, et non enfermé dans des fûts, le rend difficile à remplacer et impossible à nettoyer. Pendant des années, il crisse et s'entrechoque autour de la sentine — l'endroit de la cale où s'amassent les eaux —, devenant de plus en plus immonde à mesure qu'il absorbe les ordures générées par des années de vie à bord : rats et chats morts, compost issu des montagnes d'épluchures, fèces, urine, tissus pourris, vomi… La puanteur des vieilles sentines est tristement célèbre ; sur l'un des bateaux de la première flotte, les émanations du fond de cale étaient telles qu'elles avaient non seulement noirci les cloisons en bois des cabines du pont inférieur, mais aussi terni les boutons dorés des officiers. Même quand elles sont fermées, la pestilence du lest envahit le navire, plus forte en bas, là où dorment les détenues. Le seul endroit où il est possible d'y échapper est le côté au vent de la dunette, espace qui, par une loi non écrite, est réservé au capitaine.

Ce cloaque excepté, le navire est aussi propre que possible, sous l'action conjuguée de l'eau salée, de la poudre à canon, des briques à pont (pierres de grès fin), du lait de chaux, du vinaigre et de l'huile de coude des dizaines de femmes qui, à quatre pattes, récurent le pont. On croit alors que l'air vicié favorise ou même provoque l'apparition du typhus et du scorbut — les deux maladies communes aux prisons surpeuplées et aux navires — et qu'un air parfumé et renouvelé peut les tenir à distance. « Je recommande, écrit le respecté docteur Lind, de plonger un fourgon [tisonnier] chauffé au rouge dans un seau de goudron que l'on déplacera de façon à remplir tout le navire de cette saine vapeur antiseptique. » Chaque fois que les circonstances le permettent, l'air entre les ponts est soigneusement « purifié » selon cette méthode et d'autres. On fait brûler, quand il y en a, des herbes aromatiques sur des braseros, ou bien les hommes font bouillir des chaudrons de poix dans la cale. Une autre manière de dissiper la puanteur consiste à faire exploser de petites quantités de poudre dans l'entrepont. On considère qu'à l'instar de la vapeur de goudron sa fumée âcre dissipe tous les « miasmes » dont sont porteuses l'haleine et la transpiration.

Pendant la journée, l'accomplissement des besoins naturels se fait dans de bonnes conditions. Les latrines à l'air libre consistent en une plate-forme fixée sous le beaupré, où sont découpés des trous. Là, marins et prisonnières se soulagent directement dans la mer et se rincent à l'eau salée placée dans un seau. Les détenues ne portant pas de culotte, il leur suffit de remonter leur jupon, de s'accroupir, et de se nettoyer avant de regagner en chancelant leur place sur le gaillard d'avant.

La nuit, quand deux cents femmes sont enfermées à la cale, c'est une autre affaire. Les couchettes les plus recherchées sont les plus éloignées des chaises percées et les plus proches des écoutilles, par lesquelles circule un peu d'air. La majorité des détenues vivent en collectivité depuis des mois, voire des années, aussi leurs cycles ont-ils certainement fini par se synchroniser. Une semaine par mois, l'odeur caractéristique du sang menstruel s'ajoute à celle des chaises percées. Les prisonnières utilisent des bandes de tissu plié en guise de serviettes hygiéniques : elles sont épinglées au corset ou maintenues par une ceinture de corde autour de la taille. Elles n'absorbent pas seulement le sang, mais aussi l'eau salée des embruns, et leur frottement irrite les cuisses et l'aine. En cas de flux trop important, le sang imbibe les vêtements et y demeure jusqu'à la lessive suivante. La traversée de Plymouth à Santa Cruz de Tenerife, dans les Canaries, correspond à peu près à la durée d'un cycle. L'eau douce étant fort précieuse en mer, les femmes ont le choix entre faire bouillir leurs protections dans l'eau salée avec le reste du linge, ce qui les rend irritantes à l'extrême, ou les mettre de côté en attendant l'escale à Santa Cruz. Si elles ont opté pour la seconde solution, les deux cents serviettes sales fourrées sous les matelas ont presque dû surpasser le lest en puanteur.

Malgré l'odeur nauséabonde de vieux sable, d'urine et de sang menstruel, le faux-pont du *Lady Julian* est un dortoir plus propre et confortable que ce que les prisonnières ont connu avant de monter à bord. Certes, on y trouve des cafards, des poux, des puces et des rats, mais quel logement — et *a fortiori* quelle cellule — en est exempt à l'époque ? Ce qu'il y a de nouveau, c'est la discipline et l'hygiène rigoureuse exigées par les officiers. Ainsi, à condition que le temps le permette, les détenues bénéficient de quartiers propres et d'une literie sèche. En effet, la hiérarchie impose à l'équipage le nettoyage et l'aération des vêtements et des hamacs — qui protègent les marins au long cours des rhumatismes et de la fièvre —, ce qui ne va pas sans récriminations de la part des matelots. Les capitaines les plus draconiens font aligner les hommes et les officiers afin d'inspecter leur linge. William Bligh, qui, malgré son paternalisme excessif, est un officier bien formé par Cook, écrit avec irritation que « donner [aux hommes] l'ordre simple de se tenir propres et secs quand les circonstances le permettent ne sert pas à grand-chose, il faut les surveiller comme des enfants ». Les détenues sont traitées avec la même sévérité bienveillante. Edgar et Alley doivent s'assurer qu'au moins deux fois par semaine les planches sur lesquelles elles dorment sont montées sur le pont et frottées à l'eau salée, que les cloisons sont grattées et le plancher balayé.

Cette succession de tâches ménagères remplit un second objectif, celui d'occuper les prisonnières. Le *Lady Julian* a beau avoir pris la mer, il n'en demeure pas moins une geôle et, à l'instar du droit coutumier qui s'exerce sur le pont, des règles régissent la prison flottante. Si la plupart des prisonnières appartiennent à la masse anonyme et inoffensive qui se pelotonne docilement sur sa couchette le soir et passe la journée en petits groupes sur le pont, il y a cependant quelques fautrices de troubles. Les bagarres entre femmes convicts sont aussi fréquentes et violentes qu'entre les hommes. « Si jamais il y eut un enfer sur l'eau, ce devait être un navire transportant des condamnées qui se disputent, se battent, se volent et détruisent les affaires des autres par pure méchanceté », affirmera le chirurgien d'un convoi ultérieur. Rares sont les officiers qui, à bord d'un transport de femmes, n'ont pas à un moment ou à un autre fait part de leur exaspération et rapporté, comme le lieutenant Clark, que « dès leur arrivée à la cale les maudites catins commencèrent à se battre entre elles ».

Après l'extinction des feux, la loi de Newgate règne. « Devant un tel nombre de condamnées pour différentes déprédations à l'égard d'autrui, on a du mal à croire que, réduites à la plus grande pauvreté, elles se volent entre elles... » écrit un observateur choqué, et pourtant, c'est exactement ce que font ces détenues sur tous les transporteurs. Elles n'ont que quelques effets personnels avec elles, car toutes les malles ont été entreposées ailleurs à leur arrivée à bord, mais le peu qu'elles ont conservé — une couverture, un gobelet, une cuillère, des colifichets, quelques pièces de monnaie, une bouteille d'alcool — n'est pas plus en sécurité que dans les hôtels minables de Saint Giles ou les cellules de Newgate. Comme dans toute communauté en vase clos, les prisonnières ont vite fait d'instaurer leurs règles et leur hiérarchie propres. Des bandes se forment. Celles qui ont agressé des passants à Seven Dials ou Cable Street pour des babioles ne vont pas s'arrêter à bord du bateau. Ainsi, certaines se transforment en bourreaux et d'autres en victimes.

Ce n'est pas seulement le vol qui menace les plus faibles, mais l'intimidation qui s'exerce et permet ensuite d'étouffer l'affaire. Le soir, une fois les écoutilles verrouillées, c'est la loi de la jungle sur le faux-pont. L'objet dérobé n'est jamais loin de sa propriétaire légitime, mais une victime qui se plaint auprès des officiers s'expose à de terribles représailles nocturnes. Dans un journal qu'il tient pendant sa traversée en 1798, un forçat raconte à quoi peut s'attendre un délateur : l'un d'eux manquera avoir la langue tranchée. Au bout du compte, ses persécuteurs se « contenteront » de la lui transpercer d'aiguilles avant de le battre jusqu'à lui faire perdre connaissance.

Une fois remises du choc de leur départ en mer, les femmes à problèmes s'adaptent et reprennent leurs vieilles habitudes. De nouveau, les marins ont droit à des réflexions salées sur leur mère, leur physique ou leur sexualité de la part de celles qui sont toujours les dernières à se lever, à se coucher, les plus paresseuses à la tâche et les premières à se battre. Selon John Nicol, Nance Ferrel est la meneuse du groupe. Il s'agit peut-être d'Ann Flavell, trente-quatre ans, originaire de Gloucester, qui apparaît dans d'autres documents mais dont l'acte d'accusation et la sentence ont disparu ; ou alors de Beth Farrell, entrée par effraction dans une maison de Smithfield pour y voler du linge. Les hommes finissent par découvrir qu'avec Nance et ses amies la meilleure chose à faire lorsqu'elles se montrent indisciplinées ou grossières est de les envoyer à la cale, car le mouvement et le manque d'air ne tardent pas à leur donner des haut-le-cœur et à les rendre à la raison. Aussi l'équipage est-il perplexe quand Nance puis chacune de ses compagnes « se mettent à rivaliser d'insolence, à seule fin d'être enfermées ».

C'est au cours d'une inspection de routine des tonneaux entreposés contre la cloison séparant la réserve du quartier des convicts que Nicol s'aperçoit que deux d'entre eux ont été entamés. Une barrique entière de porto ne contient plus que des bouteilles vides soigneusement remises à leur place. La seconde a été attaquée, les bouteilles vides étant dissimulées au fond, derrière des pleines. En poursuivant son exploration, Nicol découvre un trou dans la cloison et se rend compte qu'il manque une boîte de bougies. Ainsi, ces dames organisent des beuveries. À son tour, Nicol remet tout en place pour ne pas les alerter et remonte consulter Edgar. Le lieutenant a un châtiment tout prêt en réserve. Nicol part préparer un tonneau en gloussant, et Edgar ordonne aux hommes d'ignorer les injures de Nance et de ses comparses. Peu après, celle-ci fait son apparition flanquée de quelques acolytes. Choisissant son homme, elle lâche une bordée de jurons et attend. Le marin cille, mais vaque à ses occupations. Les femmes passent leur chemin ; devenant plus grossière et plus imagée, Nance insulte l'homme suivant. Lui aussi continue à enrouler son cordage. La petite bande se tourne alors vers les officiers mariniers, qui s'éloignent en souriant. Dépassant les aspirants, Nance se fraye vivement un chemin jusqu'à l'escalier qui mène à la dunette, le monte — une insolence qui vaudrait le fouet à un matelot — et se met à injurier le capitaine Aitken.

Le lieutenant Edgar fait alors signe à John Nicol, tapi derrière la barre. On attrape Nance et on lui enfonce sur la tête un tonneau avec des trous pour la tête et les bras. Les matelots et les officiers, qui goûtent fort cette bonne blague, accourent pour se moquer. Les détenues en font autant, mais pas trop ouvertement, car elles ne tiennent pas à retrouver Nance brandissant une aiguille au-dessus d'elles pendant la nuit. Au début, celle-ci s'accommode du mieux qu'elle peut de la situation. Elle se pavane sur la dunette, se donnant en spectacle d'un air détaché ; elle se fait allumer un cigare par quelqu'un, le fume en se déplaçant, danse un petit menuet en remuant les pieds et la tête comme une tortue, et raconte quelques blagues. Mais un tonneau en bois pèse lourd, or tout le poids porte sur ses épaules, et il lui est impossible de s'asseoir : poser le tonneau par terre l'obligerait à adopter une position douloureuse. Finalement, elle supplie qu'on la délivre en promettant de bien se comporter, et on lui enlève sa « veste ».

Mais les bonnes résolutions de Nance ne durent

guère. « On ne pouvait en venir à bout par la méthode douce », note Nicol. Au bout d'une semaine, elle jure autant qu'avant. Cette fois, les officiers ne se montrent pas aussi cléments : « Nous dûmes l'attacher comme un homme et lui administrer douze coups de chat à neuf queues, en lui promettant d'en user de même à chaque récidive. Cette seule menace la réduisit à une certaine discipline. » La brutalité n'est donc jamais bien loin.

Dans le calme rétabli, le *Lady Julian* poursuit sa route vers l'archipel des Canaries. À deux semaines et demie de Plymouth, il double Madère et met le cap sur Tenerife. La traversée de l'archipel est totalement inédite pour les femmes : c'est leur première expérience de grand vent en mer. Il s'agit en fait de bourrasques, et non des forts coups de vent auxquels elles seront confrontées quelques mois plus tard dans l'océan Austral, mais c'est néanmoins grisant. Les alizés ont la particularité de se séparer au nord du chapelet d'îles africaines, où se créent d'énormes remous, et de se réunir à la pointe sud. Les vents se mettent soudain à souffler en tempête le long de chaque côte avant de retomber à l'extrémité sud. La mer reste calme. Toutes voiles dehors, le *Lady Julian* file jusqu'à ce que la côte basse de Tenerife apparaisse.

Santa Cruz de Tenerife est située sur cette côte nord, abritée des vents dominants par un promontoire découpé. Bien avant les premières manœuvres pour diminuer la voilure, on envoie les prisonnières à la cale. Transpirant sur leur couchette, elles écoutent ce qui se passe sur le pont tandis que le navire commence son approche. Une salve de onze coups de canon tirée du château de San Juan réveille les bébés. À un claquement terrible et un glissement de toile succède un grincement de cordage lorsqu'on amène la grand-voile pour réduire l'allure. Les vagues qui viennent se briser contre la coque faiblissent quand le bateau entre dans des eaux plus abritées, mais son brusque virement de bord à quatre-vingt-dix degrés fait basculer les passagères cul par-dessus tête. Les bébés hurlent par-dessus l'écho des ordres transmis par porte-voix de la dunette au passavant et criés à pleins poumons du passavant au gaillard d'avant. À la proue, l'énorme chaîne descend dans un grondement de tonnerre. Après avoir dérivé en arrière quelques instants, le vaisseau s'immobilise dans une saccade au moment où l'ancre croche, et le silence n'est plus troublé que par l'eau qui gifle son flanc et le piétinement des marins sur le pont. Quand on ouvre les écoutilles, les femmes montent jeter leur premier coup d'œil aux contrées étrangères. Elles aperçoivent une plage sale, un château au bout de la baie, une batterie de canons, des fortifications, des maisons blanches et basses que fait miroiter la chaleur d'août, des montagnes très découpées, un sommet enneigé que l'on distingue au loin, une jetée en pierre avec des moulins à vent d'un côté, et un port plein de navires négriers.

CHAPITRE IX

Santa Cruz de Tenerife

On met le canot du capitaine à l'eau dans un grincement de poulies. Aitken et Edgar, qui ont enfilé leur plus belle culotte et coiffé leur tricorne, partent représenter Sa Majesté le roi George devant le gouverneur espagnol et demander l'autorisation de débarquer. Il s'agit d'une formalité à laquelle les détenues s'habitueront au fil des escales. Pendant ce temps, les matelots remontent les barriques d'eau vides, les font rouler sur le pont en se frayant rudement un chemin au milieu des prisonnières, et les entreposent dans les chaloupes.

L'eau qui alimente la ville et les navires de passage provient d'une rivière qui prend sa source dans les montagnes de l'arrière-pays. Elle est acheminée jusqu'à une jetée par un aqueduc en pente douce qui enjambe les ravines sur des piliers suffisamment solides pour résister aux inondations hivernales. Une fois le capitaine et l'agent revenus de chez le gouverneur Branquefort, les chaloupes s'éloignent avec leur premier chargement de barriques à remplir dans les réservoirs de la jetée. L'eau embarquée à Plymouth trois semaines plus tôt est déjà saumâtre, aussi boit-on la fraîche avec avidité ; victimes de diarrhée, les détenues se précipitent aux latrines tandis que leur organisme se réadapte. Déjà, l'eau autour de la coque commence à corrompre l'air.

Le jour même ou le lendemain, on fait une immense lessive à bord. En mer, on lave le linge à l'eau salée, ce qui le rend froid, collant, raide, et provoque des irritations sous le col, au niveau des aisselles, et dans la région de l'aine pour les officiers. Grâce à leurs jupes et pour les matelots, aux pantalons amples qui s'arrêtent aux genoux, les femmes et l'équipage sont épargnés. En revanche, les officiers portent des culottes serrées à l'entrejambe, d'où des démangeaisons dignes du sumac vénéneux.

À côté des montagnes de vêtements sales, on allume des feux sur le pont pour faire bouillir des chaudrons d'eau. Les prisonnières, elles, remontent leurs manches pour entamer leur plus grande journée de lessive depuis Plymouth.

Comme il n'y a pas de détergent, on fait bouillir la crasse avant de battre le linge pour l'en débarrasser. Vêtues du minimum exigé par la décence, les détenues jouent les lavandières. Le pont supérieur tremble tandis qu'alignées de part et d'autre du passavant, elles frappent vigoureusement ses bordages avec des chemises d'hommes et de femmes, des draps, des hamacs, des caleçons et une énorme pile de serviettes hygiéniques. Des ruisseaux d'eau sale s'écoulent le long des flancs du navire. Le soir, des guirlandes de vêtements mis à sécher ornent le bastingage et le gréement, et la lessive a viré au chahut. De faibles cris parviennent aux autres bateaux à l'ancre. On aperçoit en ombres chinoises des silhouettes qui gambadent et font des batailles d'eau ; les équipages qui ignorent qu'un bâtiment plein de prostituées anglaises est arrivé au port se demandent ce que signifie ce tapage.

Une fois les barriques pleines et le linge propre, il faut reconstituer les réserves de nourriture : le lieutenant Edgar se rend à terre pour passer commande, ses priorités étant les légumes et la viande fraîche. Un abattoir installé sur les quais s'occupe de fournir les navires en viande fraîche et salée ; les fruits et les légumes proviennent des vergers et des jardins maraîchers d'Oratava, un bourg de l'arrière-pays situé à quelques kilomètres.

Suivant la coutume, les officiers sollicitent du capitaine l'autorisation de dormir à terre pendant la durée du séjour. Naturellement, tous ne peuvent y aller en même temps ; ceux qui se voient accorder cette permission à Santa Cruz devront y renoncer au Cap. Si elles bénéficient d'un privilège lié à leur statut, leurs « épouses » les suivent peut-être à terre. Quant aux matelots, autorisés à s'y rendre en petits groupes, ils sont obligatoirement accompagnés d'un officier, car ils sont connus pour troubler l'ordre public autour des débits de boissons qui servent de l'alcool bon marché jusque tard dans la nuit. Les officiers évoquent gravement « les excès que les matelots anglais sont trop prompts à commettre dans les ports étrangers », et les autorités locales tiennent beaucoup à ce que chaque navire soit responsable de son équipage. Dans certains ports, les groupes de matelots non brevetés ne peuvent se rendre à terre que sous escorte de la milice locale, mais le gouverneur de Tenerife accepte qu'ils soient encadrés par un de leurs officiers. Ceux du *Lady Julian* sont bien conscients de leurs responsabilités : des « excès » entacheraient la réputation du bateau, de son commandant et de la marine britannique. En outre, en cas d'arrestation et d'incarcération d'un homme du bord, le capitaine doit payer une amende pour le faire sortir, amende remboursée ensuite par le contrevenant et par l'officier qui n'est pas intervenu à temps.

C'est le capitaine Aitken, sur avis de son second, qui décide quels sont les hommes autorisés à aller à terre, en tenant compte du règlement et de l'ordre de préséance. Plus difficile est la tâche du lieutenant Edgar, qui consiste à choisir quelles prisonnières pourront gagner la terre ferme, à quel moment et avec qui. À la lecture des mémoires de John Nicol et des journaux tenus par certains convicts, on découvre avec stupéfaction que lors des escales, contrairement à la légende qui veut qu'ils aient passé leur temps aux fers à la cale, certains détenus flânaient dans les rues et faisaient même des achats. George Barrington, un gentleman pickpocket exilé en 1792, sera traité presque comme un des leurs par les officiers : il dînera avec eux à bord et les accompagnera dans leurs excursions à chaque escale. Une poignée de femmes du *Lady Julian* sont dans la même position que Barrington : instruites, drôles et présentables.

Mme Barnsley est incontestablement la première dame du navire. On se souvient qu'elle est la sœur d'un bandit de grand chemin et que cette voleuse de grande classe voulait porter ses beaux vêtements sur la Tamise. Edgar avait alors dû refuser, mais tout de suite après leur départ de Plymouth elle lui a rappelé sa promesse qu'elle pourrait les mettre en mer. Elizabeth évolue donc dans des tenues venant de Bond Street alors que ses compagnes sont vêtues de serge marron. Il est peu probable qu'elle dorme dans la cale ; comme à Newgate, l'argent lui aura permis de se procurer un meilleur couchage et une certaine intimité : elle dispose peut-être d'une des cabanes construites sur le passavant du bateau. Chose étonnante, elle semble plutôt populaire, vraisemblablement parce qu'elle possède les qualités d'un chef. Trop « âgée » — elle a vingt-neuf ans quand le navire prend la mer — pour chercher à obtenir l'attention des matelots, qu'elle intimide sûrement, elle se tient à l'écart des luttes pour leurs faveurs. Par ailleurs, son intelligence et son instruction lui valent certainement l'admiration générale. Elle est capable de jouer les porte-parole auprès des officiers afin de leur présenter les requêtes et les doléances de ses compagnes, et elle sait se montrer généreuse.

À Tenerife, Mme Barnsley décide d'offrir à son cercle un fût de vin des Canaries qu'elle souhaite choisir elle-même dans l'une des *bodegas* installées le long du rivage. Le lieutenant Edgar est informé de ses désirs. N'ayant aucune raison de refuser et aucun intérêt à contrarier une femme brillante et influente, il fait escorter Elizabeth dans les caves de Santa Cruz par un officier. Après tout, c'est une dame… mais aussi une voleuse et une menteuse : l'officier empêchera donc tout incident embarrassant.

Selon Watkin Tench, un lieutenant désabusé qui a accompagné la première flotte, « il n'y a pas grand-chose qui soit susceptible de contenter un voyageur à Tenerife ». La ville ne trouve pas grâce à ses yeux, bien qu'elle ne soit « ni irrégulière dans son plan ni méprisable dans son style de construction », mais il est mécontent de « l'importunité des mendiants et de l'impudeur des femmes de la plus basse extraction ». Assurément, Santa Cruz ne possède ni la séduction des villes d'Amérique du Sud ni la prospérité des comptoirs hollandais, et pour les hommes qui ont déjà parcouru le monde il n'y a sans doute pas grand-chose qui ne soit plus grand, plus brillant, plus haut ou plus chaud ailleurs. Mais pour les prisonnières, Tenerife symbolise l'étranger. George Barrington décrira le palais du gouverneur comme ressemblant « davantage à une auberge qu'à la demeure d'un grand d'Espagne ». Mais les « épouses » du gaillard d'avant — telles Sarah Whitelam, Mary Warren et Ann Bryant —, qui ont passé leur existence dans de petites villes anglaises, ignorent à quoi ressemble le palais d'un grand d'Espagne, et que celui du gouverneur en est fort éloigné. À leurs yeux, Tenerife est le comble de l'exotisme. C'est la première fois que ces femmes se retrouvent dans un environnement où l'on ne parle pas leur langue, la première fois qu'elles aperçoivent un pic aussi élevé que le Pico de Teide ; elles découvrent un climat où cohabitent un sommet enneigé et des plages écrasées de chaleur. Jamais auparavant elles ne se sont promenées dans les rues sous les yeux d'une Vierge peinte et jamais elles n'ont vu de bougainvilliers, de palmiers, de plantations de bananes, de raisins dans les vignes, de dattes fraîches — ni de garnements à la peau mate au lieu de petits Londoniens au teint blafard. Et puis, dans le Lincolnshire, les femmes ne sortent pas vêtues de noir avec un foulard sur la tête ; à Maidstone, elles ne se signent pas chaque fois qu'elles passent devant une église. Pour les « épouses » du *Lady Julian*, la ville n'est donc nullement cet endroit morne qui ennuie tant le lieutenant Tench ; elles voient des peaux foncées, des fruits, des couleurs, et constatent l'omniprésence d'une Église fort différente de la leur qu'évoquent les religieuses et les moines qui les dépassent dans la rue, les statues dans les niches, les peintures murales, les génuflexions, les cloches et l'encens.

Toutes n'ont pas apporté d'argent d'Angleterre pour accompagner Mme Barnsley dans les magasins, mais certaines sont désireuses d'en gagner en route. À ce moment-là, la nouvelle a dû se répandre que deux cent trente femmes perdues se trouvent à bord du petit navire qui arbore le pavillon rouge de la marine marchande britannique. Quand des prisonnières font leur apparition aux côtés des matelots tapageurs, des habitants se signent et laissent les volets fermés ; d'autres crachent et marmonnent, mais les plus charitables les prennent en pitié. Or la pitié peut s'accompagner d'aumônes.

John Nicol rapporte une anecdote à propos d'un groupe de condamnées juives emmenées par Sarah Sabolah, le nom d'emprunt ou de famille de la voleuse Sarah Lyons, reconnue coupable en 1788 d'avoir fourré sous sa jupe plus de six mètres de soie pour mouchoirs dans une boutique de nouveautés londonienne.

Sarah Sabolah a dû accomplir sa prouesse au su des officiers, sinon jamais ses amies et elle n'auraient pu débarquer sur la plage ou se procurer leurs accessoires (deux ou trois rouleaux de tissu et des morceaux de bois). Déposées à un bout du quai, elles se drapent de noir et secouent l'écume de leurs crucifix de fortune. Puis elles adoptent une expression appropriée et défilent solennellement d'un bout à l'autre de la grand-rue. Bien que les catholiques des Canaries soient habitués aux imposantes manifestations de pénitence et de piété, la procession des prisonnières anglaises aux pieds nus courbées sous leurs croix fait sensation : aumônes et bénédictions pleuvent sur les femmes. Si Sarah est assez maligne pour avoir conçu ce plan, elle aura cousu sa part dans ses vêtements en prévision des mauvais jours. D'autres ont sans doute bu tous leurs bénéfices avant de quitter Tenerife.

Escroquer les habitants de Santa Cruz n'est cependant pas le moyen le plus facile de gagner de l'argent. « Nous autorisâmes les gens à monter à bord ; les matelots et les capitaines des navires de passage nous rendirent de nombreuses visites », se souvient John Nicol. Le commerce du sexe à bord d'un navire n'a rien d'inhabituel, sauf que d'ordinaire on amène les prostituées aux hommes, et non l'inverse. Une explication merveilleusement simple sera fournie par un historien en 1990 : « Les femmes, des prostituées de Londres pour la plupart, [...] ont transformé le navire en bordel flottant*. » On les imagine cependant mal allant trouver le capitaine afin de l'informer qu'elles entendent transformer son bateau en maison de tolérance pour la durée de l'escale puis comptant leurs gains. Aucune maison close ne fonctionne ainsi. Derrière toute prostituée se cache un souteneur, et qui joue ce rôle à Santa Cruz ? Les règles régissant la vie à Ratcliff et Newgate réapparaissent, et le pourcentage qu'aurait prélevé un proxénète sur la terre ferme finit sans doute dans les coffres des marins.

On entre dans le domaine de la pure hypothèse en imaginant les négociations entre un matelot et son « épouse ». Qui sait quels marchés sont conclus par le marin qui voit en sa jolie compagne de hamac et ses amies du faux-pont non seulement une récréation, mais une source potentielle de revenus ? Quoi qu'il en soit, cela semble avoir été toléré en haut lieu. Le lieutenant Edgar, qui a une assez bonne idée de ce qui attend les détenues, sait que l'argent gagné en faisant des passes à Santa Cruz leur sera très utile à Sydney Cove ; autoriser la prostitution relève donc de la compassion autant que la négligence. Ainsi, les matelots des autres bateaux et les

* M. D. NASH, *The Last Voyage of the* Guardian, *Lieutenant Riou, Commander, 1789-1791*, Le Cap, 1990.

amateurs de sensations venus de la terre ferme montent à bord du vaisseau plein de prostituées ; pendant le séjour du *Lady Julian* à Santa Cruz, certaines couchettes de la cale, les hamacs du gaillard d'avant et les cabanes du pont sont consacrés à cette activité.

Ce sont certainement les matelots qui jouent les rabatteurs et prennent les rendez-vous, s'assurant que la demi-douzaine de filles non vérolées promises attendent bien le groupe de clients, encaissant peut-être l'argent pour le répartir ensuite entre les prostituées. Mais à bord, la communauté des affaires n'est pas uniquement masculine. Si certaines font commerce de leurs charmes à Santa Cruz, c'est après avoir passé des accords, et non sous la contrainte. Or les plus demandeuses ne sont pas forcément les plus à même de défendre leurs intérêts. Dans le réseau de négociations qui se tisse à Tenerife, les mères maquerelles vont jouer un rôle en offrant protection et conseils aux moins expérimentées pour qu'elles tirent le meilleur parti de la situation. Il y a probablement autant de pression et de marchés conclus sur le faux-pont que sur le gaillard d'avant. En bas, on trouve en effet une ancienne tenancière de Cable Street, Elizabeth Sully, qui a trois de ses filles avec elle : Poll Randall, Mary Butler et Mary Bateman. Elizabeth et d'autres finaudes de son genre auront sans doute fait leurs propres affaires à Santa Cruz.

Le commandement est également impliqué dans ces transactions. Le lieutenant Edgar et le capitaine Aitken tolèrent, voire approuvent, ces pratiques. Les officiers sont des clients tout aussi assidus que les matelots : nombreux sont ceux qui fréquentent le *Lady Julian.* Quand les officiers du navire donnent des ordres discrets concernant le divertissement de leurs hôtes, l'intermédiaire le plus probable entre la cabine du capitaine et le faux-pont est le steward, John Nicol. C'est sans doute lui qui transmet le tarif fixé et se charge des tractations entre les parties. Selon les femmes choisies, on les invite à se joindre au dîner des officiers dans la cabine du capitaine, ou on les reçoit simplement dans un endroit retiré. À la différence des hommes du gaillard d'avant et des maquerelles du faux-pont, Aitken et Edgar ne perçoivent vraisemblablement pas d'argent pour leurs services, mais aucun officier en visite ne se présenterait sans une boîte de très bons cigares ou une excellente bouteille de porto pour la table du capitaine.

Les officiers prennent part à cette entreprise autant par prudence que par intérêt, c'est-à-dire autant pour garder le contrôle de la situation que pour en profiter. Pour une femme, le seul moyen de s'évader, c'est de se vendre à un matelot d'un autre équipage. Deux ans plus tôt, à Santa Cruz, un convict qui avait réussi à quitter son bateau a supplié un navire faisant route vers les Indes néerlandaises de le prendre à son bord. Les Hollandais ont refusé, et il a été repris avec l'assistance des Espagnols. À Sydney Cove, deux prisonnières se sont enfuies sur des bateaux d'exploration français arrivés quelques jours après la première flotte, mais on n'a pas voulu de leurs compagnons. Quatre condamnées ayant déjà réussi leur évasion la veille du départ de la Tamise, Edgar ne peut se permettre de nouvelles pertes.

Leurs plus fidèles clients, selon John Nicol, sont les équipages de deux navires négriers en provenance ou à destination de la Gambie. On n'a aucune certitude quant à leur nationalité : britanniques, espagnols, américains, portugais, français, danois, hollandais, tous pratiquent la traite des Noirs.

L'escale à Santa Cruz est motivée par les produits qui arrivent sur les marchés des quais pour approvisionner les bateaux : couvertures, huile, blé, vin, fruits, légumes, « chèvres laitières », citrouilles, oignons, figues et raisins. Par ailleurs, si une rencontre avec les « femmes débauchées des docks » est considérée comme la distraction incontournable du jeune visiteur, les îles tirent l'essentiel de leur revenu des navires qui pratiquent le commerce des esclaves. Ce sont les dollars en argent des négriers naviguant entre les Amériques et la côte africaine qui font tourner l'économie des Canaries.

Cependant, Santa Cruz ne profite pas seulement des retombées de la traite : tous les dimanches, devant le château de San Juan, se tient un marché aux esclaves que les officiers britanniques s'arrêtent sans doute pour regarder. En 1772, la haute cour a déclaré l'esclavage illégal sur leur sol dans un arrêt établissant que chaque Nègre acheté comme esclave devenait libre dès qu'il posait le pied en Angleterre. (Pour autant, ce jugement n'empêche nullement les marchands anglais de participer à la traite des Noirs.)

La plupart des femmes de la ville ont déjà vu des Noirs. La voleuse à l'étalage Elizabeth Smith, alias Cave, a commis son crime avec un complice simplement désigné dans les minutes du procès comme « Thomas, un homme noir ». Une communauté de Nègres affranchis par l'arrêt de 1772 vit autour des docks de nombreuses villes portuaires, aux côtés des marins chinois qui cherchent à s'embarquer pour Canton, des matelots indiens qui veulent gagner Calcutta…

À l'époque, les philanthropes — souvent chrétiens — qui s'élèvent contre le commerce des esclaves commencent à se faire entendre en Grande-Bretagne. Ceux qui déclarent publiquement leur hostilité à la transportation empruntent leurs arguments à la critique de l'esclavage. Avant d'être détrônée par la France révolutionnaire, c'est l'Angleterre qui est considérée (et se considère elle-même) comme le champion de l'égalitarisme à tous crins. Ses citoyens ont la réputation de défendre leurs libertés. Ses citoyens, ce sont les individus de sexe mâle, évidemment. Malgré sa constante rhétorique à la John Bull* sur la liberté, la Grande-Bretagne est le pays où, selon les termes de Lawrence Stone, « la femme mariée est le

* Personnage créé par J. Arbuthnot pour représenter le peuple anglais dans ses pamphlets satiriques. Voir *Histoire de John Bull*, 1712. *(N.d.T.)*

membre de la société libre qui se rapproche le plus de l'esclave», et la célibataire n'est guère mieux lotie. Une vision romantique de l'histoire des convicts, matière à ballades et chansons de feu de camp, mettrait l'accent sur une sympathie supposée entre les opprimés : bagnards, esclaves, aborigènes. Or il n'y a pas «hypothèse plus fumeuse», pour reprendre la formule définitive de Robert Hughes*. Il est hautement improbable qu'une des femmes présentes à Santa Cruz ait vu un quelconque parallèle entre les esclaves africains et sa propre situation. L'analyse politique leur est parfaitement étrangère, pas la peur du sauvage. Sur le marché, elles ne voient pas des frères et sœurs de peine, mais des «sauvages», des «Nègres», des «Africains», des créatures à moitié nues avec des plaies autour de la bouche, effrayées et incompréhensibles, exhalant une odeur de sueur étrangère. Les hommes qui en font le commerce et viennent dépenser une partie de leurs bénéfices à bord du *Lady Julian* ne sont sans doute pas plus odieux aux prisonnières que les marins du gaillard d'avant.

La deuxième semaine de septembre, ravitaillé en eau, en nourriture et en argent, le *Lady Julian* quitte Santa Cruz avec pour destination la colonie hollandaise du Cap, à la pointe sud de l'Afrique, par une des routes les plus empruntées du commerce international. Le Cap est la principale escale à l'aller — et au retour — pour qui se rend en Indonésie et dans les comptoirs britanniques sur la côte indienne. La traversée de neuf mille six cents kilomètres jusqu'aux alizés devrait durer de dix à douze semaines, avec un bref arrêt pour l'eau aux îles du Cap-Vert. Il reste encore au moins cinq mois et demi de voyage.

Or les négriers vont freiner leur progression : les deux équipages ont décidé de naviguer aux côtés du *Lady Julian*, «pour l'amour de ces dames», dira John Nicol. L'itinéraire pour São Tiago (Santiago), l'île principale du

* *The Fatal Shore*, Londres, 1987.

Cap-Vert, les entraîne ouest-sud-ouest, à environ six cent quarante kilomètres des côtes africaines occidentales. Pendant trois jours, ils distinguent nettement le pic du Tenerife derrière eux, avec son sommet toujours enneigé. Chaque jour, semble-t-il, de joyeux négriers montent à bord du *Lady Julian* pour prendre du bon temps. Ces heures passées à se prélasser, nez au vent, ralentissent considérablement leur allure, mais une semaine plus tard, la vigie repère les îles de São Nicolao et de Boa Vista par le travers tribord. Le lendemain, le petit convoi arrive à São Tiago. En quittant la cale, les femmes se retrouvent dans une chaleur épouvantable.

Porto Praya est un port beaucoup moins important que Santa Cruz, et la ville, peuplée de paysans plutôt que de commerçants, nettement plus pauvre. L'archipel est sous domination portugaise, et les îles sont « terriblement opprimées par les soldats portugais, qui exigent un péage exorbitant des fermiers qui apportent leurs produits au marché ». Un cartel portugais contrôle à la fois les prix et le ravitaillement des navires de passage : pour faire le voyage jusqu'à la ville du Cap, on est obligé d'acheter sans pouvoir choisir son fournisseur. L'expérience a rendu Nicol méfiant : « Là-bas, les Portugais sont de fameux gredins. [...] J'avais acheté deux gros moutons à l'un d'eux. L'affaire conclue, je m'apprêtais à emmener mes acquisitions lorsqu'il siffla, et mes moutons s'enfuirent dans les champs. » On passe donc un collier aux animaux nouvellement acquis dès que l'argent change de main ; on attache les bœufs réticents à l'amarre d'un canot et on les ramène sur le navire. Une nouvelle fois, les ponts du *Lady Julian* sont couverts de bouses fumantes.

À Porto Praya, le système d'approvisionnement en eau est plus rudimentaire que dans la dynamique Santa Cruz, et le premier puits se trouve à plus de un kilomètre du rivage ; on a donc construit une rampe sur la plage pour rouler les barriques. Tout au bout, il faut les attacher ensemble et les flotter jusqu'au bateau. Parmi les détenues, celles qui n'ont pu s'offrir du vin des Canaries découvrent qu'elles peuvent faire des affaires au Cap-Vert. Les habitants de l'île troquent volontiers vin et nourriture contre vêtements et colifichets. Les marchés se concluent sur la plage, où « l'air est étouffant et très malsain pour les Européens » ; on le regrettera pourtant amèrement plus au sud. On ne s'arrête qu'une journée, peut-être pour échapper aux droits de mouillage exigés par le gouverneur. Son palais miteux étant à l'écart de la ville, il faut généralement plus de vingt-quatre heures — surtout dans la chaleur estivale — à un garde négligent pour atteindre le port et percevoir les quatre dollars. Porto Praya sera leur dernière escale dans l'hémisphère Nord.

La route maritime pour rejoindre la colonie hollandaise s'avance loin dans l'océan Atlantique en suivant les courants qui forment un S inversé entre les Canaries et Le Cap. Les navires voguent ainsi jusqu'à la côte brésilienne avec un vent arrière, puis virent de bord, direction sud-est, avec le vent à bâbord. La meilleure saison pour effectuer cette traversée est l'automne, quand la mer est encore clémente et les alizés constants : le voyage est alors rapide et plaisant. Le secteur à risque chevauche la ligne de l'équateur : appelé zone des calmes, il s'étend sur plus de trois cents kilomètres d'océan capricieux, et c'est là que le *Lady Julian* connaîtra ses premiers problèmes sérieux.

Dans la semaine qui suit l'arrêt îles du Cap-Vert, la navigation est aisée. Les alizés soufflant du nord-est à une force constante de quatre ou cinq, l'orientation des voiles monopolise peu les gabiers, qui peuvent se consacrer à l'entretien et vérifier l'usure des cordages. Les équipages passent souvent les quelques jours de beau temps qui précèdent un passage difficile à confectionner un nouveau jeu complet de voiles. Le *Lady Julian* en aura besoin pour affronter les vents violents de l'océan Austral après son escale au Cap. Les femmes qualifiées aident peut-être les hommes dans ce travail, ou bien on les aura cantonnées à faire de l'étoupe, tâche traditionnellement confiée aux prisonniers : on détortille de vieux cordages en gros tampons pelucheux qui servent à calfater les trous entre les bordages d'un navire. Les journées s'écoulent agréablement, toutes les femmes et la plupart des hommes sont sur le pont, occupés à tailler, raccommoder, faire des nœuds, peindre, graisser les poulies et fabriquer toutes les petites pièces nécessaires au bateau. La multiplication des activités permet de maintenir la discipline chez les marins qui, au milieu de toutes ces femmes, pourraient être tentés par l'oisiveté.

En réalité, il y a tellement de tâches ingrates que les hommes ne risquent guère de se ramollir. Pomper en est une. Si le lieutenant Edgar applique les mêmes règles d'hygiène que le capitaine Bligh par températures équatoriales, le second fait pomper l'eau d'un côté à l'autre du bâtiment pendant une ou deux heures chaque jour pour rafraîchir l'air sous le pont. Et quand le pompage est terminé, il reste encore l'horrible corvée consistant à graisser le mât : on envoie le malheureux élu tout en haut avec un pot de vieille graisse de la coquerie, et c'est en redescendant qu'à mains nues il enduit le mât de cette substance. Non seulement cela protège le bois et permet à l'appareil de levage de coulisser plus facilement le long du mât, mais c'est également le genre de besogne que l'on confie volontiers à un matelot paresseux. Pendant ce temps, installés sous les tauds* qui protègent les ponts de la terrible chaleur de l'après-midi, ses camarades adossés aux palans chauffés par le soleil entrelacent ou tordent des fils de caret pour faire des cordages tout en expliquant l'origine de leurs tatouages (tahitiens) et de leurs cicatrices (la guerre contre les Américains) aux petits groupes de détenues qui les entourent.

Il serait également imprudent de laisser les femmes désœuvrées en compagnie de négriers qui, par amour, pourraient favoriser des évasions sur différents continents. On maintient donc les prisonnières dans une routine

* Abris de toile goudronnée. (*N.d.T.*)

quotidienne aussi stricte que le permettent les variations climatiques. À cinq heures du matin, les cuisinières convicts sont sur le pont pour préparer le petit déjeuner. Au lever du soleil, on ouvre les écoutilles à côté desquelles on installe des baquets d'eau salée. En sortant, les détenues étendent leur literie sur le bastingage et le gréement pour l'aérer, reçoivent un seau d'eau salée pour leur toilette, et se rassemblent en « tablées » pour le repas. Durant la journée, elles travaillent en équipes aussi longtemps que l'agent trouve à les occuper.

Sur tous les transporteurs, un *trusty* est responsable d'un groupe de six à huit convicts. Les femmes qui remplissent cette fonction sont appelées « matrones ». Ce sont elles qui vont chercher les rations pour leur tablée auprès du cuisinier ou de John Nicol, qui supervisent l'aération du linge, la vaisselle, qui font régner l'ordre dans la mesure du possible et transmettent demandes et doléances à l'agent. John Nicol ne cite aucun nom, mais ce rôle est nécessairement confié aux prisonnières qui disposent d'une certaine influence sur leurs congénères. La fonction n'est sans doute pas digne d'Elizabeth Barnsley et de Nelly Kerwin, aussi Edgar a-t-il sans doute choisi des femmes plus humbles mais maternelles comme Mary Anstey, voleuse à l'étalage de Warwick, Catherine Heyland, faussaire, Elizabeth Dell — partie retrouver son fils —, Susannah Hunt ou Ann Peter Rock. Âgées d'une trentaine ou d'une quarantaine d'années, elles mèneront toutes des existences fort respectables (excepté quelques cas de bigamie) à Sydney Cove.

L'agent Edgar dispose d'informations sur le passé des détenues, surtout celles de Newgate. Il sait qui a été nourrice, fille de cuisine ou de ferme, qui sait lire, compter et peser des rations. Elizabeth Parry, vachère à Islington, Mary Rose, fille d'un paysan du Lincolnshire, et Mary Lammerman, qui a dérobé du lait dans une ferme du Northumberland, sont vraisemblablement affectées à la traite des vaches. Sarah Acton, qui a enlevé dix cochons de lait et les a gardés sous son lit dans son logement de Smithgate, et Sarah Gregory, qui a volé « un verrat vivant, une truie et deux porcs châtrés », doivent s'occuper des cochons. Si le vol d'ovins indique une vocation pour l'élevage, alors Susannah Mortimore trait les chèvres et soigne les moutons. Les détenues issues des prisons rurales font sortir la volaille, ramassent les œufs et nettoient le poulailler à grand renfort de seaux d'eau salée. Catherine Hounsam, fille de cuisine à Grosvenor Square, doit éplucher les légumes en compagnie d'anciennes bonnes : Mary Hook, Rachel Turner, Mary Cowcher, alias Christmas, Ann Kemp, Martha Daniel, Mary Lewis… Il y en a des dizaines. Nelly Kerwin joue peut-être les secrétaires auprès d'Aitken en prenant ses dépêches en dictée, ou les assistantes auprès d'Edgar en tenant ses grands livres à jour sous son étroite surveillance. Ann Howard, bonne d'enfants, aide sûrement le chirurgien à panser les coupures et à appliquer des sangsues. Celles qui n'ont aucune qualification particulière ou qui sont punies forment l'équipe d'entretien du jour : elles nettoient et désinfectent en bas, et briquent le pont supérieur.

Le ménage, la lessive, la cuisine, les soins aux animaux, les batailles d'eau, les crêpages de chignons, le chahut et la boisson n'absorbent pas toute l'énergie des femmes. Le capitaine a déjà réquisitionné les vingt meilleures couturières : il a repéré un créneau porteur à Sydney Cove. Puisque la colonie ne possède ni matière première, ni fil, ni aiguille, ni métier à tisser, ni savon pour le blanchissage, Aitken s'est dit que les chemises neuves seraient aussi recherchées que le sexe et l'alcool. Or il dispose d'une main-d'œuvre gratuite. Ce sont peut-être des prostituées, mais certaines manient bien l'aiguille. Après avoir acheté des rouleaux de lin, le capitaine a donc discrètement réservé une partie de l'espace de stockage à sa petite entreprise. Sans le savoir, il suit l'exemple du lieutenant Clark, qui avait fait confectionner en un clin d'œil pantalons, gants, bonnets de nuit et même une nouvelle redingote aux femmes du *Friendship*.

Le bâtiment navigue alors dans des eaux très fréquentées, car il a emprunté la principale voie maritime au sud de l'Europe. Bientôt, les navires marchands vireront à l'est en direction du Cap et de l'Indonésie, tandis que les baleiniers mettront le cap à l'ouest, vers la Géorgie du Sud et les Malouines. L'itinéraire du *Lady Julian* lui fait traverser l'axe sud du « triangle d'or » reliant l'Europe, l'Amérique du Nord et la côte ouest de l'Afrique. Les bateaux quittent l'Europe avec du tissu bon marché et des armes, ils remplissent leurs cales d'esclaves en Afrique, les emmènent en Amérique du Nord et aux Caraïbes, et regagnent l'Europe avec des matières premières du Nouveau Monde. Les forts décrépits et les boulevards minables situés sur la côte ouest de l'Afrique, à plus de six cents kilomètres de là, fournissent le carburant humain qui alimente une énorme machine de production et d'échanges commerciaux : les épices pour les Hollandais à Batavia, le sucre pour les Britanniques dans les Caraïbes, le coton pour les Américains dans le Sud profond. On estime à six millions le nombre de Noirs envoyés en esclavage au cours du XVIIIe siècle. Après la guerre de l'Indépendance, ils se substituent également aux forçats de Grande-Bretagne dont ne veulent plus les ex-colonies américaines.

À environ cent cinquante kilomètres de Porto Praya, les négriers virent à l'ouest, en direction des colonies européennes installées à l'embouchure du fleuve Gambie, « pour embarquer leur cargaison de misère humaine ». La formule est de Nicol : il a vu des esclaves travailler dans les plantations de canne à sucre de Grenade — où les femmes s'offrent au premier « qui leur remplit la panse » — et ne se fait aucune illusion sur ce qui attend la cargaison en question.

En 1782, deux cents convicts britanniques appartenant à un premier convoi pour l'Afrique ont débarqué sur la côte gambienne ; seuls cinquante ont survécu. Cette idée n'a rien d'agréable. Combien sont-elles, à bord du *Lady Julian*, à songer que la colonie vers laquelle elles font route a peut-être subi le même sort ? Le *Prince of Wales* a bien rapporté que les colons étaient vivants et s'en sortaient, mais il a quitté Sydney Cove en juillet 1788. En un an, un millier de personnes en territoire inconnu ont largement pu être décimées par la famine, la sécheresse, la maladie ou des indigènes hostiles. On l'ignore encore en Grande-Bretagne, mais une autre tentative de colonisation sur la côte africaine, à mille kilomètres au sud, vient de tourner au désastre.

Lorsque l'armée anglo-germanique rentre en Europe après sa défaite contre les colons américains, les femmes de mauvaise vie et les invalides de guerre qui envahissent les rues ne représentent qu'une partie des déshérités. Les loyalistes qui se sont battus aux côtés de la Grande-Bretagne vont rejoindre la Nouvelle-Écosse — toujours sous domination britannique — ou regagner l'Europe avec l'armée vaincue. L'ancien planteur américain James Smith, qui a choisi cette dernière solution, a été engagé comme surveillant des futures plantations de Sydney Cove et a embarqué sur le *Guardian*. Parmi les loyalistes, on compte aussi des Noirs qui ont rejoint l'Angleterre, s'ajoutant à une population estimée à quatorze mille personnes. Nombre de ces anciens esclaves ramenés des colonies outre-mer ont été mis à la porte par leurs maîtres après avoir été affranchis par le droit anglais. Ils ont échoué dans les villes, venant grossir les rangs des indigents et des sans-emploi.

Dans les années 1780, le projet de colonie pénitentiaire coexistait avec celui d'un territoire pour les loyalistes noirs et les esclaves affranchis. L'année où les onze navires de la première flotte ont quitté l'Angleterre, un petit convoi de deux bâtiments est parti pour le futur site de Freetown. Au milieu des Noirs démunis qui croyaient regagner leur terre d'origine se presse un groupe de Blancs, « des hommes et des femmes aux mœurs dissolues pour la plupart ». Comme pour l'expédition en Nouvelle-Galles du Sud, on n'a envoyé personne reconnaître le terrain. Blancs débauchés et Noirs misérables devront donc attendre dans une chaleur torride que le capitaine aille négocier l'achat de cinq cents hectares situés près de la rivière Serralione (Sierra Leone) avec le roi Jimi, un chef local.

Au moment où le *Lady Julian* laisse la côte africaine derrière lui en 1789, le bruit court à Sydney Cove que « les troupes et les navires vont abandonner la colonie à une mort certaine ». Ce qu'on redoute est en effet arrivé trois ans plus tôt en Sierra Leone. Après avoir débarqué ses quatre cent onze passagers, le bâtiment a regagné l'Angleterre, laissant des peaussiers londoniens, des esclaves de Virginie de la deuxième génération, des cambrioleurs et des filles de mauvaise vie se débrouiller seuls sur cinq cents hectares de littoral impaludé. Dix-huit mois plus tard, ils n'étaient plus que cent trente et les tribus de l'intérieur se livraient à des pillages permanents sur la terre qu'elles avaient vendue au capitaine anglais ; à Freetown, la situation ressemblait à une version africaine de *Sa Majesté des Mouches*. Juste après que le *Lady Julian* a quitté la Tamise, en 1789, un vaisseau de guerre britannique a mis le feu à une ville côtière sous la domination du roi Jimi, qui a décidé de se venger en attaquant la nouvelle colonie. Ses envoyés ont donné trois jours aux colons pour quitter le camp avant sa mise à sac. Pris par les fièvres, malades de peur, ceux-ci se sont dispersés dans la panique et se sont réfugiés sur les îles. C'est là qu'ils attendent qu'on vienne les sauver.

Les passagères du *Lady Julian* ignorent heureusement tout de ces événements tragiques. Le navire, qui tourne alors le dos à l'Afrique, fait route vers l'Amérique du Sud. La faune marine change — requins, globicéphales, cachalots et dauphins souffleurs —, et le régime alimentaire aussi. Comme le navire est en ordre et que les vents se maintiennent, il y a peu de travail dans la mâture, aussi les matelots se transforment-ils en pêcheurs. Chaque carré a sa zone réservée et ses lignes, et de la proue à la poupe le navire traîne du fil de pêche accroché à ses flancs. Chaque fois qu'on aperçoit un frétillement argenté, la nouvelle fait le tour du pont et les hommes se précipitent pour réinstaller leurs lignes dans le coin le plus prometteur. Quand les détenues constatent que selon la coutume maritime celui qui attrape le poisson le mange, elles s'y mettent à leur tour. Les « épouses » de matelots sont les mieux loties : elles reçoivent une part des prises de leurs hommes. Les autres prisonnières se lancent dans l'apprentissage de la pêche en mer, s'appropriant tout l'équipement qui leur tombe sous la main.

Elles attrapent surtout des bonites, de gros poissons splendides qui se débattent sur le pont jusqu'à ce qu'on leur cogne la tête contre un palan : lorsqu'ils meurent, leur chair passe par une variété de couleurs stupéfiante. En revanche, faute de harpon, elles ne peuvent capturer les nombreux dauphins et marsouins qui jouent autour du bateau. À bord d'un navire marchand, le harponnage est théoriquement une prérogative du second. Sur le *Lady Julian*, c'est le maître d'équipage qui excelle au maniement du harpon. Sous le regard des femmes et de l'équipage, il prend position sur la dunette et attend le cri du guetteur signifiant qu'il y aura du marsouin au dîner.

Comme ils approchent de l'Amérique du Sud, les eaux restent très fréquentées par les négriers et les marchands, surtout les *compradores* portugais qui vont d'un continent à l'autre, vendant les esclaves rassemblés par les chefs africains de la côte aux agents des plantations du Brésil. Quand la vigie repère un pavillon ami à l'horizon, ce qui arrive souvent, les vaisseaux échangent des signaux, virent l'un vers l'autre, et se mettent en panne. Le capitaine Aitken ordonne qu'on prépare son canot et met son plus beau couvre-chef ; il rencontre son alter ego à mi-chemin des deux bâtiments. Pendant que les matelots nagent à culer, les deux hommes se racontent les derniers ragots de marins et échangent des informations sur les navires qu'ils ont vus, sur le temps au nord et au sud, les augmentations de taxes portuaires, les nouveaux capitaines de ports étrangers. En fonction de leur destination respective, ils se confient parfois du courrier et des messages.

Aitken apparaît comme un homme assez solitaire. Il est quasi absent du récit de John Nicol, alors qu'en qualité de steward celui-ci a eu des contacts quotidiens avec lui. Il ne semble pas susciter la même affection que le lieutenant Edgar. Un capitaine dîne avec les officiers au moins une fois par semaine, mais ce ne sont pas des moments de détente, les jeunes messieurs étant trop intimidés pour plaisanter devant lui ; de son côté, il ne peut se laisser aller de peur de perdre son autorité. Au fond, les véritables discussions ne sont possibles pour lui que lors des rencontres avec ses homologues, occasions dont il tire certainement le meilleur parti.

Un jour, le *Lady Julian* croise un baleinier venant des Malouines. Environ une semaine plus tard, par deux degrés quatorze minutes nord, le baleinier aperçoit un nouveau pavillon rouge de la marine marchande britannique, arboré cette fois par un imposant bâtiment de guerre. Il s'agit du *Guardian*, qui se trouvait encore à Portsmouth quand le *Lady Julian* est parti pour Plymouth à la mi-juillet ; il n'a quitté Spithead que la deuxième semaine de septembre, bien plus tard que ne l'avait prévu l'amirauté. Le lieutenant Riou a donc reçu l'ordre de gagner la colonie le plus rapidement possible. Après une brève escale à Tenerife pour embarquer du vin, il a contourné le cap Vert, et est arrivé au nord de l'équateur en un peu plus de trois semaines. Il apprend alors du capitaine du baleinier que le *Lady Julian* n'a que quelques jours d'avance sur lui.

CHAPITRE X

Le baptême de la ligne

Par vents favorables, au départ des îles du Cap-Vert, il faut environ deux semaines pour atteindre l'équateur, lieu du degré zéro et de l'air immobile, qui occupe une place curieuse, en partie mythique, dans les traditions maritimes. Les cérémonies du « passage de la ligne » constituent un temps fort de la traversée, mais elles dégénèrent facilement en jeux choquants et brutaux. Ceux qui dirigent les humiliations infligées aux jeunes et aux personnes impopulaires sont de simples matelots. Les officiers s'effacent, bien que le second et même le capitaine soient prêts à intervenir si l'ordre est menacé ou si les farces vont trop loin. Ce « baptême » peut être assez éprouvant sur les navires dont l'équipage est mécontent ou qui transporte un matelot, un officier ou un passager que trop de gens ont pris en grippe. Des hommes passent parfois sous la quille ou sont mis à l'eau et traînés au bout d'une corde sur plus d'un kilomètre, au titre non pas de châtiment ordonné par un officier supérieur mais d'amusement autorisé entre camarades. En 1792, soupçonné de détourner une partie des rations de l'équipage afin de les revendre à son profit, le cuisinier d'un transporteur manquera mourir lors de son baptême de la ligne. Les matelots lui lient les mains, l'attachent à un appareil de levage, le hissent en haut d'une vergue à quinze mètres du pont, lâchent la corde et se réjouissent bruyamment lorsqu'il tombe comme une pierre dans la mer ; ils recommenceront trois fois avant que le second ne les arrête. Il existe parfois une curieuse connivence entre commandant et matelots, quand le maître des cérémonies oblige le capitaine à leur livrer un commissaire haï ou un officier subalterne impopulaire.

Les baptêmes ne sont pas toujours aussi violents. À bord du *Lady Julian*, les matelots se rassemblent sur le gaillard d'avant en gloussant ; les femmes sont exclues de ces mystères, car la moitié du divertissement consiste à les faire bondir et crier. À la demande du petit groupe, le maître d'équipage va chercher son harpon ; il sollicite l'autorisation de monter sur la dunette et ne redescend qu'après avoir harponné un gros marsouin. On récupère ensuite un grand couteau à la coquerie et un morceau de cercle en fer auprès de John Nicol.

Les marins qui s'éclipsent vers le gaillard d'avant ont un air narquois et se refusent à toute explication. La nuit tropicale tombe brusquement ; envoyées dans leurs quartiers, les détenues en sont réduites à interpréter les bruits qui leur arrivent par les écoutilles et la cloison côté proue. Au-dessus de leurs têtes, un grondement sourd et une succession de « plouf » correspondent au roulement de tonneaux vides que les marins remplissent d'eau de mer. Certains prennent de l'eau de sentine, faisant craquer le bois et provoquant de nouveaux éclaboussements. Les clapotements se poursuivent quand ils la versent dans les barriques. Les femmes distinguent des éclats de rire étouffés : en fonction de leur opinion sur celui qui doit finir dedans, les matelots crachent, urinent ou défèquent dans le tonneau.

Les préparatifs se poursuivent pendant quelques heures, puis on entend des piétinements sur le pont. Les officiers hurlent des ordres ; les prisonnières sont projetées contre un madrier tandis que le navire effectue un brusque quart de tour face au vent, s'immobilise, et se laisse dériver lentement, voiles pendantes. On crie alors aux femmes de monter. Il fait à présent nuit noire, et la lueur des étoiles et des lanternes jaunes sur la mer les désoriente après l'obscurité de la cale. Elles attendent en groupes, mal à l'aise, puis un gong retentit et des personnages déchaînés se jettent par-dessus la proue sur le gaillard d'avant. Neptune et ses Néréides sont arrivés : la fête peut commencer.

Les lanternes placées derrière les individus ivres et bondissants projettent des ombres fantastiques. Enveloppé dans la peau d'un marsouin, Neptune domine largement l'assistance, le museau de l'animal surmontant sa tête. Les personnages de sa suite se sont grimé le visage en rouge et portent des algues en guise de perruque. Ils se frayent un chemin dans la foule, provoquant un énorme tohu-bohu sur leur passage. Les prisonnières hurlent et se bousculent en tentant d'échapper aux coups de trident de Neptune et aux mouvements brusques de ses nymphes soûles. Quand la petite troupe arrive face aux officiers alignés sur la dunette, un acolyte tend son grand livre à Neptune. Celui-ci cabotine et, dans une parodie de ses supérieurs instruits, plisse les yeux et se lèche les doigts pour tourner les pages, consultant ses listes pour voir si l'un des officiers n'a jamais franchi la ligne. Les marins « vierges » perdent une double ration d'alcool et doivent subir des rites d'initiation.

Comme tout le monde est focalisé sur le spectacle, la confusion qui saisit quelques détenues passe inaperçue. L'une d'elles a dû tomber et recevoir un coup de pied au ventre dans le désordre qui a suivi l'apparition de Neptune. Elle n'est sans doute pas la seule, mais elle est enceinte. Tandis que Neptune réclame son rhum au capitaine, ses amies la transportent à l'infirmerie, l'installent dans un hamac ou sur une couchette, et elle se pelotonne pour lutter contre la douleur. Certaines femmes comprennent immédiatement ce qui se passe. On va quérir le chirurgien, et peut-être le futur père. Au-dessus, il y a des clameurs et une explosion de joie quand Aitken distribue ses bouteilles de *flip* — un mélange de rhum et de sucre — parce qu'il a franchi la frontière de Neptune, puis tout le monde se précipite à l'avant pour regarder le barbier à l'œuvre.

On lie les mains des marins non initiés dans leur dos et on les fait asseoir sur des planches posées en travers des tonneaux. Les Néréides leur savonnent le visage avec un mélange de goudron, de graisse, de saletés diverses et d'excréments. Le barbier de Neptune brandit le cerceau de fer qui lui sert de rasoir et se met au travail. Les victimes se débattent, perdent l'équilibre et disparaissent dans l'eau souillée. Autour d'eux, les matelots grimpent sur le bastingage et les détenues poussent pour mieux voir. Les victimes barbotent sans trouver de prise, avalant beaucoup d'eau répugnante car leurs pieds glissent sur le dépôt visqueux du fond. Finalement, on les tire de là, et dès qu'ils ont repris leur souffle on passe à la deuxième étape : on les jette par-dessus bord au bout d'une corde pour les laver dans la mer.

Si jamais Alley est descendu soigner la jeune femme, il n'aura pas pu faire grand-chose pour empêcher la fausse couche. Il a sans doute pratiqué une saignée du bras par incision ou avec des sangsues, car les médecins y ont alors systématiquement recours en cas de fièvre ou de dysfonctionnement de l'organisme. Bien entendu, cela n'a aucun effet. De toute façon, les femmes d'expérience savent probablement mieux ce qu'il faut faire dans ce genre de cas qu'un médecin de la marine. Les matrones et les mères sont prévenues ; selon toute vraisemblance, on fait appel à Elisabeth Barnsley, mère de deux ou trois enfants et sage-femme reconnue, et peut-être à Nelly Kerwin — qui a elle-même perdu un bébé à sept mois de grossesse en avril 1787 — et Susannah Hunt, institutrice de quarante ans originaire d'Ipswich. On apporte de l'eau chaude, d'autres lanternes que l'on suspend aux poutres, et l'on fait sortir les jeunes filles et les hommes. Quand il devient évident que l'on ne pourra pas sauver le bébé, la tâche principale des femmes consiste à veiller à ce que rien ne subsiste dans l'utérus. Elles ont pour cela besoin d'infusions ; à terre, elles se seraient servies d'alcali ou de camomille. À bord, elles ont recours au thé de Chine, avec sans doute quelques gouttes d'opium. Lorsque le fœtus est enfin expulsé dans la bassine tenue par les sages-femmes, celles-ci massent le ventre de la mère pour faciliter l'évacuation du placenta. Une fois l'hémorragie terminée, on lui donne du laudanum pour apaiser la douleur et la faire dormir. Au-dessus, les réjouissances se poursuivent.

Les matelots doivent à présent « confesser leurs amours » à Neptune ; le nombre est « stupéfiant », observe John Nicol. À l'évidence, tous les marins ne se sont pas limités à une seule « épouse ». Les uns après les autres, ils sont conduits devant Neptune et interrogés ; les détenues citées se cachent derrière leurs amies ou ripostent. Le rhum du capitaine circule, et l'on réclame d'autres bouteilles en braillant. Aux anecdotes salées succèdent la musique et la danse. La fête s'achève en copulation exténuée au milieu des bouteilles vides. Les officiers obligent les matelots à se relever à coups d'ordres et de bottes, les drisses grincent, et le bâtiment vire au sud. L'équipage n'a pas encore dessoûlé et les initiés ôtent encore le goudron de leurs cheveux quand le bateau pénètre dans la zone des calmes.

Sur plus de cent cinquante kilomètres de chaque côté de l'équateur, les vents tombent et les courants s'annulent, aussi arrive-t-il fréquemment que les navires à la voile restent encalminés. Les chanceux parcourent ces trois cents kilomètres en trois jours avec les alizés dans le dos, alors que les autres peuvent mettre des semaines.

Après les réjouissances, les matelots du *Lady Julian* découvrent que les crêtes blanches de la veille ont fait place à une mer parfaitement étale et que les vents frais qui le poussaient depuis le Cap-Vert sont tombés. Les voiles pendent comme des sacs vides, le vaisseau tangue et roule sur place, au grand dam de ses passagères : un bateau qui n'avance pas est un animal sans grâce, et ses tressaillements sous les gifles des courants contraires provoquent davantage de nausées que les plongeons réguliers d'un navire à pleine allure. S'il veut retrouver les jours tranquilles sous les alizés, l'équipage doit sortir le navire de là.

Les hommes — et les officiers qui dirigent les opérations — ont beaucoup plus de travail avec les voiles par vent faible. Pour traverser la zone des calmes, ils doivent sans arrêt changer leur orientation afin de profiter de la moindre brise légère, aucune ne soufflant dans la même direction que la précédente. Les hommes aux écoutes rendent leur quart fatigués et démoralisés par les indications du journal de bord : un mille marin par heure, parfois moins. Le lieutenant Clark, qui a souffert au même endroit deux ans plus tôt, avait noté avec irritation un soir qu'ils étaient « revenus dix milles en arrière depuis la veille ».

Les détenues souffrent également : la chaleur est intense, et l'humidité insupportable. Des années plus tôt, sir Joseph Banks s'est trouvé dans la même situation : « L'humidité augmentait à mesure que nous approchions des calmes. Le corps le ressentait, ô combien, mais l'effet était plus remarquable encore sur toutes sortes d'objets : ce qui était en fer rouillait tellement vite que les couteaux dans les poches devenaient inutiles et que les rasoirs restaient coincés dans leur étui. Tous les cuirs moisissaient. Malles et portefeuilles recouverts de cuir noir étaient presque blancs. [...] La moisissure adhérait à tout, ou presque. »

Que ce soit la nuit dans la cale bondée ou le jour sous les tauds, le moindre mouvement provoque une transpiration débilitante. Les femmes commencent à se déshydrater juste au moment où l'eau est rationnée. Dans la première flotte, la ration avait été réduite à trois pintes par jour et par personne, ce qui d'après le chirurgien était « une quantité à peine suffisante pour compenser cette perte de vivacité que le corps connaît nécessairement dans la zone intertropicale du fait d'une transpiration forte et constante et d'un régime à base d'aliments salés». Les prisonnières du *Lady Julian* n'atteindront cependant pas les dangereux niveaux de déshydratation dont ont souffert ou souffriront ceux qui se trouvent à bord de transporteurs mal administrés. En 1798, des convicts seront enfermés jusqu'à vingt-trois heures par jour dans la cale; la corruption et l'intimidation seront telles que les forçats chargés de la distribution d'eau constitueront des réserves pour la vendre. L'eau en barrique atteindra deux shillings la pinte, et celle des averses tropicales qui s'infiltre par les écoutilles neuf pence le quart. À bord du *Lady Julian*, les détenues sont autorisées à monter sur le pont durant la journée, et elles disposent d'un agent et d'un chirurgien consciencieux et soucieux d'éviter les abus.

Le navire est rattrapé par la puanteur qui l'assaillait au port. Comme il n'avance plus, une mare d'effluent provenant des latrines et de la coquerie s'étend autour de lui; une flore importante s'y développe, longue traîne verte qui retient les eaux usées et les restes de nourriture. Les hommes mettent les canots à la mer pour racler ce qu'ils peuvent, une partie demeurant inaccessible. Les violentes averses tropicales nettoient le pont, mais le soulagement qu'elles procurent s'évapore en quelques minutes.

Diverses positions s'affrontent quant à la façon de faire avancer un navire encalminé. Certains marins pensent que si l'on arrose les voiles pour alourdir la toile elles offriront une meilleure prise au vent, d'autres soutiennent qu'il est plus efficace d'enfoncer une cale au pied des mâts pour les empêcher de bouger dans leur emplanture. Mais la seule méthode qui a fait ses preuves est de remorquer le bâtiment, loin de son cloaque et des eaux immobiles. Ainsi, quart après quart, on met les canots à la mer pour tirer le bateau. Non seulement le travail est épuisant, mais tout repos est impossible, même la nuit. C'est d'ailleurs dans la zone des calmes que le chirurgien diagnostique son premier cas de scorbut et que le *Lady Julian* subit sa première grosse avarie.

Alley étant dans la marine depuis 1783, il sait quels maux frappent particulièrement les marins : scorbut, vérole et rhumatismes. Il connaît également les affections moins graves mais tout aussi courantes, comme la nausée et la constipation déclenchées par un régime salé et carencé en légumes verts.

Sur un transporteur, le chirurgien se doit de visiter les convicts quand ils sont malades, d'assurer une bonne hygiène dans leurs quartiers, et de surveiller leur exercice et leur régime. Jusque-là, Alley n'a eu qu'un travail de routine peu contraignant : soigner des blessures sans gravité, essayer de soulager le mal de mer, vérifier l'absence de la syphilis et du typhus, qui nécessite une mise en quarantaine… À partir de la mi-octobre, il va être très occupé.

Selon William Bligh, « il est impensable qu'un navire soit frappé par le scorbut, pour peu qu'il dispose de malt, choucroute et soupe portable ». Que le scorbut puisse frapper celles dont il a la charge embarrasse Edgar, l'ancien élève du capitaine Cook. Au cours des trois voyages de celui-ci, le capitaine et ses chirurgiens ont eu pour mission de mettre à l'épreuve les théories concernant la prévention et le traitement du scorbut en jouant sur le régime alimentaire et d'autres facteurs. Pendant le premier et le deuxième voyage, qui ont duré chacun trois ans, ses succès en la matière ont été étonnants : pas un seul de ses hommes n'est mort de cette maladie. Cependant, compte tenu de la variété des légumes, des extraits et des aliments séchés qui ont été essayés, il leur a été impossible de tirer des conclusions définitives sur ce qui tenait le scorbut en échec. Cette liste incluait la choucroute, la moutarde, le vinaigre, l'extrait de malt, le concentré de jus d'orange ou de citron, la « soupe portable », le sucre, la mélasse, la marmelade de carottes et l'eau de Seltz. Cook exigeait que chacun prenne de tout, que cela plût ou non — et cela plaisait rarement —, et que ce régime soit diversifié au maximum avec les fruits frais et les légumes verts achetés lors des escales. Le capitaine savait que quelque part dans ce cocktail résidait le secret de la bonne santé d'un équipage ; pourtant il était convaincu que l'alimentation n'était pas l'essentiel dans la lutte contre le scorbut. Selon lui, c'était des conditions de vie que dépendait la santé d'un navire. Il en concluait qu'« avec beaucoup d'eau douce et une attention particulière à la propreté, un équipage sera rarement sujet au scorbut, même si les antiscorbutiques mentionnés plus haut ne lui sont pas fournis ». L'organisation en trois quarts au lieu de deux était capitale à ses yeux, de même que la purification de l'air entre les ponts. Ainsi, pour Cook, il était plus important de garder les hommes propres, secs et dans un air agréablement parfumé que de leur faire boire du jus de citron.

Le lieutenant Edgar a certainement adopté une bonne partie des méthodes du vénéré capitaine, tout comme l'a fait le capitaine Bligh (avec les conséquences désastreuses que l'on sait). En revanche, on ignore l'opinion d'Alley sur ce sujet ; rien ne permet d'affirmer qu'elle correspond à celle d'Edgar, car de nombreuses théories circulent dans les années 1770 et 1780. Par conséquent, on a probablement essayé différents remèdes sur les femmes du *Lady Julian*, dans l'espoir que l'un d'eux serait efficace.

Les deux médecins les plus célèbres pour leurs écrits sur le scorbut, les docteurs Mead et Lind, estiment alors que la maladie est causée par une matière immonde emprisonnée sous la peau, qui ressort sous forme de pustules noires déformant le corps des malades. Cette matière devrait, selon eux, être rejetée dans les selles ou la sueur, mais ces mécanismes d'élimination naturelle étant bloqués par un climat humide, l'inactivité ou une humeur morose, il faut les déclencher artificiellement. On peut diminuer la rétention par des saignées, par la consommation d'oignons crus destinée à provoquer la sudation, par des purges avec des laxatifs à base d'eau salée ou des cures de fruits, dont l'acidité, d'après le docteur

Lind, aiderait à dissoudre la matière prisonnière. Certains médecins pensent que d'autres acides, dont l'« huile de vitriol » (acide sulfurique dilué) et l'acide chlorhydrique ajouté au purgatif d'eau de mer, sont des laxatifs efficaces.

L'amirauté a fourni du chou conservé dans de la saumure. On le fait mariner dans du vinaigre avant de le servir en choucroute. Ce plat n'a rien d'attrayant, et le cuisinier a découvert que les matelots refusaient d'en manger tant qu'il ne l'avait pas assaisonné et présenté aux officiers avec ordre d'exprimer leur ravissement. Il note avec ironie : « Dès qu'ils voient leurs officiers en faire grand cas, cela devient le meilleur plat du monde. » On boit également de la « soupe portable » fabriquée près des abattoirs de Deptford à partir d'abats bouillis auxquels on ajoute sel et légumes avant de faire réduire le tout en tablettes destinées au stockage sur les bateaux. La soupe se présente généralement sous forme de minestrone grossier auquel on ajoute des pois secs ou des légumes frais (s'il y en a) que l'on y fait bouillir. On sert quotidiennement aux malades jusqu'à quatre pintes de *sweet-wort* — « incontestablement le meilleur antiscorbutique marin découvert à ce jour » — quand les réserves en eau douce le permettent : après avoir versé de l'eau bouillante sur de l'orge en poudre, on laisse infuser quatre ou cinq heures dans les grandes cuves de la coquerie avant de passer la mixture pour la débarrasser des pellicules. En outre, on distribue probablement du sirop de citron ou d'orange, du vin et du vinaigre — en raison des propriétés antiscorbutiques qu'on leur attribue — avant chaque déjeuner.

Malgré tous les remèdes administrés aux patients tandis que le *Lady Julian* progresse péniblement dans la zone des calmes, le scorbut se répand parmi les prisonnières et les membres d'équipage. Les légumes du Cap-Vert commencent à manquer, et le bâtiment macère toujours dans les eaux usées. Les uns après les autres, les organismes succombent à une carence en vitamine C :

« La moindre éruption sur la chair devenait plus large que la main en un jour ou deux et ne tardait pas à se frayer un chemin jusqu'à l'os. » Des femmes effrayées voient leur corps se couvrir d'horribles taches. Elles ont des poussées de boutons autour de la bouche, leurs dents se déchaussent et leurs gencives sont envahies par les champignons.

La nuit, il fait tellement chaud qu'il est impossible de dormir. À la cale, les joints fondent au-dessus des couchettes et le goudron brûle le visage et les avant-bras des détenues. Même sur le pont, la chaleur est pénible. La poix bouillonne entre les planches. Les officiers portent des bottes, et les pieds des matelots résistent à tout, mais les détenues enveloppent les leurs dans des morceaux de toile goudronnée pour les protéger. Malgré leur peau tannée, les loups de mer sont obligés de porter une chemise lorsque leur travail les expose au soleil de ces latitudes. Les convicts perdent l'appétit, et le pont est jonché de femmes défaillantes.

En cette saison, des averses accompagnées de violents orages s'abattent sans cesse sur l'équateur. À l'instar de la flotte d'Arthur Phillip, le *Lady Julian* aurait dû quitter l'Angleterre en mai, mais son départ ayant été retardé pour permettre la formation d'un convoi qui n'a finalement pu le rejoindre, il en paye déjà les conséquences. Tandis que le chirurgien s'active à l'infirmerie, le charpentier, son aide et tous ceux qui savent manier les outils sont occupés à aveugler les voies d'eau causées par les calmes, les pluies et les déprédations de la faune et de la flore marines qui se nourrissent de sa coque.

Bien des réparations courantes sont possibles quand un bateau est sous voiles, mais une voie d'eau située très en dessous de la ligne de flottaison est inaccessible. Sous le pont, les hommes pompent tant qu'ils peuvent malgré la température. On remet les canots à la mer afin de débarrasser la coque des plantes et des animaux et de découvrir les avaries qui se trouvent au-dessus de la ligne de flottaison. On allume des feux sur le pont alors que la chaleur y est déjà insupportable, on fait bouillir des chaudrons de poix, et les hommes calfatent les voies d'eau qu'ils parviennent à atteindre. Sous la ligne de flottaison, les plus importantes sont colmatées avec une vieille voile couverte d'étoupe et d'excréments qui crée une seconde peau imperméable sur le bois.

En octobre, soixante femmes sont malades, la coquerie n'a presque plus d'eau douce ni de légumes frais, et le navire fait eau ; bien qu'il y ait des exemples de vaisseaux ainsi réparés ayant parcouru des milliers de kilomètres jusqu'à un port où l'on pouvait enfin les échouer, aucun capitaine ne s'y résoudrait inutilement. Quand les vents reprennent au sud de la zone des calmes, plus de trois mille kilomètres séparent le *Lady Julian* du Cap, soit trois bonnes semaines de navigation dans une chaleur étouffante. Edgar, Alley, Aitken et son second tiennent des réunions de crise dans la salle des cartes. Non seulement la distance jusqu'au Cap risque d'être fatale à certaines patientes, mais les autorités hollandaises pourront refuser leur entrée dans le port si elles soupçonnent une maladie à bord. La destination qui s'impose donc est la ville tentaculaire et décadente de Rio de Janeiro, où la première flotte a mouillé deux ans plus tôt. Au lieu de retraverser l'océan jusqu'à la pointe sud de l'Afrique, ils longeront la côte brésilienne, feront escale dans le port portugais pour récupérer, et effectueront leur traversée dès que le nombre de malades aura baissé et que la coque sera réparée. Ainsi, Aitken est obligé de modifier son itinéraire initial.

À bord, tous doivent apprendre avec soulagement que le navire fera relâche plus tôt que prévu. À la mi-octobre, les vents fraîchissent et le *Lady Julian* prend de la vitesse. Sa progression est régulière et sans à-coups. Deux ou trois jours plus tard, la vigie repère la masse blanche et confuse de Recife qui s'étend sur une colline ; les gabiers amènent les voiles pour que le navire s'éloigne doucement de la côte grâce aux courants qui l'entraînent de nouveau dans l'Atlantique. Avec des vents favorables par le travers, ils doivent pouvoir atteindre le tropique du Capricorne en dix jours avant de mettre le cap sur São Sebastião, le port de Rio de Janeiro. Les dix jours leur paraissent longs. Le temps lourd, la chaleur étouffante de l'équateur sont progressivement remplacés par des brises plus fraîches. Grâce à un vent constant du sud-est, l'équipage n'a plus à passer des heures épuisantes dans la mâture.

Les femmes sur le point d'accoucher vivent ces semaines dans l'inquiétude. Âgées de quatorze à dix-neuf ans, toutes vont être mères pour la première fois. Non seulement elles redoutent la terrible épreuve de l'accouchement, mais elles ignorent dans quelles conditions il aura lieu. Du continent près duquel va naître leur bébé, elles ne connaissent que le nom.

Enceinte de sept mois et demi, Sarah Whitelam a toutes les peines du monde à quitter la couchette de John Nicol pour monter s'asseoir sous un taud du pont. Étrangement, le steward n'évoque pas une seule fois cette grossesse. Sa réserve peut s'expliquer : sa propre mère est morte en mettant un garçon au monde alors qu'il était enfant. Mourir en couches est courant à l'époque, mais les circonstances dans lesquelles il a perdu sa mère ont sans doute marqué John. Lorsqu'il devient évident que Sarah devra accoucher à bord ou, au mieux, dans un port étranger, que pense-t-il de ses chances de survie ou de sa responsabilité à lui ? Mary Rose, qui a refusé tout commerce avec les matelots, veille sur son amie du matin au soir.

Les devoirs de Nicol l'occupent une bonne partie de la journée, mais comme il ne fait pas partie des hommes de quart il est libre de passer ses soirées et ses nuits avec Sarah, sauf nécessités du service auprès d'un officier. De tous les amants à bord, il est le plus fidèle et le plus divertissant — un rude Othello pour sa Desdémone provisoire. La jeune femme n'a guère côtoyé d'étrangers : au Lincolnshire, les domestiques noirs et les matelots indiens n'étaient pas légion. Avant d'être enchaînée à l'attelage qui l'a conduite au sud de Londres, elle n'avait sans doute jamais quitté l'Angleterre, ni même son comté natal. C'est donc John Nicol qui lui ouvre les yeux sur le monde et lui apprend d'où viennent le thé qu'elle servait à sa maîtresse au salon, le tabac que fumait son maître après dîner, et la chemise de coton qu'elle porte sous sa robe de serge marron.

C'est toujours John qui explique à Sarah, Mary Rose et leurs amies réunies sous les tauds à l'abri du soleil pourquoi les colons américains se sont révoltés et ce qui s'est passé au Nouveau Monde pendant la guerre. Il leur parle des grands lacs qui séparent les Américains rebelles des fidèles Canadiens, et des fleuves immenses que remontent les trappeurs pour disparaître pendant les longs mois d'hiver. Il raconte son combat contre des corsaires américains dans les Caraïbes et la fierté d'avoir vaincu un vaisseau américain au large de Saint Kitts puis de l'avoir ramené au port. Il évoque les souffrances des esclaves et se souvient que les marins britanniques intervenaient aux Indes occidentales (les Antilles) pour leur épargner des châtiments brutaux ; à Tahiti, les insulaires agissaient de même avec les matelots déserteurs. Il décrit l'horreur d'être pris dans les glaces à Terre-Neuve et encerclé par des Indiens hostiles. Il affirme avoir mangé de la tortue au large du cap Horn, des serpents au Canada français, des noix de coco à la Grenade, et souligne l'indiscutable supériorité des marins anglais. Ce que ni lui ni aucun homme à bord ne peut raconter aux femmes, c'est ce qui les attend en Nouvelle-Galles du Sud, car ils n'y sont jamais allés.

Dans l'intimité de son carré, Nicol relate peut-être son enfance écossaise à Sarah, la mort de sa mère, la solitude de son père qui a élevé seul ses cinq fils, la mort de deux de ses frères encore enfants, et la disparition des deux autres : le plus jeune — dont il est sans nouvelles — en Amérique, et l'aîné, qui était lieutenant et qui est mort en combattant les Français aux Indes occidentales. Il lui confie sans doute ses projets de se fixer qui ont failli aboutir juste avant qu'il ne reprenne la mer pour découvrir la Nouvelle-Galles. Il lui promet de ne pas l'abandonner : dès qu'elle aura accompli sa peine, il reviendra, l'épousera et la ramènera en Écosse.

Dans ses Mémoires, John Nicol affirme que s'il y avait eu un ecclésiastique à bord il aurait épousé Sarah. Compte tenu de la suite de son histoire, la sincérité de son amour pour la jeune femme n'est pas en cause. On ne comprend donc pas pourquoi il n'a pas demandé au capitaine de procéder à leur union. Peut-être l'a-t-il sollicité et s'est-il heurté à un refus. Aitken a en effet de bonnes raisons de rejeter ce type de requête. Tout d'abord, il a besoin de son steward et tonnelier pour le retour. Or si Nicol demeure en Nouvelle-Galles avec sa jeune épouse, qui le remplacera ? Ce n'est pas à Sydney Cove que le capitaine trouvera à embaucher. Par ailleurs, les implications légales d'une telle union lui échappent sans doute. Est-il permis à un homme d'épouser une prisonnière de la Couronne ? Aitken ne peut pas plus la confier à un mari qu'il ne peut vendre les réserves du navire au premier négociant venu.

Le mariage est impossible, mais cela n'empêche pas les relations sexuelles. La grossesse est le résultat logique du concubinage autorisé, voire encouragé par l'agent et le chirurgien du *Lady Julian* (qui l'a lui-même pratiqué). Au début du XIXe siècle, des commissions nommées pour enquêter sur les allégations de mauvais traitements au cours des traversées pour la Nouvelle-Galles apprendront de la bouche de chaque officier interrogé que le fait de prendre une « épouse » à bord des navires ou à l'arrivée est une pratique courante, existant depuis des décennies, quelle que soit la destination. Un fossé va se creuser entre les hommes pragmatiques comme le gouverneur Phillip et le lieutenant Edgar — le premier a proposé de créer un ghetto de prostituées à Sydney Cove, le second a toléré le concubinage à bord — et les réformateurs, qui se plaignent de la souillure morale. Pour ceux qui organisent les convois et les chaînes de forçats, si tant est qu'ils croient à cette notion de souillure, c'est le prix à payer pour le maintien de l'ordre. Ils considèrent que les bonnes âmes des comtés anglais ne comprennent pas la situation sur le terrain.

De nos jours, on pencherait sans doute du côté de ces derniers, non pour des questions de mœurs, mais à cause de l'avilissement que ce système a imposé à beaucoup de femmes.

Moins de dix ans après le *Lady Julian*, un autre navire transportant des criminelles quittera Londres à destination de l'Australie, mais il ne dépassera jamais la côte sud-américaine. Dès qu'il entrera dans les eaux que traverse paisiblement le *Lady Julian*, l'équipage du *Lady Shore* se mutinera et jettera ses officiers dans une petite embarcation. Les hommes feront ensuite route vers Montevideo, où leur plan se retournera contre eux : ils ne découvriront qu'ils sont en guerre avec l'Espagne que lorsque les Espagnols captureront leur bateau et distribueront les femmes convicts aux dames de la ville pour qu'elles leur servent de domestiques. Si les tentatives de mutinerie ne sont pas rares, les motifs varient : désir de s'emparer de la cargaison, rations alimentaires insuffisantes, discipline excessive, ou encore volonté de se rendre au Nouveau Monde, où l'on s'imagine que le miel coule à flots et que tous les hommes sont riches.

À bord du *Lady Julian*, une détenue a déjà vécu une mutinerie. Mary Kimes, alias Potten, est âgée de vingt-neuf ans. Son premier forfait connu remonte à 1783, année où elle a commis à Bristol un crime qui lui a valu une condamnation à sept ans de transportation en Amérique. En mars 1784, on la fait monter dans un chariot cellulaire pour l'emmener à Portsmouth, et elle embarque sur le *Mercury* à destination des plantations avec deux cents autres condamnés. Le navire n'est qu'à une journée de Portsmouth quand les convicts et une partie de l'équipage se mutinent, prennent le contrôle du bâtiment et vont mouiller à Torbay ; la plupart prennent la fuite. Mary Kimes disparaît dans les bas-fonds de Bristol jusqu'au mois de juin de la même année, où elle est découverte et arrêtée par des agents. Deux années s'écoulent avant que le gouvernement décide de la gracier. Fin 1786, comme elle s'est « tournée vers une vie industrieuse et honnête », les autorités de Bristol la remettent en liberté dans sa paroisse d'origine, à Londres. Son accès d'honnêteté ou de prospérité ne dure pas. En 1787, elle vole plus de vingt-cinq mètres de lin valant trente shillings à James Gibson, drapier de West Street, dans Saint Giles. Le procès est expéditif, et cette fois elle est condamnée à mort. Elle fait partie des vingt-deux femmes graciées sous condition à l'occasion de la guérison de George III au printemps 1789. Six ans après la mutinerie qui lui a épargné les plantations américaines, elle est en route pour Sydney Cove.

En 1792, un autre transporteur connaîtra une tentative de mutinerie à Santa Cruz de Tenerife. Dans la cale, on prévoit de prendre d'assaut la dunette, de s'emparer des armes et de mettre le cap sur l'Amérique où, promettent les meneurs aux autres convicts, « le Congrès donnera une terre à chacun ». Cet argument ne convainc guère, et quand les chefs s'élancent vers l'armurerie peu les suivent. Les « Américains » seront sommairement pendus à la grand-vergue. Il n'y a cependant pas que sur les transporteurs que les marins peuvent causer des ennuis : au moment où le *Lady Julian* s'approche de Rio de Janeiro, le capitaine Bligh se rétablit lentement à Batavia après avoir passé quarante et un jours dans un canot à la suite de la mutinerie du *Bounty*.

Si l'on favorise les relations entre hommes et femmes ainsi qu'entre officiers et membres de l'équipage, c'est donc d'abord par prudence. Mais d'autres rapports, nombreux et complexes, se sont par ailleurs établis à bord du *Lady Julian*. Il y a des systèmes de clientèle gérés par les matrones et les chefs de bande de la cale, qui transmettent demandes et doléances aux officiers et disposent d'un certain pouvoir pour accorder ou refuser des faveurs. Il existe également de simples amitiés nouées dans les rues et les prisons d'Angleterre ou sur le bateau, sans compter les liens qui se tissent entre générations : on trouve sur le *Lady Julian* des détenues âgées de onze à soixante-huit ans. Bien qu'une poignée aient été autorisées à emmener leur bébé avec elles, beaucoup ont dû abandonner leurs enfants. Elizabeth Barnsley en a laissé au moins deux, tout comme Nelly Kerwin, et Catherine Wilmot, quatre. Il paraît donc naturel qu'elles prennent les toutes jeunes filles sous leur aile. En raison de leur forfait, on oublie un peu vite le jeune âge de certaines criminelles : Poll Randall et Mary Butler, treize ans, ont commis une agression, Mary Bateman et Jane Forbes se sont prostituées ; quant à Mary Wade, onze ans, et son amie Jane Whiting, quatorze ans, elles ont failli se rendre coupables d'homicide involontaire. Néanmoins, si elles sont suffisamment âgées pour commettre des crimes, elles sont également assez jeunes pour avoir besoin de mères et de grand-mères de substitution.

Il n'y a d'ailleurs pas que sur le faux-pont que les mères éplorées et les enfants esseulées tissent des liens ; des marins sont eux aussi assez jeunes pour être les fils de certaines prisonnières. Les aspirants sont souvent envoyés en mer à l'âge de douze ou treize ans, la plupart du temps sur des vaisseaux commandés par des proches. Le lieutenant Riou, commandant du *Guardian*, est entré dans la marine à douze ans. Pendant les premières années d'un aspirant, le navire s'apparente à l'école, les officiers et l'équipage à la famille. Quant aux mousses, ils sont à peu près du même âge. Si virile que soit l'attitude qu'affiche un aspirant ou un mousse sur le pont, sa mère et ses sœurs manquent à un jeune garçon ayant quitté son foyer pour la première fois. Des relations mère-fils ou frère-sœur font sûrement partie du curieux mélange qui fermente sur le *Lady Julian* où officiers, équipage et détenues vivent en vase clos pendant des mois.

CHAPITRE XI

La naissance de John Nicol Junior

Le *Guardian* n'est qu'à quelques jours au nord du *Lady Julian* au moment où celui-ci est encalminé, et il se retrouve dans son sillage en direction de Recife. Mais, tandis que le transporteur poursuit sa route au sud, le *Guardian* vire de nouveau dans l'Atlantique et se rend directement au Cap. Il n'y a pas de scorbut à bord du bâtiment de guerre, qui ne transporte que vingt-cinq convicts et avance rapidement vers Sydney Cove. Le 24 novembre, quand il arrive dans Table Bay, au Cap, il s'attend à y trouver le *Lady Julian.* Faute de traces ou de nouvelles, « j'en conclus qu'il est allé à Rio », écrit le lieutenant Riou dans une lettre à sir Joseph Banks.

Bien plus inquiétantes que cette absence sont les informations que lui transmettent les autorités coloniales néerlandaises à propos de Sydney Cove. En novembre 1787, la flotte du commodore Phillip a quitté Le Cap à destination de la Nouvelle-Galles du Sud. Début 1789, son vaisseau amiral, le *Sirius,* est revenu au port hollandais acheter des vivres. La colonie affamée connaît en effet de grosses difficultés : les colons ont presque épuisé les réserves d'aliments secs fournies par l'amirauté, et leurs essais de cultures se sont souvent soldés par un échec. Le capitaine John Hunter a rempli les cales du *Sirius* aux frais de l'amirauté avant de repartir dans l'océan Austral pour secourir au plus vite le camp et la garnison. Apprenant cela, Riou décide d'appareiller dès que possible. Le *Guardian* ne reste donc que deux semaines et demie au Cap, le temps nécessaire à l'embarquement d'animaux pour la colonie, et fait voile le 11 décembre 1789.

Cinq jours après son départ, un brick hollandais arrive de Batavia avec un illustre passager britannique à son bord : William Bligh. En mai 1788, le capitaine Bligh — alors maître fier et incontesté du *Bounty*, chargé d'une mission prestigieuse — avait fait relâche au Cap. Il avait envisagé de s'arrêter chez « nos amis de Botany Bay » sur la route de l'Océanie, mais n'avait pas mis ce projet à exécution et s'était rendu directement à Tahiti avec un navire plein de joyeux marins impatients de connaître l'amour sous les palmiers. Ce qui est arrivé à bord du *Bounty*, puis dans l'embarcation où il a passé quarante et un jours en mer avec un groupe d'hommes restés fidèles, est une autre histoire. Il repartira en Angleterre en janvier 1790 et ne croisera donc ni Riou ni Edgar.

Novembre et décembre 1789 sont des mois qui vont compter pour l'avenir de Sydney Cove. Sur la Tamise, les trois navires qui auraient dû accompagner le *Lady Julian* sont enfin prêts à partir : ils transportent neuf cent vingt-huit convicts hommes et soixante-dix-huit femmes. Remise du typhus, Ann Wheeler, l'ancienne complice d'Elizabeth Barnsley, monte à bord du *Neptune* le 10 novembre. Sur ce bateau, l'alter ego du bon lieutenant Edgar est John Shapcote, un agent totalement corrompu. Quelques semaines plus tard, les pontons de Portsmouth déversent plus de cent forçats, dont Thomas, le mari d'Elizabeth Barnsley : lui aussi se retrouve à bord du *Neptune*, tandis que l'époux de Sarah Gregory est embarqué sur le *Surprize* avec Thomas Higgins, William Pimlott et James Saney. Ces hommes subiront de terribles épreuves à bord des « bateaux cercueils », comme on les surnommera, et leur traversée sera la pire de toute l'histoire de la transportation en Nouvelle-Galles du Sud.

Fin novembre, les liaisons entre la Grande-Bretagne et l'Australie couvrent le globe. Le *Neptune*, le *Scarborough* et le *Surprize* font route au sud vers les Canaries, et le *Guardian* est à l'ancre au Cap pendant que les colons de Sydney Cove, Rose Hill et l'île de Norfolk ensemencent la terre pour la deuxième fois. Le *Lady Julian*, lui, a enfin gagné le port de Rio de Janeiro le 1er novembre.

De toutes ses possessions outre-mer, le Brésil — avec Rio, sa capitale — est le joyau de la Couronne portugaise. Les navigateurs portugais ont été les premiers explorateurs européens à ouvrir les routes commerciales vers l'Afrique, l'Amérique du Sud et les Indes occidentales (les Antilles), mais leur âge d'or est terminé et leur influence a reculé au profit de nouvelles puissances impériales. L'Espagne leur a succédé, puis les Pays-Bas ; enfin, la Grande-Bretagne et la France les ont évincés de colonies implantées sur trois continents. Au Brésil, cependant, ils se sont vaillamment accrochés, et en 1789 Rio paye toujours son tribut à ses maîtres de Lisbonne. La vigie repère Cabo Frio le 31 octobre, et le *Lady Julian* vire ouest quart nord-ouest le long de la côte brésilienne. Le lendemain, à la nuit tombante, le Pain de Sucre qui surplombe Rio à l'est du port de São Sebastião est en vue. Le bâtiment jette l'ancre à trois kilomètres de la ville, et le 2 novembre il se présente à l'entrée fortifiée du port et attend l'arrivée des bateaux de surveillance. Les tortues se pressent autour de sa coque. Les représentants de Son Excellence le vice-roi des Brésils (le fils du roi du Portugal), qui viennent assez vite s'enquérir du motif de leur présence, sont transportés sur des chaloupes dont les rames sont tenues par des esclaves. Ils ont été précédés par de petits garçons qui se sont précipités dans leur embarcation de fortune et ont fait la course depuis le rivage dès qu'ils ont aperçu une voile. Les jeunes rameurs ont déjà escaladé le flanc du bâtiment ; les grands sont debout dans leur bateau, à couper des fruits en tranches à la machette, les moyens sont en équilibre sur le bord et font passer les marchandises, et les petits, accrochés au bastingage et aux haubans, brandissent des ananas, des régimes de bananes, des oranges, des citrons jaunes et verts, et se bousculent en criant dans un portugais strident. Le *Lady Julian* va leur réserver un bon accueil.

Les femmes sont non seulement surprises par la profusion de fruits tropicaux sortant de ces petites embarcations, mais par les enfants eux-mêmes : jamais elles n'ont vu une telle diversité de couleurs et de traits en Angleterre. Les marins, eux, connaissent déjà et ont peut-être même engendré des métis au cours de leurs voyages. À Rio, le joyeux mélange est la règle depuis des générations ; il est accepté à tous les niveaux de la société et par l'Église catholique. C'est une ville à part. En effet, si dans la plupart des colonies les Européens ont commencé par s'unir aux femmes du pays, les colons soucieux de respectabilité ont fini par leur préférer des Européennes, et les relations entre les races se sont durcies, virant au sectarisme. Ce changement d'attitude ne s'est pas produit — sauf peut-être au sommet de la hiérarchie sociale — à Rio de Janeiro, et la population y est donc formidablement métissée. Parmi les petits garçons qui pleuvent sur le pont avec leurs citrons, on trouve toute la gamme des couleurs, du noir d'ébène au teint pâle et cireux, et toutes les variétés de nez, d'yeux et de cheveux. Les enfants de convicts en tenue de serge déchirée et les mousses vêtus de drap en loques dévisagent des gamins agiles qui se contentent de ceindre leurs reins de bandes de coton.

Pendant ce temps, le capitaine Aitken et le lieutenant Edgar se rendent à terre, transpirant dans les culottes étroites et les redingotes qu'exige la dignité des officiers représentant George III à l'étranger. L'accueil est très solennel. Les formalités peuvent prendre jusqu'à deux jours et plus, mais les marins britanniques sont les bienvenus à Rio de Janeiro, surtout s'ils s'apprêtent à rejoindre le commodore Phillip à Sydney Cove. Arthur Phillip a en effet servi dans la marine royale portugaise pendant la courte période où l'Angleterre était en paix et les commandements rares, et il est estimé des autorités portugaises. Lorsque la première flotte a passé quinze jours à Rio deux ans plus tôt, ses officiers supérieurs et lui se sont vu proposer toutes sortes d'aides et de faveurs, aussi la cour du vice-roi est-elle impatiente de savoir si son expédition en Nouvelle-Galles du Sud a été couronnée de succès. Bien que le nom d'Aitken ne suscite pas le même respect, le capitaine du *Lady Julian* est assuré de disposer de toute l'assistance nécessaire. Heureusement, car il a soixante malades à soigner et au moins six femmes sur le point d'accoucher.

À marée montante, le navire se prépare à pénétrer dans l'arrière-port de São Sebastião. De nouveau, les détenues regagnent leurs quartiers pour ne pas gêner la manœuvre ; de nouveau, une salve de onze coups de canon fait pleurer les bébés et trembler la membrure. Le bâtiment jette l'ancre côté Ilha das Cobras ou en face de la confrérie bénédictine. En remontant sur le pont, les prisonnières découvrent à quoi ressemble une capitale de colonie portugaise. Elles ont sous les yeux un estuaire parsemé de petites îles luxuriantes, un port fortifié, des chaloupes de surveillance qui longent les navires au rythme des rames des esclaves noirs, et une ville chaude et étincelante qui s'étend sur la colline devant elles, « entourée de montagnes élevées, à la forme la plus romantique qui puisse se présenter à l'imagination ». Elles avaient cru que Santa Cruz était le comble du catholicisme voyant, or en ce domaine elle n'arrive pas à la cheville de Rio. Il y a des églises partout, et des cérémonies en l'honneur d'un saint presque tous les soirs. Le port semble constamment envahi du reflet des cierges et du tintement exaspérant des cloches des couvents. Ce spectacle exotique va leur devenir familier, car le *Lady Julian* demeurera sept semaines à l'ancre.

D'après une longue description de Rio dans le journal

du médecin général White, parti avec la première flotte, la ville ressemble énormément à cette autre capitale de colonie portugaise, Panjim (Panaji) à Goa, qui a beaucoup moins changé en deux siècles que Rio. Une grande avenue part du palais du vice-roi et traverse la ville jusqu'au Mosteiro de São Bento, le grand monastère bénédictin. C'est également la principale artère commerçante. Très fréquentée, elle est encombrée de chaises à porteurs, de cabriolets tirés par des mules « plus résistantes et au pied plus sûr que les chevaux, et par conséquent mieux armées pour gravir leurs pentes escarpées et leurs montagnes » ; on y croise la garde à cheval, et des esclaves qui font les courses d'un pas alerte. Les rues adjacentes sont juste assez larges pour permettre à deux attelages de se croiser, et les trottoirs qui les encadrent si étroits que les piétons doivent marcher à la file. Au rez-de-chaussée se trouvent les boutiques ; les étages supérieurs, aux balcons treillissés, sont des logements d'habitation. Derrière cet entrecroisement, des silhouettes féminines observent l'activité du dehors. Chaque rue est sous la protection d'une Vierge installée dans une niche. Les églises sont omniprésentes : en construction, en restauration ou prête à s'effondrer, chacune possède sa congrégation, son saint patron, et revendique ses miracles. Située sur l'actuelle place du Quinze-Novembre, la cathédrale de São Sebastião est à moitié terminée (elle n'est d'ailleurs pas tout à fait achevée à ce jour) ; sur sa façade, une représentation frappante du saint patron de la ville. Plus haut, il y a Santa Cruz dos Militares, l'Igreja da Ordem Terceira do Monte do Carma (dont la construction commence tout juste), l'Igreja da Nossa Senhora de Candelaria, et enfin le monastère des Bénédictins. Ceux qui se promènent dans les rues à la tombée du jour se retrouvent fréquemment au milieu d'une procession — conduite par un moine mendiant, lanterne à la main — destinée à réunir des fonds pour le toit d'une église.

Plusieurs officiers qui n'ont pu se rendre à terre à Santa Cruz quittent le bateau pour prendre un logement en ville. Une fois accomplies les tâches habituelles de ravitaillement en eau et de mise en ordre, des groupes de matelots sont également autorisés à aller se divertir et se reposer à terre. Les Portugais de Rio se montrent cependant plus stricts que les Espagnols de Santa Cruz : un officier portugais lugubre traînant son épée sur les pavés suit les marins du *Lady Julian* dans tous leurs déplacements. Easty, un soldat de la première flotte, a écrit dans son journal que les Portugais du Brésil « sont des gens très rigides ; les militaires contrôlent toute la ville, ils ont dans les six à sept mille hommes de troupe ». Rio est une ville dominée par l'armée et son rigoureux code de l'honneur. « Bien que l'affreuse coutume consistant à régler ses comptes à la pointe d'une lame soit presque tombée en désuétude », les hommes de la bonne société de Rio sont toujours enclins à la vendetta. Les gentilshommes portent en effet de menaçantes épées. Dès l'âge de six ans, les petits garçons les ceignent avant de sortir et les portent avec morgue.

Les militaires ont plus de raisons de se montrer sévères avec le *Lady Julian* qu'avec la première flotte. Une décennie de révolutions s'est en effet ouverte tant dans les colonies du Nouveau Monde que chez certains colonisateurs du vieux continent. Les États-Unis ont gagné leur combat contre les taxes, les restrictions commerciales et les interdictions de fabrication imposées par l'Europe. S'inspirant de Thomas Jefferson, un groupe de « créoles » brésiliens — le terme utilisé par les Espagnols et les Portugais pour désigner les personnes d'origine européenne nées dans les colonies — a décidé d'imiter les Américains. En 1789, l'*Inconfidencia Mineira*, ou conspiration des Mineurs, rassemble des poètes, des prêtres, des propriétaires terriens, des négociants et des officiers sous le commandement de Tiradentes, dentiste et lieutenant de l'armée brésilienne, qui se nomme en réalité Joaquim José da Silva Xavier ; mais les conjurés sont trahis avant d'avoir eu le temps d'agir. Le lieutenant da Silva est pendu et écartelé sur la place qui sera baptisée plus tard plaça Tiradentes, quelques mois avant l'arrivée du *Lady Julian.* On plante sa tête au bout d'une pique et l'on expose ses membres dans les villes minières qui le soutenaient. Ce rituel de mort est aussi terrifiant que l'exécution de Margaret Sullivan et Christian Murphy. Les autres meneurs sont exilés dans les pénitenciers portugais d'Angola et du Mozambique. Bien que la révolte ait été écrasée, Rio demeure une ville troublée ; les officiers qui accompagnent les hommes du *Lady Julian* sont tendus et se défient à la fois des créoles et de l'armée. La population, elle, n'est pas encore remise de la brève excitation de l'insurrection manquée. Les officiers britanniques, à qui leurs relations dans l'armée ou l'administration coloniale valent d'être invités à des réceptions, en apprennent sans doute davantage là-dessus que les matelots. En effet, au Brésil comme aux États-Unis, la révolution — avortée dans un cas, réussie dans l'autre — a été fomentée dans les salons, et non dans les tavernes.

Compte tenu de ces tensions, les Portugais du Brésil sont sans doute nettement moins disposés que leurs compatriotes du Cap-Vert ou que les Espagnols de Tenerife à autoriser les prisonnières (même modèles) à se rendre à terre. De leur côté, Edgar et Aitken estiment peut-être que ce serait dangereux. En 1792 pourtant, un convict privilégié a pu se procurer des articles de première nécessité et tirer des traites dans les bureaux de change britanniques de la ville ; il est donc possible qu'Elizabeth Barnsley, Nelly Kerwin et les autres détenues aisées du *Lady Julian* en aient fait autant, sous l'escorte conjointe de deux officiers, britannique et portugais. L'« excellent tabac » du pays et « l'aquadente [qui], traité d'une certaine manière et conservé pendant une certaine durée, devient un rhum passable » (passable et surtout excessivement bon marché) figurent certainement parmi leurs achats prioritaires.

Les criminelles anglaises ne passent sans doute pas inaperçues dans les rues de Rio. En effet, une Portugaise de bonne famille ne sort jamais sans sa mantille. Celles qui ne sont pas enveloppées de dentelle noire sont les femmes du port ou les esclaves. Le soldat Easty s'y est intéressé deux ans plus tôt (fautes comprises) : « Issi, les indigennes ont un taint mat trais proche des boémiens d'Angleterre de maime qu'un gran nombre de nègres de Guinée de la caute. [...] Ils ne portent rien à l'exepsion d'un chiffon autour des parties intimes, les femmes ont une sorte de courte chemise de nuit qui leur couvre juste les épôles et la poitrine, et un court juppon qui leur dessend à peu près au milieu des cuisses et comme elles ne portent pas de chemise on voit leur ventre. »

Le Brésil portugais est le plus grand acheteur d'esclaves du XVIIIe siècle. Ses rues en sont pleines ; sur les marchés, on vend les produits des latifundia qui s'étendent du Pernambouc au São Paulo, fruit du labeur des esclaves des plantations : café, sucre, tabac, riz, coton, indigo, piment.

Les apothicaires de Rio proposent des articles particulièrement intéressants pour la personne chargée des achats qui serviront aux multiples accouchements à venir. (Le médecin général White, qui a fréquenté les nombreuses officines installées dans les petites rues qui se trouvent derrière l'artère principale, jugeait leurs produits frais et excellents.)

John Nicol se souvient qu'à Rio il a « distribué de la layette pour vingt », sous-entendant qu'il y a eu vingt parturientes, mais ses Mémoires, rédigés quand il était déjà âgé, manquent souvent d'exactitude. On dispose d'un document plus proche de l'événement : il s'agit d'une lettre envoyée du Cap à sa famille par Alley, dans laquelle il donne le total des naissances et des morts à ce stade du voyage. Il mentionne cinq décès et sept naissances, mais ne compte dans les morts que ceux qui se sont embarqués en Angleterre, et non les enfants mort-nés ou les bébés qui n'ont survécu que quelques jours à Rio. Or au moins neuf femmes ont accouché entre novembre et décembre 1789, ce qui prouve qu'il a omis deux décès au minimum. Dans sa lettre, il n'indique pas davantage qu'il est le père d'un des bébés survivants.

Il est peu probable que tous les enfants nés à bord du *Lady Julian* aient survécu. Pour autant, le taux de mortalité infantile, très élevé dans les hôpitaux de l'époque, n'est pas forcément plus important à bord du navire. Sur les bateaux bien administrés, les infirmeries dotées d'une sage-femme ou d'un chirurgien compétent sont parfois plus sûres que l'hôpital. Robert Bland, l'« accoucheur » du dispensaire général de Wesminster, a recensé les naissances dans les années 1780, et les chiffres qu'il avance sont sinistres. Sur un total de 1 897 accouchements en un an, une femme sur 270 est morte en couches, généralement à cause d'un « travail anormal » au cours duquel le bébé se présentait mal. Plus effrayant encore, un bébé sur 241 né la même année était « déficient ou monstrueux ». Dans ces catégories, il inclut les bébés qui ont des mains ou des pieds palmés, un bec-de-lièvre, « une tête hydropique », une colonne vertébrale déformée, ainsi qu'un enfant partiellement dépourvu de palais, et deux auxquels il manque « une partie considérable de la boîte crânienne ». Bland a également mis au monde des siamois, décrits comme un bébé à deux têtes. Mais les risques ne s'arrêtent pas avec l'accouchement. Deux mères ont été saisies d'« accès de manie mais se sont rétablies au bout d'environ trois mois ». Beaucoup sont mortes peu après leurs couches. Une sur seize a perdu son enfant au cours des deux premiers mois, et une sur sept avant deux ans. Voilà la loterie qui attend Sarah Whitelam, Ann Bryant, Jane Forbes, Mary Barlow, Elizabeth Griffin, Mary Warren, Margaret Wood, Ann Mash et Sarah Dorset à Rio, ou au milieu de l'océan si leur bébé n'arrive pas à temps.

Concernant les circonstances de la naissance de son fils, voici le seul commentaire de John Nicol : « Les femmes dressèrent pour leur usage une sorte de tente » sur le pont. À Rio, le printemps touche à sa fin. Les températures sont en hausse, et à Noël le *Lady Julian* retrouvera les pics de chaleur auxquels il vient d'échapper : la ville de São Sebastião étant entourée de collines, l'air n'y circule pas. Malgré sa richesse et sa beauté, c'est « un endroit malsain, inaccessible à la fraîcheur de la mer et aux brises de la terre », a écrit un officier de la première flotte. La tente s'impose donc.

Selon le steward, c'est Mme Barnsley qui a endossé le rôle de sage-femme en chef ; elle s'est sans doute montrée à la hauteur de la tâche, puisqu'elle a poursuivi cette activité à Sydney Cove. En tout cas, il a bien fallu qu'une personne énergique prenne les choses en main. Elle a dû s'assurer que la tente était montée et déplacée pendant la journée pour maintenir le pont à l'ombre, que les seaux d'aisance étaient régulièrement vidés et nettoyés, que mouches et moustiques étaient chassés, que les futures mères disposaient d'un couchage correct, de linge propre, de légumes verts pour soulager la constipation, d'infusions contre le mal de dos, d'orgeat contre la cystite et d'oreillers pour y poser leurs chevilles enflées ; enfin, elle a dû rappeler leurs responsabilités aux matelots qui manifestaient peu d'empressement à apporter de l'eau douce et des fruits.

Le printemps cède la place à l'été ; comme les températures, le soleil monte de plus en plus haut, tandis que l'humidité se renforce. On continue à réparer la coque, les mâts, les espars, les voiles, les vergues et les haubans, qui ont subi des dommages lors des orages tropicaux ou sont victimes d'un mollusque parasite surnommé « termite de la mer » qui se nourrit du bois du navire. Très vite, on ne peut travailler que tôt le matin ou en fin d'après-midi, lorsque le soleil est moins fort. Entre les deux, l'activité dans le port et la ville de Rio est très réduite. Sur l'eau, la lumière est tellement éblouissante qu'elle blesse les yeux. Quand la chaleur diminue à la tombée de la nuit, les rues se remplissent de Noirs et d'Indiens. Des femmes esclaves sortent des maisons, portant sur la tête des ballots de linge qu'elles vont laver aux fontaines en pierre qui se trouvent dans chaque rue.

Moines, prêtres et religieuses circulent parmi elles, et tout ce petit monde, quelle que soit sa condition, esquisse machinalement une génuflexion en passant devant les statues dans leur niche. L'obscurité venue, les esclaves cessent le travail et s'agenouillent en longues rangées dans les rues pour chanter les vêpres.

Les joints en goudron du navire se remettent à fondre. Les femmes se précipitent de nouveau aux latrines avec la diarrhée à cause d'une consommation excessive d'eau et de fruits frais. De nouveau, l'air est empuanti par les eaux usées du bateau jusqu'à ce que la marée suivante les emporte. Le silence de la mi-journée est troublé par les soupirs et les grattements de toutes les détenues pelotonnées sous de vieilles voiles que l'on a remontées de la cale et transformées en abri. De temps en temps, de jeunes enfants passent par-dessus le bastingage, soulèvent un rabat de toile et dévisagent les étrangères qui somnolent en dessous. Les futures accouchées disposent de leur propre tente. Chacune d'elles est soignée par sa meilleure amie ou un groupe d'amies. Apparemment, Sophia Sarah Ann Brown s'occupe d'Ann Bryant, et Mary Rose de Sarah Whitelam ; Mary Barlow et Mary Warren sont peut-être entourées de filles de leur âge venant de Warwick, Margaret Wood et la toute jeune Jane Forbes, d'anciennes codétenues ou de mères de substitution.

Sarah Whitelam en est au huitième mois de sa grossesse. Depuis qu'elle a quitté Londres, elle a dû prendre entre neuf et treize kilos. Avec son gros ventre, elle ne peut plus porter son uniforme de convict, qui n'a pas été prévu pour cet état de pécheresse, et qu'elle a sans doute remplacé par une jupe en coton tenue par un cordon, confectionnée par elle-même ou Mary Rose. Comme elle ne peut plus porter de corset, ses seins gonflés ne sont pas soutenus, et le moindre mouvement lui est douloureux. Assise ou couchée, elle a du mal à trouver une position confortable.

Assommées par la chaleur et leur propre poids, les

futures mères ouvrent parfois un œil pour placer un coussin entre leurs genoux, retourner un oreiller du côté frais ou répondre à une question de Mme Barnsley. Souvent, elles se tournent avec précaution sur le côté et font pivoter leurs épaules pour s'agenouiller avant de se lever en chancelant pour aller s'accroupir sur le seau.

Tous les futurs pères — à l'exception du chirurgien — évitent sans doute soigneusement le coin maternité. Bien qu'en Angleterre les médecins aient commencé — au milieu des controverses — à se substituer aux sages-femmes, la plupart des hommes considèrent toujours l'accouchement comme une affaire de femmes. Les « épouses » enceintes ont sans doute quitté les quartiers des matelots pour s'installer dans les cabanes ou sous les tentes dès que le navire a atteint les eaux tranquilles de São Sebastião. Sur le bateau, la vie ne s'arrête pas pour autant : pour la majorité des personnes à bord, la naissance d'une demi-douzaine d'enfants de convicts n'a guère d'importance. Il faut bien continuer à faire le ménage, préparer les repas et accomplir les mille petites tâches qui contribuent à l'entretien et au maintien de l'étanchéité du bateau. Après tout, il y a à bord deux cent vingt femmes et vingt-cinq hommes à soigner et occuper qui n'attendent pas d'enfant. L'agent, le cuisinier et le steward se rendent régulièrement à terre pour négocier l'achat de légumes verts, de viande, de café, de sucre et de rhum. Les officiers tiennent à leurs excursions quotidiennes et à leurs courses à terre. Il faut trouver des semis pour les plantations de Sydney Cove, marchander puis les embarquer, nourrir les poulets, nettoyer les cochons et arroser les plantes.

Les bébés de Rio vont naître dans un no man's land. Leurs mères ont été exilées d'un pays et sont en route pour un autre à l'identité mal définie, qui n'a même pas deux ans d'existence : entre colonie et prison, ce territoire au nom incertain n'est pas encore une nation. Les nouveau-nés seront-ils anglais, britanniques, néo-gallois, néo-hollandais, résidents des antipodes ? Des questions fondamentales planent au-dessus des ventres rebondis qui abritent les six futurs créoles.

Pour les femmes qui les portent ces naissances constituent l'événement essentiel du séjour à Rio, mais pour les autres il s'agit d'une attraction mineure. En effet, il n'y a pas que sous la tente maternité qu'il se passe des choses. Si de ce côté-là le cycle de reproduction de neuf mois touche à son terme, ailleurs sur le navire, dans des cabanes, des hamacs et des cabines, il ne fait que commencer. John Nicol a tout oublié de l'accouchement de Sarah, mais il se souvient parfaitement que « ces dames avaient sans arrêt des visiteurs ». Les arrangements entre le gaillard d'avant, la cale, les marins des autres bâtiments et les habitants du port curieux s'organisent avec autant de promptitude et d'efficacité qu'à Santa Cruz de Tenerife, et le même consentement tacite de la hiérarchie. On ressort et l'on nettoie les éponges imbibées d'alcool et les diaphragmes en cire de sous les matelas pour les réutiliser.

Les six femmes enceintes sont tirées de leur torpeur fin novembre ou début décembre, quand Sarah Whitelam commence son travail. C'est son premier accouchement, elle est jeune et, pour autant qu'on le sache, en assez bonne santé. Entre la naissance et le moment où elle perd les eaux, environ quatre heures doivent s'écouler. La petite maternité entre en action. Comme l'écrit le docteur Bland dans ses manuels d'obstétrique : « Elle a de fréquentes bouffées de chaleur et des sueurs froides, un besoin pressant d'uriner, etc., et elle est extrêmement agitée, car toute position lui apparaît insupportable et inconfortable. » Dans la première phase du travail, les contractions se succèdent à peu près toutes les cinq minutes. Quelqu'un contrôle la dilatation du col de l'utérus ; bientôt, il y a rupture des membranes, et Sarah perd les eaux. Peu après, ses intestins se vident. Mary Rose et Elizabeth Barnsley épongent, nettoient, rassurent. À huit ou dix centimètres de dilatation, Sarah entre dans la seconde phase du travail : ses contractions deviennent fortes, irrégulières, et sa respiration rauque. Elle transpire abondamment, et souffre peut-être de hoquet, de renvois ou de vomissements, comme souvent à ce stade. Ses sages-femmes lui donnent des infusions de camomille ou de plantes que Mme Barnsley a trouvées à terre.

On n'enfante pas allongée à l'époque, et Sarah marche sans doute pendant une bonne partie de son travail. La station debout encourage le bébé à pousser vers le bas. On n'a pas encore imaginé les étriers et les sangles qui plus tard maintiendront les parturientes en place, et il n'y a pas de forceps à bord du *Lady Julian*, ce qui obligerait Sarah à s'allonger. Elle n'a guère qu'une chaise, ou peut-être un tabouret d'accouchement, sur quoi prendre appui. Ce siège en forme de fer à cheval est assez bas pour qu'une femme puisse s'accroupir dessus, et suffisamment large pour offrir des poignées et un soutien pour le bas du dos. On ignore si les dames d'Angleterre ont fourni cela en plus de la layette. Si ce n'est pas le cas, John Nicol ou le charpentier du navire étaient à même d'en fabriquer un à la demande de Mme Barnsley ou du chirurgien.

Accroupie sur le tabouret ou agenouillée sur le pont, Sarah pousse ; quelques minutes ou quelques heures plus tard, John Nicol Junior fait son apparition, ridé et visqueux, suivi d'un important jaillissement de liquide. Quelqu'un s'assure que le cordon ombilical n'est pas enroulé autour de son cou et qu'il n'a pas de reste de membrane collé au visage avant de le pencher pour évacuer les mucosités. On place le tabouret d'accouchement sous les fesses de Sarah dans l'attente du placenta et d'un autre afflux de sang. Au bout d'un petit moment, on noue et l'on coupe le cordon ombilical avant de mettre le bébé au sein de sa mère.

Peut-être toute activité s'est-elle arrêtée et le navire a-t-il retenu son souffle chaque fois que l'une des femmes accouchait sous la tente ; peut-être que tout tout a continué comme d'habitude tandis que se déroulait ce violent épisode qu'est la mise au monde, et que des adolescentes effrayées saignaient sur le pont. Certains marins ont pu être ébranlés, d'autres ont dû hausser les épaules, se dire que les femmes avaient toujours enfanté, qu'il en serait toujours ainsi, avant de passer à autre chose. Même John Nicol, qui exprime de façon si frappante sa tendresse pour Sarah, a tout oublié de la naissance de son fils.

« Au bout de quatre semaines », écrit le docteur Bland, les jeunes mères « peuvent sortir et devraient [...] tout d'abord prendre l'air en voiture durant deux ou trois jours, puis marcher un peu quand le temps le permet, mais ne retourner à l'église que lorsqu'elles se sentent de nouveau en pleine santé ». Pour les accouchées du *Lady Julian*, les premiers mois de maternité prennent un tour différent. Fin décembre, elles quittent São Sebastião et font voile vers le cap de Bonne-Espérance, d'où les Portugais ont été évincés par la Compagnie hollandaise des Indes orientales, qui elle-même sera bientôt supplantée par les Britanniques.

CHAPITRE XII

Le naufrage du *Guardian*

Tandis que le *Lady Julian* mouille à Rio, le *Guardian* est arrivé au Cap. En apprenant que le capitaine John Hunter est venu de Sydney Cove effectuer un ravitaillement de secours quelques mois plus tôt, le lieutenant Riou embarque des vivres supplémentaires et appareille pour la Nouvelle-Galles le 11 décembre avec un cap plus au sud qu'à l'est, itinéraire qui le rapproche dangereusement des régions antarctiques que le capitaine Cook a doublées lors de son deuxième voyage d'exploration. Économiser l'eau douce pour les juments, les étalons, les brebis, les béliers, les chèvres, les lapins, la volaille et le couple de cervidés de l'île Maurice qu'il a pris à son bord au Cap fait partie des nombreux problèmes de Riou. Le 22 décembre, la vigie du *Guardian* aperçoit des icebergs à trois lieues. Ils se trouvent à 42 degrés 15 minutes, ce qui est inhabituellement septentrional pour des icebergs. La veille de Noël, à 43 degrés 40 minutes sud, une autre énorme masse de glace est repérée, et le lieutenant prend la décision d'en prélever quelques blocs afin de les faire fondre et d'abreuver les animaux. Il dépêche deux embarcations pour remplir cette mission. L'opération est risquée, car les eaux entourant les icebergs dissimulent des pièges mortels. Le temps que les chaloupes reviennent, le brouillard tombe, et la visibilité est réduite à un kilomètre. On poste des matelots supplémentaires en vigie, mais pendant que le bateau cherche désespérément à gagner des eaux plus sûres on ne voit que trop tard la montagne de glace qui se présente par le travers tribord et le navire s'empale dessus. Quand il se dégage, son gouvernail reste pris dans la glace et l'eau s'engouffre dans sa coque. On jette armes, chargement, fourrage par-dessus bord, on tente de calfeutrer la brèche avec une puis deux couches de toile, mais l'eau continue à monter. Au cours des quarante-huit heures qui suivent, tous déploient une activité frénétique. Les hommes pompent pour sauver leur vie, mais ils finissent par baisser les bras les uns après les autres et se soûlent avec de l'alcool volé. Le lendemain de Noël, Riou autorise ceux qui le souhaitent à abandonner le navire. On met les chaloupes à la mer, et la plupart des matelots s'en vont. Seuls quinze d'entre eux échapperont à la mort dans ces eaux peu fréquentées. Les survivants, par un énorme coup de chance, seront retrouvés par un navire marchand français dérouté qui les ramènera au Cap le 18 janvier.

Le lieutenant, quant à lui, demeure sur son vaisseau avec les soixante personnes qui n'ont pas pu partir. On monte un gouvernail de fortune. Sur son journal de bord, au 6 décembre, Riou écrit : « Le pilotage fut ma première préoccupation, après avoir calfaté suffisamment pour nous maintenir à flot ne fût-ce qu'un jour ou deux, en gardant le cap au nord dans l'espoir de croiser le *Lady Julian* ou un autre navire. » Quand les quinze survivants et leurs sauveteurs français arrivent au Cap trois semaines plus tard, on suppose que le *Guardian* a sombré, victime de l'océan Austral comme tant d'autres avant lui. On envoie des dépêches à l'amirauté, on informe la mère de Riou de la mort de son fils et l'on expédie un courrier au Premier ministre Pitt concernant son cousin. Le *Lady Julian* n'apparaîtra pas dans l'océan Austral, car il navigue entre Rio et Le Cap, et il n'y a pas d'autre voile à l'horizon. Les marins espèrent alors trouver une île déserte, mais aucune île ne se dessine au loin. Le 22 février, ils sont sauvés par des baleiniers qui les conduisent dans le port hollandais de False Bay, au cap de Bonne-Espérance. « Couverts de crasse, en loques, avec de longues barbes, ils ressemblaient à des hommes d'un autre monde. » Aussi charismatique et compétent que Bligh, Riou a accompli un exploit extraordinaire, comparable à celui du capitaine du *Bounty*.

Quand leur vigie aperçoit la terre, le 28 février, les officiers du *Lady Julian* ignorent tout de la mutinerie du *Bounty* ou du quasi-naufrage du *Guardian*. Pour leur bâtiment, le voyage de Rio jusqu'au cap africain a été plutôt rapide : ils ont vogué vers l'est pendant cinquante jours sans incident. Deux ou trois heures après le cri de la vigie, on distingue l'étonnante masse aplatie de Table Mountain. Peu après, on aperçoit le pic du Diable et le promontoire du Lion, puis les plissements du massif montagneux, et enfin les églises et les maisons basses de la ville nichées dans un amphithéâtre entre mer et montagnes. Le soir, ils sont à l'ancre dans Table Bay, à plus de deux kilomètres au sud-ouest de la ville du Cap, la Taverne des Mers.

L'immense baie est pleine de bateaux. C'est là que font relâche les navires marchands hollandais entre Anvers et Batavia, les Portugais entre Lisbonne et le Bengale, les Français entre Madras, l'île Maurice et Bordeaux, les Britanniques entre Calcutta et Londres. Il y aussi des Américains, des baleiniers ou des navires de négociants qui traitent avec tous les colons qui ne s'embarrassent guère de respecter le monopole européen ; les Américains, d'ailleurs, s'intéressent de près au commerce et à l'émigration à Botany Bay : ils ont contacté indirectement les officiers de Phillip pour sonder leurs sentiments sur la question lorsque sa flotte s'est arrêtée au Cap en 1787. Mais s'il y a un navire que les hommes du *Lady Julian* ne s'attendent pas à trouver, c'est bien le *Guardian*.

Quand les représentants de la Compagnie hollandaise

viennent les accueillir à l'entrée du port, ils leur apprennent les terribles nouvelles. Les pensions de la ville hébergent les survivants de deux navires britanniques : des mutins se sont emparés du premier dans le Pacifique Sud, la glace a percé la coque du second dans l'Antarctique. Edgar et Aitken se précipitent chez le gouverneur Van Graaf pour accomplir les formalités avant de se mettre en quête du lieutenant Riou. C'est de sa bouche qu'ils apprennent la tragique mésaventure du *Guardian*. Un peu penaud, Edgar tente de justifier la traversée exceptionnellement longue du *Lady Julian*. « Un calme plat près de l'équateur ; de nombreuses victimes du scorbut ; beaucoup de voies d'eau », explique-t-il à son ancien subordonné.

L'agent Edgar va ensuite rendre visite à John Fryer, capitaine en second du *Bounty*, qui est demeuré au Cap après le départ de William Bligh. Fryer et les hommes d'équipage travaillent à sauver le *Guardian* avec Riou. Tous ne sont cependant pas en état de collaborer : l'aide du chirurgien est alité, et l'on craint pour sa raison après les quarante et un jours de soif et d'angoisse passés en mer sur une petite embarcation. Si les malheurs du *Bounty* et le destin de William Bligh — un homme qu'Edgar et Riou connaissent personnellement — fascinent ses compagnons d'armes par leur dimension épique et miraculeuse, c'est cependant le naufrage du *Guardian* qui a le plus de conséquences sur les plans d'Edgar. Il sait que la colonie était dans la détresse lorsque le capitaine Hunter a quitté le Cap un an plus tôt ; si les récoltes sont restées maigres et que les colons n'ont pas été ravitaillés depuis, dans quelle situation doivent-ils se trouver ? Le *Lady Julian* doit embarquer le maximum de vivres et partir pour la Nouvelle-Galles dès que possible. Il n'est plus question de long séjour tranquille comme à Rio.

Le lieutenant Riou n'est au Cap que depuis une semaine. La partie du ravitaillement qui n'a pas été jetée à la mer lorsque le navire donnait de la gîte est restée à bord, car il est toujours à la recherche d'un entrepôt à louer en ville. On décide de transborder tout ce qui peut l'être pour que le *Lady Julian* l'emporte à Sydney Cove. Son départ va cependant être de nouveau retardé à cause des voies d'eau qui se sont déclarées depuis Rio. Avant d'embarquer quoi que ce soit, il faut vider entièrement les cales et dégager les ponts pour effectuer les réparations.

En matière de colmatage, personne n'a d'expérience plus récente et plus solide que le lieutenant Riou et le charpentier du *Guardian*, qui va être prêté à Edgar. Le *Lady Julian* est remorqué au port pour être entièrement radoubé avant d'affronter les eaux agitées de l'océan Austral. Les travaux vont durer au moins trois semaines. La mise en carène — opération qui consiste à échouer un navire sur le côté pour le réparer dans ses œuvres vives — exige qu'on le soulage de l'essentiel de son chargement. Les femmes s'apprêtent donc à poser le pied dans leur quatrième ville étrangère et sur leur troisième continent. Les tonneaux et les barils sont remontés sur le pont et transportés à terre soit par canot, soit par flottage, puis roulés et mis à l'abri sur la plage. Un millier de fûts stockés représentent un travail épuisant.

Les autorités du Cap sont alors connues pour redouter les cargaisons spéciales. Quand la flotte du commodore Phillip a fait escale deux ans plus tôt, elles ont posté des sentinelles supplémentaires sur la plage et doublé la garde en ville. Lorsque les prisonnières doivent quitter le bâtiment et dormir sur leur matelas ou sous des abris montés à partir des tauds, elles sont probablement surveillées par des miliciens hollandais prêtés aux Anglais, pour éviter les incidents dont ils sont coutumiers, ou mises en liberté provisoire. Après tout, où iraient-elles si elles s'enfuyaient ? Au-delà de la ville, ce ne sont que montagnes et déserts.

Une fois le navire vidé, le carénage peut commencer. Les mâts de hune sont démontés et entreposés sur la plage, et toutes les voiles décrochées et portées à terre. Aux taquets à tribord, on attache des câbles que l'on passe autour de troncs d'arbres sur la rive. Après quoi des hommes tirent le bateau de façon à exposer les avaries d'un côté. Manœuvrer pour le coucher et rendre ses voies d'eau accessibles est une opération qui peut prendre deux à trois jours. Ensuite, il faut réparer la coque. Heureusement, les amis ne manquent pas au Cap : les membres restants des deux autres équipages britanniques peuvent leur prêter main-forte et haler les cordages. La plage se transforme en camp provisoire auquel s'ajoutent un atelier et une forge lorsque les charpentiers et les forgerons installent leur matériel. On étend la voile et la toile de rechange sur le sable, on s'assure qu'elles sont exemptes de moisissure, et on les laisse sécher et blanchir au soleil. Sur un feu, on fait bouillir des chaudrons de poix pour les hommes qui travaillent sur la coque ; sur un autre, le cuisinier, son aide et leur équipe de convicts préparent les repas pour tous — femmes, travailleurs et officiers.

Tandis que le navire est caréné sous la supervision du second, Edgar s'occupe du ravitaillement avec toute la diligence possible. Ce qui reste de l'équipage du *Guardian* et tout homme du *Bounty* qui ne souffre ni de fièvre ni de folie s'occupent d'inventorier le chargement de l'épave et transportent ce que le *Lady Julian* ne pourra prendre à son bord dans les entrepôts hors de prix que Riou a trouvés en ville. Le *Guardian* devait apporter des plantes d'Angleterre et d'Afrique à Sydney Cove, mais la cabine dont sir Joseph Banks avait tracé les contours à Deptford a disparu, et les quatre-vingt-treize pots qu'il y avait installés ont fini dans les eaux australes. Il faut donc les remplacer. Au Cap se trouve le botaniste anglais Francis Masson, qui fait partie du réseau mis sur pied par Banks pour recueillir des plantes. Sir Joseph a choisi James Smith et George Austin pour superviser les cultures à Sydney Cove, et c'est également à son instigation que Francis Masson a été envoyé de Kew en 1772. Depuis son arrivée au Cap, celui-ci a pris la tête d'expéditions botaniques à l'intérieur des terres, envoyant tout ce qu'il peut à Kew et suppliant qu'on l'autorise à rentrer chez lui.

La plupart des animaux que Riou avait achetés au Cap pour les fermes de Nouvelle-Galles ont été perdus dans le naufrage. Certains sont passés par-dessus bord, les petits animaux ont été piétinés lorsque le bétail s'est affolé ou bien se sont noyés quand l'eau a submergé les clapiers et le poulailler. Riou est parvenu à sauver son troupeau de vingt-deux moutons ; ils seront transbordés, de même que soixante-quinze barils de farine, quatre cent cinquante litres de vin et des dépêches de l'amirauté pour le commodore Phillip. Edgar hérite également de quelques passagers de son ancien aspirant. Cinq des sept surveillants ont en effet survécu au naufrage. Quant aux vingt-cinq forçats horticulteurs, ils ont aidé à ramener le *Guardian* au Cap. Riou a promis à ces hommes « à la conduite si exemplaire avant et après le désastre » qu'il demanderait leur grâce en reconnaissance du rôle qu'ils ont joué. On décide que les convicts embarqueront sur le *Neptune*, le *Scarborough* ou le *Surprize*, attendus sous quelques semaines, mais que les surveillants partiront avec le lieutenant Edgar. Dès qu'il est déclaré en état de reprendre la mer par les charpentiers, le *Lady Julian* est redressé, rechargé, et il regagne son poste d'amarrage. La tâche des charpentiers n'est pas terminée pour autant, car ils doivent à présent concevoir de nouvelles installations pour héberger les six humains, les deux étalons et le troupeau de moutons qui vont se joindre à eux pour la dernière étape du voyage. Fin mars, John Thomas Doidge monte à bord, de même qu'Andrew Hume, Philip Devine et l'ex-mercenaire Philip Schaffer accompagné d'Elisabeth, sa fille de dix ans, la première véritable « jeune dame » du bateau. On les loge sans doute dans des cabanes construites sur le passavant. « Mademoiselle Elisabeth » partage peut-être l'une d'elles avec son père ou avec Mme Barnsley, à moins que certains officiers ne lui aient abandonné leur carré.

Discussions, travaux et déplacements de cargaison

occupent tout le mois de mars. Si jamais les femmes se rendent en ville pendant ce temps-là, elles ne peuvent le faire que sous la surveillance étroite d'un officier. Les Hollandais considèrent les équipages étrangers avec plus de circonspection que les Espagnols et les Portugais, et ils se méfient particulièrement de ces convicts que les Britanniques envoient au sud. Les officiers, eux, prennent sûrement un logement à terre, comme dans n'importe quel autre port. Les matelots s'y rendent sans doute eux aussi. Et puisqu'on sait que les convicts riches et fiables des futurs convois pourront les accompagner, on peut supposer que leurs sœurs du *Lady Julian* bénéficient du même régime.

L'appontement est situé à l'extrémité est de la ville. On n'a pas encore gagné sur la mer, aussi n'y a-t-il rien là où s'élèvent aujourd'hui des immeubles de bureaux, des jardins, et des statues municipales. Le premier bâtiment devant lequel passent les personnes fraîchement débarquées est le massif et pentagonal château de Bonne-Espérance, qui n'est pas seulement un fort, mais fait aussi office de magasin et de résidence pour les officiers célibataires de la Compagnie hollandaise des Indes orientales. Un fort plus récent défend la partie ouest de la ville. À sa façon, Le Cap est aussi « exotique » que Rio et Santa Cruz : teutonique et protestant au lieu de latin et catholique, mais tout aussi étrange aux yeux des Londoniennes et des filles de Bristol. Après leur séjour à Rio, les femmes se sont habituées à voir des rues inondées de lumière et pleines d'esclaves, pourtant des différences sont perceptibles. Le statut et le traitement des esclaves varient en effet d'une colonie européenne à l'autre. Pour effectuer les travaux domestiques ou agricoles, chacune a ses préférences quant aux ethnies. Au Cap, on trouve des Noirs et des métis, mais aussi des Malais, qui font apparemment des domestiques discrets ; peut-être même trop : d'après la légende urbaine des années 1780, les esclaves malais « assassinent fréquemment leurs maîtres et leurs maîtresses », aussi les oblige-t-on à se déplacer avec une lanterne à la nuit tombée. Les métis sont admirés et coûteux, et les Nègres du Mozambique et de Madagascar les plus appréciés car ils sont « affectueux et fidèles », de même que les Hottentots de l'intérieur des terres qui, au grand dam des colons, constituent une denrée très rare. Les esclaves s'enfuient davantage qu'à Rio. Pour les officiers de passage, l'une des sorties prisées est une excursion sur le plateau durant laquelle un guide local désigne une plate-forme rocheuse apparemment inaccessible comme le refuge des Noirs en fuite. Au crépuscule, on aperçoit leurs feux de très loin, et de sombres histoires circulent sur des potagers dévastés.

Une autre randonnée en vogue consiste à monter au sommet de Table Mountain. Même s'il s'agit parfois d'une « expédition épuisante », le panorama passe pour l'un des plus beaux du monde. Le plan parfait et régulier de la ville se découvre depuis la montagne, et l'on désigne aux visiteurs les rues qui se croisent à un angle précis de quatre-vingt-dix degrés. Il est difficile de trouver un seul journal de l'époque qui ne loue pas Le Cap pour sa propreté, son harmonie et son ordre. Ici, point de ce vulgaire baroque catholique, mais de simples maisons blanches à toit plat — on en voit toujours à Bo-Kaap — hautes de deux étages seulement pour résister aux vents violents de l'été, et quelques bâtiments raisonnablement imposants pour les affaires de la Compagnie, dont la résidence du gouverneur, entourée de superbes jardins mi-potagers, mi-ornementaux. (De façon prévisible, le lieutenant Watkins Tench fait toutefois des commentaires dédaigneux sur le petit zoo qui s'y trouve : « Il compte bien peu d'animaux et d'oiseaux : un tigre, un zèbre, quelques belles autruches, un casoar, et l'adorable grue couronnée. ») Les lieux de culte sont sobrement luthériens et calvinistes. Quant aux Hollandaises, elles sortent le visage découvert et marchent d'un pas décidé. En surface, cette société est plus policée que celle de Rio, mais malgré son calme et son efficacité, on entrevoit une justice d'une rigueur excessive et choquante. Les exécutions ont lieu près de l'endroit où les navires viennent s'approvisionner en eau, juste au-dessus du fort. Il y a non seulement un gibet, mais aussi un pal, ainsi que des roues et six croix pour rompre les criminels. Après une mise à mort, on accroche des morceaux du cadavre aux quatre coins de la ville.

Dans les plus anciennes colonies côtières d'Amérique du Sud, des générations de mineurs européens, de planteurs et de grands propriétaires fonciers ont soumis de vastes étendues, alors qu'en dehors des enclaves hollandaises du continent africain la terre et ses habitants retournent brusquement à l'état sauvage. Du bush parviennent des histoires de cannibalisme et de magie noire, certaines véridiques, d'autres moins, mais toutes se transmettent avec délectation. Selon un convict de 1798 qui n'a pas quitté le bateau pendant la durée du séjour au Cap, la sauvagerie du bush cerne la ville : « Éléphants ; rhinocéros, certains avec une corne, d'autres avec deux ; lions, tigres, loups en nombre qui harcèlent les villes ; hyènes, chacals, chiens et chats sauvages ; pourceaux ; zèbres ; loutres ; babouins ; singes au pelage argenté ; léopards et aussi l'animal à grande corne qui ressemble à l'antilope ; serpents, scorpions, lézards ; sauterelles ; moustiques venimeux... »

Et les indigènes sont encore plus effrayants que la faune. Lorsque le *Lady Julian* arrive, en mars 1790, Le Cap est très marqué par l'histoire véridique et terrifiante du navire marchand *Grosvenor*. Huit ans plus tôt, ce dernier s'est échoué sur la côte de Cafrerie*. Les passagers (dont plusieurs femmes) et les membres d'équipage qui ont survécu au naufrage ont été « retenus en captivité chez les Cafres, les sauvages les plus féroces de la Création ». Le gouverneur Van Graaf et le colonel Gordon — un Hollandais d'origine écossaise qui commande

* Nom donné par les Européens à la partie méridionale de l'Afrique, qui correspond aujourd'hui à une partie de la province du Cap-Oriental, en Afrique du Sud. (*N.d.T.*)

les troupes de la Compagnie — organisent en vain plusieurs opérations de secours, mais finissent par les présumer morts ou réduits en esclavage ; jusqu'au jour où ils reçoivent des nouvelles de l'arrière-pays. Quand le capitaine Bligh fait relâche au Cap sur la route de Tahiti, le colonel Gordon lui communique ce qu'il a appris. « Au cours de ses voyages en Cafrerie, il [le colonel] avait rencontré un indigène qui lui avait expliqué qu'une femme blanche vivait parmi eux ; elle avait un enfant qu'elle embrassait fréquemment, et elle pleurait toutes les larmes de son corps. » L'officier confie alors à l'indigène des lettres en anglais, hollandais et français, à charge pour lui de rapporter la preuve de l'existence de la femme en lui demandant d'inscrire quelque chose sur l'une des missives. L'indigène s'étant volatilisé, l'histoire reste sans suite, mais juste avant l'arrivée du *Lady Julian*, on apprend que d'autres disparus ont été aperçus. Pendant le séjour du navire, on parle beaucoup d'organiser une expédition pour retrouver les survivants. Cela ne rassure guère ceux qui craignent de rencontrer des sauvages plus à l'est sur la côte.

Durant le mois que le *Lady Julian* passe à Table Bay, l'été cède la place à l'automne. Tous les bateaux qui arrivent au port démontent leurs vergues et leurs mâts de hune pour se prémunir contre la violence d'un vent du sud-est qui peut les entraîner hors de la baie. Son départ tardif d'Angleterre et les semaines passées à Rio vont obliger le *Lady Julian* à traverser l'océan Austral à une mauvaise période de l'année. La saison idéale pour ce passage est le printemps, soit à l'époque où le commodore Phillip a emmené sa flotte à l'est deux ans plus tôt. Le transporteur mouille dans la baie depuis moins de deux semaines quand les tempêtes d'automne font leurs premières victimes. Le 12 mars, des marins du *Guardian* rapportent qu'un bateau de pêche est en détresse à l'entrée du port. On met aussitôt une chaloupe à la mer et les huit marins s'embarquent avec le maître d'équipage à la barre pour gagner l'endroit où l'on a repéré l'embarcation. Ils arrivent juste à temps pour retenir le bateau avec une petite ancre et un câble du *Lady Julian*, et l'arrêtent à trois encablures du ressac : « S'il s'était échoué, il aurait été brisé en mille morceaux sans espoir de sauver l'équipage. »

Au Cap, même les plus flegmatiques sont rappelés à la réalité : l'océan Austral est dangereux, et les vents qui mugissent à présent dans le gréement alors que le vaisseau est abrité dans la baie annoncent une traversée difficile. Le *Guardian* a fait naufrage dans ces eaux trois mois plus tôt, et la moitié de son équipage s'est noyé ; le *Grosvenor* a été projeté sur la côte africaine par des vagues épouvantables et le destin des survivants donne la chair de poule. Et si jamais le *Lady Julian* survit à la traversée, les convicts prennent peu à peu conscience que plus rien ne les sépare de Sydney Cove : ni retards, ni ports étrangers, ni négriers amicaux. Le 31 mars, quand le bâtiment quitte Table Bay par temps brumeux avec des vents violents du sud-est, « le bétail est assez agité ».

CHAPITRE XIII

Du Cap à Sydney Cove

Le *Lady Julian* a quitté Le Cap depuis une journée quand on annonce le rationnement de la nourriture à Sydney Cove. « À chaque personne de la colonie sans distinction : quatre livres de farine, deux livres et demie de porc salé, et une livre et demie de riz par semaine. » C'est le début d'un mois catastrophique. Les deux navires, le *Supply* et le *Sirius*, sont partis trois semaines plus tôt pour l'île de Norfolk avec 65 soldats, 5 épouses, 183 convicts — 116 hommes et 67 femmes — et leurs 27 jeunes enfants. Les 23 personnes parties en éclaireurs en février 1788 ont envoyé des rapports prometteurs au gouverneur Phillip, et il a décidé de soulager les entrepôts publics de Sydney Cove en envoyant toutes les bouches que, selon ses estimations, l'île peut nourrir.

Les conclusions auxquelles sont parvenues Edgar, Aitken et Riou au Cap quant à la situation des colons sont en grande partie exactes. Sur le continent, la récolte de l'été 1788-1789 a été mauvaise, et le maigre rendement a été encore diminué quand les rats ont envahi les réserves de Sydney Cove en février. La colonie a faim, et avec cette pénurie de vivres les troubles civils ne sont pas bien loin. En février toujours, six soldats sont surpris en train de voler de la nourriture dans les entrepôts. Le gouverneur Phillip leur inflige aussitôt la peine maximale pour donner l'exemple, et on les pend devant les lieux de leur forfait. Or le ressentiment couve déjà entre les autorités civiles et les militaires, qui estiment avoir droit à de meilleures rations et considèrent que le travail manuel, l'horticulture et la surveillance des forçats ne rentrent pas dans leurs attributions. Lorsqu'il mentionne l'infanterie de marine, l'exaspération transparaît dans les rapports pourtant mesurés de Phillip. Et la disette ne fait qu'aggraver la tension entre ces deux pôles essentiels de la colonisation. Une fois évanoui l'espoir de voir des vivres arriver d'Angleterre, on organise en urgence deux expéditions de ravitaillement : le *Sirius* doit débarquer ses passagers sur l'île de Norfolk et poursuivre sa route jusqu'en Chine ; quant au *Supply*, il doit d'abord ramener à Sydney Cove des soldats relevés de leur service à Norfolk avant de repartir au nord pour Batavia.

Les événements vont bouleverser ces plans. Il est extrêmement difficile d'aborder dans l'île ; or en mars, un violent vent du large empêche les navires de déposer leurs passagers à Sydney Bay, le principal camp de Norfolk, situé sur la côte sud. Les bateaux font donc le tour jusqu'à Cascade Bay, au nord, où les conditions sont légèrement meilleures. Les hommes et les femmes des deux vaisseaux vont toutefois mettre cinq jours pour débarquer, accrochés à un cordage de sécurité que secouent des vagues plus hautes qu'eux. Ils ne peuvent se rendre à terre qu'à marée basse, par petits groupes. Les allèges doivent nager à culer vers un promontoire rocheux inaccessible à marée montante. Le sixième jour, les navires tentent de s'éloigner de la plage et de regagner des eaux plus profondes, mais le *Sirius* est pris dans des courants, poussé sur les récifs, et il fait naufrage en quelques minutes. Il s'est empalé sur le corail comme le *Guardian* sur l'iceberg, et l'eau de sa cale éventrée se déverse dans la mer. Le 24 mars, le *Supply* rentre seul à Sydney Cove, porteur de terribles nouvelles pour la garnison et laissant derrière lui plus de quatre cents personnes bloquées sur l'île.

Il se présente entre les promontoires le 5 avril. L'annonce de la perte du *Sirius* ébranle la colonie. À présent, il ne reste plus qu'un navire pour relier Sydney Cove au monde civilisé. S'il arrive quoi que ce soit au *Supply* pendant ses trajets entre les trois camps ou ses voyages d'approvisionnement auprès des Hollandais, les colons seront totalement isolés. Deux ans déjà se sont écoulés sans le moindre signe qu'à Londres on se souvient de la promesse d'envoyer du ravitaillement « dans l'année ». Non seulement ils doivent compter de plus en plus sur leurs propres ressources, mais par un coup de malchance épouvantable ils ont perdu l'une des plus importantes.

En mai, l'activité est presque au point mort. Les heures officielles des travaux forcés sont réduites : tout s'arrête à treize heures. On ne peut attendre d'hommes et de femmes rationnés qu'ils travaillent davantage. Environ quatre-vingt-dix pour cent de leur alimentation est constituée de riz grouillant de charançons, et il n'y a plus de pois. Placés sous la surveillance d'une garde armée gagnée par la corruption, les terrains semés de salade et de blé sur Garden et Clark Island et tout autour ne donneront rien avant des semaines, et le désespoir entraîne une recrudescence des vols nocturnes, qui réduisent la superficie déjà lamentable des cultures. Malgré l'évacuation de deux cent quatre-vingts soldats et convicts sur l'île de Norfolk, il reste très difficile de nourrir Sydney Cove et Rose Hill. Le scorbut a frappé le camp, et Phillip lui-même est très atteint. Les maladies vénériennes se sont répandues. Tout le monde souffre de malnutrition. Pendant deux semaines, le gouverneur hésite entre deux risques : perdre le dernier navire de la colonie en l'envoyant au ravitaillement, ou mourir de faim en attendant l'arrivée des bateaux promis. Après deux ans d'attente, sa foi en l'Angleterre est sans doute entamée : le 18 avril, le *Supply* prend la mer pour Batavia.

La même semaine, le *Neptune*, le *Surprize* et le *Scarborough* quittent Le Cap. Arrivés quelques jours après le départ du *Lady Julian*, ils ont été accueillis par le lieutenant Riou et ont appris le malheur qui a frappé le *Guardian.* L'agent du *Neptune* se montre cependant moins accommodant qu'Edgar lorsqu'il s'agit de transporter ce qui a été sauvé du naufrage. Riou note avec aigreur que Shapcote ne souhaite pas restreindre l'espace alloué à l'alcool et à d'autres produits introuvables à Sydney Cove, qu'il compte vendre à son profit. Il faut des menaces voilées pour l'obliger à accepter du porc et du bœuf à bord des trois navires. Riou écrit : « S'il n'y avait pas eu de désaccord entre le lieutenant Shapcote et moi-même, [...], j'aurais pu envoyer de nombreux articles qui auraient pris peu de place dans les trois bâtiments placés sous sa responsabilité et auraient été les bienvenus dans la colonie de Nouvelle-Galles du Sud de Sa Majesté. » Les vingt-cinq forçats horticulteurs s'embarquent également. Il y a beaucoup plus de place sur ces bâtiments que sur le petit *Lady Julian* plein à craquer : quarante-six convicts sont déjà morts sur le *Neptune*, huit sur le *Surprize*, quinze sur le *Scarborough*, et d'autres suivront dans l'océan Austral.

Il n'y a jamais eu autant de vaisseaux à destination de la Nouvelle-Galles depuis décembre 1787. Le *Lady Julian* est à trois semaines du Cap, près de Kerguelen. Le *Neptune*, le *Surprize* et le *Scarborough* sont à deux semaines derrière et gagnent du terrain. Un autre ravitailleur, le *Justinian*, dont Edgar ignore tout et qui a quitté l'Angleterre après les trois transporteurs, ne s'est arrêté ni à Rio ni au Cap. Il fait voile à deux ou trois degrés nord et atteindra les promontoires de Port Jackson un jour après le *Lady Julian.* Malgré tout le temps qu'il a fallu pour rassembler le convoi qui devait initialement l'accompagner, le *Lady Julian* a fait une traversée si longue que le reste de la flotte l'a presque rattrapé quand il atteint l'océan Austral.

Pendant que ces cinq bateaux naviguent à l'est, le *Supply* fait route au nord en direction de Batavia pour y acheter de la farine. Sur l'île de Norfolk, la population est brutalement passée de cinquante à près de cinq cents personnes quand le *Sirius* et le *Supply* ont débarqué leurs passagers et que l'équipage du *Sirius* a été obligé de rester à la suite du naufrage.

Parmi les nouveaux arrivants se trouve le major Ross, venu relever le précédent lieutenant gouverneur. Ross impose immédiatement la loi martiale et applique la peine de mort pour tout vol de nourriture, mais cette mesure dissuasive n'empêche ni les larcins ni la famine. Les hommes seront sauvés par la découverte du puffin*, une grosse créature innocente qui vit en grandes colonies sur le mont Pitt, au centre de l'île. Les puffins n'ont jamais été chassés, aussi ne se méfient-ils nullement du gourdin quand ils regagnent leurs nids (enterrés) au crépuscule. Pour gagner le mont Pitt, les colons se frayent un chemin à travers les vrilles des plantes grimpantes qui enlacent les arbres et les relient entre eux. En avril et mai, ils s'y rendent tous les jours : ils guettent le retour des oiseaux, les assomment, les attrapent par les pattes et leur cognent la tête contre les pierres ; puis ils enfoncent des hameçons avec des appâts dans les terriers pour capturer ceux qui sont à l'intérieur et raflent les œufs dans les nids. Le puffin permet aux insulaires de survivre au terrible hiver 1789, aux vents mugissants du sud-est en juillet et août et aux « trois maux que sont la rouille, les larves et les perruches », qui ont anéanti les premières récoltes. En août, ils commencent à ramasser haricots verts, salades, choux et pommes de terre, ce qui leur permet de ne plus dépendre uniquement des ressources du mont Pitt. Les cultures se font sur de petits terrains clôturés ; au moins deux personnes s'occupent d'une parcelle : le premier passe son temps à la débarrasser des larves et le second à effrayer les perruches. On défriche également des bois et les horticulteurs apprennent à tirer parti de la fertilité du sol. À la chair du puffin s'ajoutent

* Oiseau de mer, voisin du pétrel. (*N.d.T.*)

progressivement des légumes du jardin, mais pas avant que les oiseaux n'aient été exterminés jusqu'au dernier.

Le *Lady Julian* vogue à présent sur une mer « haute comme une montagne ». Dans l'océan Austral, le vent atteint en moyenne une force de cinq à six en automne et en hiver ; les embruns trempent le pont en permanence, le beaupré est totalement immergé, et il fait un froid glacial. Toutes les deux semaines à peu près, le vent souffle en tempête pendant huit à quarante-huit heures. Elisabeth Schaffer, son père et les autres surveillants — naufragés dans cette zone au cours de l'été, quatre mois plus tôt — reviennent en plein hiver sur le lieu de leur cauchemar. Leur mésaventure, le naufrage récent du bateau de pêche au Cap et le destin du *Grosvenor* sont dans tous les esprits ; quant aux histoires d'épouvante qu'on raconte généralement aux plus impressionnables, elles commencent à circuler. Un siècle plus tôt, deux navires marchands hollandais ont quitté Le Cap sur une mer démontée et ont été pris dans une tempête. L'un s'en est sorti et a regagné le port tant bien que mal, l'autre a sombré corps et biens. Quand le premier reprend la mer, l'équipage tendu voit le fantôme du *Hollandais volant* sortir du brouillard et venir droit sur lui avec des matelots morts dans le gréement, des officiers morts sur le pont, et un terrible silence dans les voiles. L'histoire fera le tour de tous les équipages et depuis, toutes les fois qu'un bateau vogue au sud du Cap à la tombée de la nuit, l'une des vigies aperçoit un galion fantôme « qui [leur fait] face dans un grand déploiement de voiles, comme s'il s'apprêtait à [les] éperonner ».

Chaque tempête fait subir un véritable calvaire aux passagers du *Lady Julian*. Le vieux rafiot prend l'eau par les écubiers et sur tous les ponts ; poussées par un vent hurlant, les vagues s'abattent sur le pont supérieur et viennent se fracasser contre les écoutilles de la cale. Le vieux goudron, lui, s'écoule à toute vitesse dans l'océan. Le navire gémit à chaque plongeon en avant et la mer s'engouffre par les joints défaits et la membrure affaiblie.

Les hommes pompent alors nuit et jour, mais parfois l'eau monte plus vite qu'ils ne l'évacuent. Le bruit le plus angoissant n'est pas le hurlement du vent ou le gémissement d'une voile trop tendue, mais le grondement de la vague à l'intérieur du navire, qui déferle comme un courant souterrain autour de la sentine. Elle monte et descend de la proue à la poupe dans un roulement de tonnerre qui s'éloigne et revient.

Sur les autres transporteurs, les convicts sont trempés et jetés à bas de leur couchette. Sur le *Lady Julian*, les femmes qui ne l'ont pas encore fait quittent sans doute la cale pour se réfugier dans l'entrepont juste au-dessus. Elles passent très peu de temps à l'air libre, leur matelas et leurs vêtements ne sèchent jamais, et l'humidité présente à tous les niveaux du bateau les fait tousser. Celles qui ont troqué leurs habits contre du vin au Cap-Vert souffrent du froid et supplient le chirurgien de leur donner des couvertures supplémentaires. Quand il y a trop d'eau dans le navire, il est impossible d'allumer le fourneau de la coquerie, et il n'y a donc pas de repas chaud. On accorde des rations supplémentaires de grog aux hommes qui ôtent la glace des vergues et aux femmes qui se serrent en petits groupes pitoyables en dessous, pour que la sensation de chaleur procurée par l'alcool s'étende à la purée de pois cassés froide et aux biscuits trempés. Les températures sont très basses. En décembre 1787, le lieutenant Clark observe : « Je me demande comment est l'hiver quand il fait un tel froid maintenant, en plein été » ; il n'enlèvera pas une seule fois sa capote et portera en permanence au moins deux paires de bas. Par gros temps, les hommes de quart travaillent dans un froid extrême. Dans la mâture, les matelots ne peuvent pas porter de gants, qui les gêneraient dans leur tâche, aussi souffrent-ils constamment d'engelures et des frottements contre les cordages. Lorsqu'ils se coupent, le sang se fige sur-le-champ et leurs ongles sont arrachés de leurs doigts gelés. Des stalactites pendent du gréement.

Quand le vent est déchaîné, on condamne les écoutilles

avant et arrière en permanence. Ainsi, moins d'eau pénètre dans la cale et les entreponts, mais cela n'améliore certainement pas la qualité de l'air. Les chaises percées débordent ; par vent de force neuf, il faut un courage certain pour monter l'échelle et aller vider son seau dans la mer.

Quelque part entre Le Cap et la Nouvelle-Galles on crie : « Un homme à la mer ! » Emporté par une vague, le charpentier est passé par-dessus bord Peut-être réparait-il un espar ou une vergue abattue par le vent, ou bien, à l'instar d'un des capitaines en second de la première flotte, tentait-il d'uriner aux latrines, ou encore, comme un bagnard imprudent, essayait-il de suspendre du linge au beaupré. Quoi qu'il en soit, il est perdu, car Aitken ne peut prendre le risque de laisser submerger le navire par le travers ; en outre, le charpentier a disparu en quelques secondes dans la mer démontée. L'équipage comptait déjà un homme en moins, resté à Rio pour cause de maladie, et cette nouvelle perte les frappe encore plus durement.

Pour Edgar, en tant que navigateur, c'est la partie la plus difficile de la traversée. Il est le seul à avoir déjà vogué sur ces mers, car les seuls marins possédant cette expérience sont ceux qui ont accompagné Phillip. Quand le lieutenant s'est rendu en Nouvelle-Zélande avec le capitaine Cook en 1776, son itinéraire recouvrait en grande partie celui qu'il emprunte avec le *Lady Julian* : du cap de Bonne-Espérance au sud de la terre de Van Diemen (Tasmanie). C'est là que se séparent les routes pour Sydney Cove et la Nouvelle-Zélande : le *Lady Julian* va virer au nord tandis que le *Discovery* avait continué à l'est. À l'époque, on croit encore que la terre de Van Diemen fait partie de la Nouvelle-Galles du Sud. Ce n'est qu'en 1798 que Matthew Flinders, originaire du Lincolnshire, fera le tour de l'île, s'attirant les louanges de sir Joseph Banks, toujours prêt à soutenir les jeunes gens entreprenants. Les cartes dont se sert Edgar en 1790 sont celles qui ont été dessinées d'après les levés du capitaine Cook vingt ans plus tôt, quand il a établi le tracé de la côte de

« Nouvelle-Hollande » à partir de l'actuel Melbourne à l'est, et au nord jusqu'au détroit de Torres. Depuis que Cook a remis ses cartes à l'amirauté, elles n'ont été utilisées que par onze navires britanniques, ceux de la première flotte. Avant que les Britanniques ne fondent leur colonie, personne n'avait eu de raison d'effectuer la longue traversée solitaire entre l'Afrique et Sydney Cove.

Il y a du sang neuf à bord du *Lady Julian* au cours de cette dernière partie du voyage. L'arrivée de Mlle Elisabeth Schaffer, qui a survécu au naufrage du *Guardian*, doit en embarrasser plus d'un. Elle a seulement deux ans de moins que les plus jeunes mères de Rio, mais est issue d'un milieu différent. Bien qu'elle ne soit pas encore assez âgée pour être courtisée par un galant officier — elle est de toute façon chaperonnée par son père —, sa présence oblige à faire quelques concessions aux convenances. Derrière les portes closes et les écoutilles fermées, les activités se poursuivent, mais on observe un peu plus de discrétion pour la protéger de pratiques qui, après des mois en vase clos, sont devenues la norme.

La présence régulière d'Elisabeth Schaffer dans la cabine du capitaine doit perturber l'organisation des soirées galantes dont on avait pris l'habitude ; cependant, compte tenu des mauvaises conditions climatiques, leur nombre a forcément été réduit. On voit beaucoup moins les femmes que sous des cieux plus cléments. Elles montent sur le pont en plus petits groupes, pour des périodes plus courtes, et prennent la plupart de leurs repas en bas. Pourtant, au cours de ces deux mois, le surveillant Devine va découvrir Margaret Smith, et le surveillant Doidge Charlotte Simpson, alias Hall. S'ils ne consomment pas leur relation à bord, ils le font certainement très rapidement après leur arrivée, car leurs enfants naissent quelque neuf mois après leur débarquement à Sydney Cove ; ces deux couples se sépareront au bout de quelques années. Margaret Smith, vingt-trois ou vingt-quatre ans, originaire de Liverpool, ne connaît apparemment personne dans la colonie. Charlotte Simpson, alias Hall, vingt et un an, a commis son forfait avec George Simpson ; celui-ci, après avoir été emprisonné sur le *Ceres* à Portsmouth, se trouve à présent à bord du *Surprize*, à deux semaines environ de Charlotte. Il semble que cette dernière ne soit ni l'épouse ni la concubine de George, mais si c'est le cas elle aura choisi au mieux de ses intérêts.

À six semaines du Cap, la vigie repère Tasman's Head, le point le plus au sud de la terre de Van Diemen. Selon les cartes d'Edgar, il reste encore de quatorze à dix-huit jours de navigation avant Port Jackson. Le vaisseau longe rapidement la côte de la future Tasmanie, avec un vent par le travers qui le pousse vers le rivage. Quinze ans plus tôt, des hommes de Cook ont raconté qu'ils avaient échappé de justesse aux géants de ce littoral. Comme toujours, ils s'étaient rendus à terre en espérant trouver des légumes. Un gong avait retenti dans les bois pendant qu'ils ramassaient du céleri sauvage ; ensuite, les marins étaient tombés sur des marches hautes de plus de six mètres. Ils en avaient déduit que les indigènes de ces contrées étaient des géants et avaient rapidement regagné leur navire dans Adventure Bay. Sur le *Lady Julian*, cette histoire effrayante sape encore un peu plus le moral déjà très bas des femmes. À la tombée de la nuit, le bâtiment laisse derrière lui la côte des géants hostiles. Le lendemain, il vire au nord, et navigue alors avec un fort vent arrière et une toile réduite.

À quinze jours de là, la colonie traverse tant bien que mal son deuxième hiver dans le froid et l'apathie générale. Le scorbut est toujours répandu, la dysenterie également, et en mai on diagnostique la variole. Personne ne sait d'où elle vient. Elle touche le camp fin avril et fait sa première victime le 2 mai. Pendant tout le mois, la maladie va frapper indistinctement forçats, soldats et officiers. Déjà affaiblis par la faim, plusieurs mourront, mais les victimes seront plus nombreuses à l'extérieur du camp : les plus touchés sont en effet les aborigènes, qui vont mourir en masse. Chaque jour, de petites embarcations quittent Sydney Cove pour débarquer sur les rivages du fleuve, ramasser les corps et les emmener sur la rive nord afin de les enterrer. La vue et l'odeur sont épouvantables. Les dingos envahissent l'endroit pendant la nuit et se nourrissent des nouveaux cadavres. Jamais la colonie n'a été si mal en point.

Le 2 juin 1790, le temps est très orageux, les nuages bas, et un vent fort souffle du sud. Dix-sept mois se sont écoulés depuis l'arrivée de Phillip et de sa flotte, et cela fait théoriquement cinq mois qu'ils auraient dû recevoir du renfort et des vivres. Depuis le début, trois soldats montent la garde sur le promontoire sud, South Head. Ce n'est pas un poste convoité. Les hommes sont séparés de Sydney Cove par une demi-douzaine de promontoires, et le bruit court que leur cabane a été construite sur un cimetière aborigène et que les fantômes sont offensés par cette intrusion. Pour se réchauffer et tenir les esprits à distance, les soldats entretiennent un feu nuit et jour devant leur abri. On aperçoit leur mât depuis Dawes Point, et c'est là que se rendent tous les jours des convicts et des militaires, plus par habitude que par espoir, pour regarder en direction du sud où aucun pavillon ne flotte jamais. Mais le 2 juin on hisse le drapeau pour signaler qu'une voile a été repérée.

Le *Supply* ne peut pas déjà être de retour, sauf s'il a subi des dommages qui l'ont obligé à revenir tant bien que mal, comme le *Guardian* au Cap. De leur poste d'observation, les hommes ne quittent pas des yeux le point éloigné où ils ont entrevu une voile, mais aucun navire n'émerge du brouillard. La nuit tombe sans nouvel élément, et le lendemain les colons se rassemblent à Dawes Point. Quand le pavillon s'élève à nouveau, c'est le tumulte dans le camp. Les gens se ruent vers les cabanes en criant la nouvelle, fondent en larmes, s'embrassent. Dans son journal, le lieutenant Tench se rappelle ce moment avec une émotion inhabituelle : « Mon voisin, un officier comme moi, se trouvait à mes côtés ; nous ne pouvions parler ; nous nous serrâmes longuement la main, les yeux et le cœur débordant d'émotion. Nous courûmes au port, suppliâmes le gouverneur de nous prendre à son bord et, après avoir navigué à travers pluie et vent, nous pûmes enfin lire "Londres" sur sa poupe. »

Des promontoires à l'entrée de Port Jackson, il y a plus de onze kilomètres, et il faut quelques heures pour qu'apparaissent les premières embarcations transportant des officiers hystériques et trempés par les embruns. Lorsqu'ils arrivent, le *Lady Julian* semble en péril. Les promontoires sont distants de plus de un kilomètre, ce qui est tout à fait suffisant par temps correct, mais pas quand le vent et la marée entraînent un navire vers le promontoire nord. C'est à cet endroit que l'histoire manque mal tourner pour le transporteur, car pris entre un fort vent du sud soufflant par l'arrière et la marée qui s'achève, il se retrouve dangereusement près des rochers de North Head. Son équipage, qui rentre les voiles pour virer de bord, est en train de perdre le combat. Seule la fin de la marée l'empêche d'être emporté vers les rochers et permet aux matelots de manœuvrer dans Spring Cove, à l'abri du promontoire nord. C'est une conclusion haletante à son voyage aux antipodes.

Les hommes n'ont pas encore fini de descendre de la mâture quand Watkin Tench et une poignée d'officiers de Sydney Cove passent par-dessus le plat-bord comme les garnements de Rio. Ils donnent de grandes claques dans le dos des matelots, serrent les mains des officiers et parlent tous en même temps. Ils ignorent tout de la Révolution française, de la terrible maladie et de la guérison de Sa Majesté, et du naufrage du *Guardian* : « Nous fûmes assaillis par les nouvelles comme un aveugle par la splendeur du méridien », écrit Tench. Ils restent jusqu'au soir.

Cette nuit du 3 juin est la première en deux mois où la mer n'est pas grosse, et pourtant les détenues, épuisées et inquiètes, ont sans doute du mal à trouver le sommeil.

Rumeurs et suppositions vont bon train. Les officiers venus à leur rencontre portent des guenilles et des bottes trouées ; ils sont maigres, ont le visage grêlé et marqué par la faim. Les femmes semblent être le cadet de leurs soucis : seul les intéresse le nombre de barils de farine et de têtes de bétail qui se trouvent à bord. Peut-être ont-elles déjà ouï dire que leur arrivée a suscité plus de déception que de soulagement. Elles ne voient pas le camp depuis leur mouillage à Spring Cove, mais le port de Port Jackson n'est guère accueillant sous cet affreux ciel de juin. Pour qui a entendu les histoires des marins sur l'Océanie et s'attend à l'accueil souriant d'indigènes en pagne dans des canoës, cette découverte est un choc très rude. Lorsque la nuit est tombée, brutalement, vers dix-huit heures, le lieutenant Tench et ses camarades ont regagné leurs huttes. Ceux qui n'ont pas quitté le pont auront remarqué les lueurs vacillantes des feux sur les plages où les mystérieux sauvages de Botany Bay se sont rassemblés pour les observer.

Le 4 juin, la tempête oblige le *Lady Julian* à rester où il est. On observe les rituels du matin — manger, nettoyer et aérer — dans la tension et l'incertitude. Des bruits de coups de feu au loin surprennent l'équipage jusqu'à ce qu'il comprenne que le camp célèbre l'anniversaire de Sa Majesté. Au milieu de la matinée, des chaloupes en provenance de Sydney Cove arrivent avec des forçats envoyés pour décharger les vivres : la faim est en effet trop forte pour qu'on attende que le *Lady Julian* vienne s'amarrer au quai construit pour accueillir un imposant ravitailleur.

Cette fois-ci, les nouveaux arrivants ne sont pas des officiers qui ignorent les femmes pour ne s'intéresser qu'aux vaches, mais des convicts comme elles. Deux hommes de Maidstone, John Jeffries et Robert Abel, se trouvent parmi eux, et comme il y a dix femmes de Maidstone à bord le déchargement passe certainement après l'échange de nouvelles. S'il subsiste le moindre espoir qu'une nouvelle Amérique va pousser sur le sol de

Sydney, il est bien vite chassé. La colonie est tout excitée parce qu'on prédit une moisson de quatre champs de blé à Rose Hill et que la récolte de pommes de terre s'annonce prometteuse sur Garden Island. On est bien loin de l'abondance de la Virginie.

Quant aux « Indiens », si l'on en croit les bruits qui courent dans le camp il y a de quoi frémir. Quelques-uns ont été « apprivoisés » : deux petits orphelins vivent parmi les colons, et un homme est souvent invité chez le gouverneur. Son hospitalité à l'égard de ce Noir est d'ailleurs mal vue. Les autres sont des sauvages avec un os dans le nez et des dessins à l'argile blanche sur le visage, ils ont des dents d'animaux et des pinces de homard collées dans les cheveux avec de la gomme, et ils se servent de leur lance avec une précision redoutable, ce qui les rend dangereux pour tout Blanc qui s'aventure dans le bush. Douze hommes sont déjà portés disparus, victimes supposées de ces lances ; un forçat égaré dans l'arrière-pays sinistre de Sydney Cove a rapporté qu'il avait vu un corps humain brûler sur un feu indigène.

Les retrouvailles sont brèves — les hommes ont des ordres — et entachées de suspicion, car John Nicol va découvrir que les réserves de sucre débarquées sur les quais de Sydney Cove ne correspondent pas à celles emportées par les forçats. Il devra donc déposer contre Abel et Jeffries.

Ce n'est que le 6 juin que le vent mollit suffisamment pour qu'on puisse remorquer le *Lady Julian*. Il longe Clark Island, nommée ainsi d'après le lieutenant Clark, qui y a semé — ou plutôt fait semer par les convicts — des salades et des haricots avant d'être envoyé sur l'île de Norfolk. C'est en doublant Bennelong Point — où s'élève aujourd'hui l'Opéra — que les femmes découvrent Sydney Cove. En des temps plus optimistes, des officiers enthousiastes avaient déclaré que Port Jackson pouvait accueillir et ravitailler cent bâtiments de ligne, mais en juin 1790 les quais n'existent pas encore et le port est vide. Le *Supply* étant parti pour Batavia et le *Sirius* s'étant échoué sur le corail de Norfolk, le *Lady Julian* est le seul vaisseau présent.

Il jette l'ancre dans une baie étroite entre deux promontoires boueux sur lesquels se dressent çà et là quelques cabanes trempées par la pluie. À l'extrémité du port, l'eau se réduit à un serpent argenté coulant sous un pont sur chevalets. À proximité se dresse un dortoir rudimentaire, la caserne, d'où sortent des hommes maigres en uniforme troué qui poussent des vivats à la vue du bateau. La grange au toit de chaume située juste à côté sert d'entrepôt public. À sa droite se dressent un hôpital, une cuisine, et d'autres soldats mal en point surveillent des carrés de choux encore plus mal en point. Derrière, les détenues aperçoivent des petites rangées de huttes mouillées, avec des toits en jonc qui s'affaissent sous la pluie. Des ruisseaux d'eau rouge et sale coulent entre les cabanes jusqu'à l'anse.

De l'autre côté du pont, en haut d'une pente douce, se trouve la seule maison correcte de l'endroit : à deux étages, avec une esquisse de porche et un potager insolite — s'étendant des marches du perron jusqu'à l'eau — qu'arpentent des sentinelles pieds nus portant leur mousquet sur l'épaule. Est-ce vraiment la résidence du gouverneur ? D'autres cabanes sinistres s'élèvent entre ses jardins, le fleuve et le littoral. Des hommes et des femmes émaciés se sont postés sur les rochers pour regarder passer le *Lady Julian.* La pluie incessante qui martèle l'eau étouffe tous les bruits du rivage.

Ils sont arrivés.

CHAPITRE XIV

Une cargaison inutile

Malgré le scorbut, le froid et l'humidité, la plupart des détenues arrivent à Sydney Cove en meilleure santé que lorsqu'elles ont quitté l'Angleterre. Dans l'ensemble, leur alimentation a été correcte, leur consommation d'alcool restreinte. Le grand air et l'hygiène imposée ont fait le plus grand bien à leur peau, à leurs cheveux et à leur haleine. Le 4 ou 5 juin, pendant que le navire est toujours bloqué à Spring Cove par la tempête, elles remontent leurs malles de la cale et secouent leur plus belle robe. S'arrangeant le mieux possible, elles procèdent à une toilette complète.

En Nouvelle-Galles, certaines prisonnières s'attendent à rencontrer d'effrayants sauvages, mais d'autres voient plus loin. Les plus avisées sont en effet moins influencées par les histoires cauchemardesques de cannibalisme que par un siècle d'expérience de travail forcé ou sous contrat en Amérique et aux Indes. Les règles sont très dures, mais le jeu en vaut parfois la chandelle : des femmes sont revenues plus riches d'Amérique. Le Nouveau Monde offre des perspectives, et il y en aura également dans ce nouveau monde-ci.

Les colonies plus anciennes ont leurs rituels brutaux, et l'un d'eux, connu pour suivre l'arrivée de chair fraîche, risque fort de s'imposer en Nouvelle-Galles. Le capitaine va probablement s'entendre avec des marchands sur les docks pour vendre les femmes aux enchères, soit en plein air, debout sur des balles de tissu, soit derrière des portes fermées, par accord entre gentlemen. Est-ce à cela que les plus maternelles des matrones préparent les jeunes tandis qu'elles cherchent à paraître à leur avantage pour l'arrivée à Sydney Cove ?

On ne dispose pas d'informations suffisantes sur Aitken pour savoir s'il a déjà pris part au transport de prisonniers ou d'esclaves, mais c'est forcément son expérience, quelle qu'elle soit, qui lui a valu d'être nommé capitaine du *Lady Julian*. À l'instar du lieutenant Edgar, il aura navigué dans le Pacifique Sud ou l'océan Austral dans les années 1770, ou alors travaillé dans une branche voisine de la traite et de la déportation. Étant donné son rang, il a nécessairement vogué avant que les guerres américaines ne ferment l'accès aux plantations, et il a très bien pu convoyer des forçats aux Indes tout au long des années 1780. En tout cas, il a démontré qu'il connaissait les traditions du transport de convicts : il a fait travailler les prisonnières pour son propre compte, a accepté le concubinage entre les femmes et les marins, a cautionné la prostitution au cours des escales. À Sydney Cove, Aitken respecte un autre usage de sa profession : la vente à son profit des articles qu'il a achetés en Angleterre ou pendant la traversée. Il dispose des chemises confectionnées par les détenues, de ses propres réserves de vin et de spiritueux, et il a prélevé sur les stocks fournis par le gouvernement ou acheté lui-même une grosse quantité de sucre.

En l'espace de deux ans, la coutume américaine consistant à distribuer les nouvelles arrivantes est bien établie à Sydney Cove. En 1792, un soldat débarquant d'un transporteur verra son bateau assailli par des colons qui se battent presque pour réclamer leur dû. « Les femmes, écrit-il, ne sont pas moins prisées que les animaux. » Cette pratique durera encore trente ans, jusqu'à ce que les idées nouvelles de bienséance y mettent un terme.

Cependant, le *Lady Julian* arrive à un moment particulier de l'histoire de la colonie, où les femmes inquiètes dans leur belle robe ne sont jamais qu'une des deux marchandises qui se trouvent à bord.

Le gouverneur Phillip avait réclamé des hommes qualifiés, des vivres et des femmes pour corriger le déséquilibre des sexes. Londres semble avoir répondu à ses demandes dans le mauvais ordre. La colonie attendait un ravitailleur avec quelques hommes compétents pour se charger des projets en agriculture et en construction, et en juin 1790 elle reçoit deux cent vingt-deux détenues avec leur marmaille à héberger et à nourrir. Si les colons sont très soulagés de constater que l'Angleterre ne les a pas oubliés, « il ne fut pas peu gênant de découvrir, écrit malgré sa galanterie habituelle l'assesseur Collins, une cargaison aussi inutile et peu rentable que deux cent vingt-deux femmes, en lieu et place du ravitaillement espéré ». Les prisonnières s'étaient préparées à tout, sauf à cet accueil.

À Sydney Cove et Rose Hill, la distribution des prisonnières ne viendra donc qu'après celle des vivres ; ensuite, on enverra le *Lady Julian* secourir la population de Norfolk. Il faut cinq jours pour débarquer toutes les provisions de la cale et du pont. Les tonneaux sont déposés les uns après les autres sur le quai en bois au pied du jardin du gouverneur, puis chargés dans des charrettes tirées par des forçats qui les conduisent jusqu'aux entrepôts publics, où ils sont surveillés par des gardes armés. Sous la pluie, on transporte moutons, bétail et étalons à terre et on les confie aux gardiens d'animaux, des convicts.

Le respect des colons pour la nourriture trahit leur expérience de la famine. Ils récupèrent tout le foin et le fourrage non utilisés pendant la traversée pour économiser leurs propres réserves. Ils emportent, inventorient et stockent dans l'entrepôt près de la crique le matériel chirurgical, le linge, les cuillères, les pots, les assiettes, les aiguilles, les couvertures en patchwork, les bobines de ficelle, l'huile, le vinaigre, la farine, et tous les biscuits trempés que les marins ne mangeront pas entre Sydney Cove et la Chine. À la fin de la semaine, on calcule que la colonie pourra augmenter sa ration hebdomadaire de farine de quatre à cinq livres et demie pendant trois mois. Le secours apporté par le transporteur ne fait donc presque aucune différence.

L'entrée du *Lady Julian* n'est point saluée par les salves d'une artillerie abîmée par les intempéries, ni par un dîner aux chandelles à la résidence du gouverneur : on est à court de bougies, et toute personne invitée à la table d'Arthur Phillip doit apporter son pain.

Edgar, lui, est accueilli par un déluge de questions : quand arriveront les autres navires de la deuxième flotte ? Sur quels stocks peut-on compter ? Des soldats sont-ils en route pour assurer la relève ? Combien y a-t-il de femmes, d'hommes, de surveillants, de forçats qualifiés pour la construction et le travail de la terre ? Edgar sait seulement que les vaisseaux se trouvaient encore à Deptford à la mi-septembre 1789, quand le *Lady Julian* a appareillé. La voile mystérieuse aperçue la veille de leur arrivée donne lieu à des discussions. On en conclut qu'il s'agit soit d'un bâtiment égaré, soit d'un autre transporteur qui a réussi à passer avant la tempête et ne va pas tarder à arriver avec sa cargaison de bouches supplémentaires à nourrir. La conclusion de ces débats au sommet, c'est que Sydney Cove ne peut subvenir aux besoins des détenues du *Lady Julian.* Il va falloir les envoyer sur l'île de Norfolk ; or le seul bateau disponible est celui qui les a amenées, et il a de nouveau besoin de réparations considérables sur sa coque. En attendant, on hébergera les prisonnières dans le camp.

Elles débarquent enfin le vendredi 11 juin et, leurs affaires sur la tête, sautent sur le quai sous les yeux des soldats de la caserne, des hommes qui déchargent le ravitaillement et de tous ceux qui ne sont pas partis avec l'équipe de construction. Les détenues qui n'ont pas d'attaches sur le navire ne jettent pas un regard en arrière.

Pour les autres, c'est la première séparation, car on va remorquer le vaisseau et le tirer sur la rive nord du fleuve pour le caréner. Une étendue d'eau sépare à présent les pères de fraîche date de leurs enfants et concubines. Pour communiquer, ils sont tributaires des soldats qui apportent quotidiennement des légumes verts et des pommes de terre aux marins, du service religieux du dimanche, et de toute occasion permettant de se rendre sur l'autre rive. C'est à ce moment-là que la foi qu'ils se sont jurée prend tout son sens pour John Nicol et Sarah Whitelam, Edward Powell et Sarah Dorset. Dès l'instant où elles quittent le bateau, les prisonnières deviennent la propriété des autorités coloniales de Sydney Cove. Puisqu'elles ne peuvent plus dormir à bord du *Lady Julian*, elles vont s'installer dans les cabanes et sous les tentes de la colonie.

Toute la journée du vendredi, les arrivantes pataugent sur les chemins qui relient les rochers aux huttes de prisonniers : la boue rouge s'insinue entre leurs orteils et s'accroche au bas de leur jupe. Elles prennent leur couchage avec elles, car il n'y a pas assez de couvertures sur place. Prêt officiel ou escamotage discret, elles emportent sans doute également vaisselle et marmites : les ustensiles font tellement défaut à Sydney Cove qu'on a instauré des services. Quelques femmes sont provisoirement hébergées à l'hôpital, un bâtiment de plain-pied en brique qui occupe un terrain aujourd'hui borné par Argyle et George Street. D'autres se serrent dans des huttes en torchis local — des feuilles de palmistes insérées dans une structure en pin et liées par un mélange de boue et de chaux — plus ou moins alignées dans les futures Cumberland et Gloucester Street. Les toits en jonc sont couverts de broussailles en guise d'isolation contre le froid. Les dernières à avoir quitté le navire et celles qui n'ont aucune relation dans la colonie se réfugient probablement sous les racines géantes des arbres qu'on appellera plus tard figuiers de Moreton Bay, ou sur les plates-formes naturelles protégées par les saillies des parois rocheuses qui se trouvent derrière l'actuelle Gloucester Walk. Il fait nuit à six heures de l'après-midi. Entourées d'étrangers affamés qui portent les mêmes vêtements depuis plus d'un an, les femmes ne lâchent pas leurs ballots et leurs malles.

À l'arrivée de la première flotte en 1787, les frustrations sexuelles de la traversée avaient été évacuées au cours d'une orgie qui s'était déroulée comme toujours entre complicité et réprobation d'officiers plus ou moins au courant. Les soldats avaient demandé et obtenu « du rhum pour se divertir avec les femmes en débarquant ». Le gouverneur Phillip voulait-il choisir au plus vite les futures occupantes de son ghetto de prostituées ?

Aucun journal d'officier ne signale qu'une telle fête a eu lieu le vendredi 11 juin 1790. Pourtant, on voit bien des soldats frapper à quelques portes et des lanternes s'allumer, et l'on imagine les voix qui ont dû retentir jusqu'aux petites heures du jour. Quant aux forçats logés dans des camps à l'extérieur de Sydney Cove et qui n'ont pas le droit d'y pénétrer la nuit, ils ont sûrement transgressé le règlement pour accueillir les arrivantes.

On a entassé les femmes à l'hôpital et dans les deux quartiers qui leur sont réservés. Le plus petit des deux est situé à l'ouest de la demeure du gouverneur, et l'autre se trouve du côté de Dawes Point, à l'est de l'anse, trop loin pour que les officiers puissent intervenir. Beaucoup de nouvelles venues sont des amies ou des connaissances des détenues de la première flotte, et l'on va célébrer leur arrivée : Bristol avec Bristol, Ratcliff avec Ratcliff, et Seven Dials avec Seven Dials. La plupart ont apporté de l'alcool acheté à Rio et au Cap. À quelques mètres logent des soldats célibataires et des forçats qui ont presque purgé leur peine et savent que le gouverneur tient plus à les garder qu'eux à rester. Les échanges de literie, marmites, nourriture et huile à lanternes fournissent de bons prétextes pour aller d'une cabane à l'autre après le couvre-feu. L'assesseur Collins considère peut-être les prisonnières comme des bouches inutiles, mais il retrouve chaque jour les étreintes de la convict Nancy Yates. À ceux qui ne jouissent pas du même privilège, le chargement du *Lady Julian* ouvre des perspectives que Collins peut se permettre de dédaigner.

Si licence il y a eu, elle est de courte durée, car les femmes sont brutalement rappelées à l'ordre ancien de l'expiation : d'abord la baguette, puis la Bible. Le samedi, Robert Abel et John Jeffries sont conduits sous l'arbre à châtiments au bout de la crique et reçoivent chacun deux cents coups de fouet en public pour avoir volé du sucre provenant du transporteur. Le lendemain, on réunit toutes les détenues devant l'arbre sous lequel on célèbre les offices religieux — aucun bâtiment du camp n'est assez grand pour accueillir l'assemblée des fidèles —, et elles entendent un sermon du révérend Richard Johnson qui, notera-t-il avec satisfaction, leur fait prendre conscience de leur nouvelle situation si brusquement que certaines en sont émues aux larmes. Le même jour, il baptise les premiers bébés du *Lady Julian*. Les eaux païennes de l'anse de Sydney deviennent chrétiennes entre les mains du révérend ; Edward Dorset Powell est aspergé et rendu à sa mère. C'est le premier dimanche d'un mois de baptêmes, d'enterrements et de mariages.

Parti avec la première flotte, Richard Johnson est habitué à baptiser des enfants illégitimes et à célébrer des unions insolites. Il lui est cependant impossible de marier les couples du *Lady Julian*. Pour certains matelots, se séparer d'une maîtresse et d'un enfant fait partie des aléas de la vie de marin, mais John Nicol, lui, veut épouser Sarah Whitelam, et il a enfin trouvé un révérend autorisé par Dieu et George III à les déclarer mari et femme. Il supplie qu'on l'autorise à rester en Nouvelle-Galles jusqu'à ce que Sarah ait accompli sa peine. Or on a grand besoin de gens compétents et expérimentés sur place ; c'est à des hommes comme Nicol que songeait le gouverneur Phillip quand il a réclamé des artisans qualifiés et des surveillants. Edgar et Alley, eux, vont rester.

Ils ne sont sous contrat qu'avec l'amirauté et n'ont pas signé avec la Compagnie des Indes orientales pour aller chercher du thé. Le matelot Sam Braiden, concubin de Mary Warren et père d'un petit Sam, va également demeurer à Sydney Cove, mais sans doute plus parce qu'il est blessé ou malade que par affection pour Mary. En effet, il ne l'épousera pas, ne cherchera pas à s'installer et quittera la colonie un an plus tard.

Le capitaine Aitken refuse de dégager Nicol de ses obligations contractuelles. Il lui manque déjà trois hommes : un malade à Rio, le charpentier noyé dans l'océan Austral et Sam Braiden. Si Nicol est autorisé à rester, combien d'hommes voudront l'imiter ? Edward Powell assurément, pour demeurer auprès de Sarah Dorset ; le capitaine se retrouverait alors avec cinq hommes en moins (sur les trente-six nécessaires) pour faire la traversée jusqu'à Canton en plein hiver. Or son contrat l'oblige à arriver le 15 janvier 1791 au plus tard avec un navire en bon état, sinon il ne sera pas autorisé à embarquer le thé. En cas de sous-effectif et en l'absence de tonnelier et de charpentier, il risquerait donc de perdre une commission lucrative.

Fin juin, Aitken n'est plus le seul à vouloir empêcher les marins de sauter du bateau pour se faire colons aux côtés de leur concubine. Une amère déception avait accueilli l'arrivée des « bouches inutiles » le 3 juin, mais lorsque la première « fiancée du quai » se marie à la fin du mois, la donne a changé. En effet, le 20 juin, la vigie du promontoire sud repère une autre voile, et le lendemain, le *Justinian*, un ravitailleur, est halé dans Sydney Cove. Il va sauver la colonie.

Ce vaisseau n'était même pas armé quand le *Lady Julian* a quitté Londres un an plus tôt. Il a effectué une traversée express en cinq mois, évitant à la fois Rio et Le Cap, mais a connu une fin de voyage mouvementée. Les vents violents qui ont retenu le *Lady Julian* dans Spring Cove ont malmené le ravitailleur et ont failli l'envoyer sur les rochers près de Black Head (aujourd'hui Port

Stephens). S'il avait coulé, il aurait pu entraîner la colonie dans son naufrage, et l'expérience coloniale se serait achevée comme tant d'autres par des squelettes sur une plage. Son arrivée fait pencher la balance du côté de la survie. Ses réserves vont en effet permettre à la colonie de tenir pendant quelques mois, et d'ici là le reste de la deuxième flotte aura débarqué, le *Supply* sera revenu avec des céréales de Batavia, et le sol maussade d'Australie aura commencé à produire. On cesse donc de considérer les femmes du *Lady Julian* comme des bouches inutiles et on les rétablit dans le rôle de pourvoyeuses de services pour lesquels Londres les a envoyées : réconfort sexuel et procréation.

La colonie connaît une semaine de répit entre l'arrivée bénie du *Justinian*, la joie de débarquer son chargement, et l'horreur des cales des trois navires suivants. À la fin du mois, on hisse une nouvelle fois un pavillon signalant qu'une voile a été repérée à South Head. Cette fois-ci, pas de mystère : il ne peut s'agir que du *Neptune*, du *Scarborough* et du *Surprize*, qui transportent d'anciens compagnons de cellule, des amants, des souteneurs, des receleurs, et des époux. De nouveau, les colons de Sydney Cove se rassemblent à Dawes Point pour guetter les bateaux. Elizabeth Barnsley devrait retrouver un mari dont elle a été séparée en 1785. Si sa complice Ann Wheeler a survécu au typhus, elle est sans doute à bord. De son côté, Sarah Carter attend William Pimlott, Elizabeth Saney son frère James ; quant à Charlotte Simpson, alias Hall, elle va devoir parler du surveillant Doidge à George Simpson. De son côté, Sarah Young ignore si son époux — qui a demandé à lord Sydney l'autorisation de la rejoindre quand elle est partie — se trouve parmi les arrivants. Toutes disposent d'une nuit pour se préparer. Comme le *Lady Julian*, les trois bâtiments la passent dans une anse à l'entrée du port avant d'être toués le lendemain dans Sydney Cove, auprès du *Justinian*. Au cours de la semaine, on comprendra que les équipages ont consacré une bonne partie de cette nuit à remonter de la cale les prisonniers morts entre Le Cap et la Nouvelle-Galles et à les balancer par-dessus bord. Pendant des jours, des cadavres seront rejetés sur les plages autour de Sydney Cove, leurs mains exsangues encore entravées.

Début juin, les eaux de l'anse étaient désertes. À la fin du mois, elles clapotent contre les coques de cinq grands navires marchands à l'ancre. Des hommes vont et viennent sur des embarcations, des barriques d'eau sont flottées, on entend des cris, des éclaboussements de rames, et l'on sent l'odeur de la poix bouillante : en apparence, l'endroit vibre de l'animation joyeuse d'un port d'escale international. Ce tableau optimiste est cependant trompeur : à terre, en effet, le spectacle tient du cauchemar. Sur les 1 017 forçats embarqués sur le *Neptune*, le *Scarborough* et le *Surprize*, 750 ont survécu au voyage, 267 ont fini dans l'océan ou les eaux de Sydney Cove. Parmi les survivants, 486 sont trop malades pour se nourrir ou prendre soin d'eux-mêmes. Beaucoup mourront dans les jours suivant leur arrivée. Les forçats de la première flotte ont beau avoir souffert sur cette terre inhospitalière et stérile, ils ont été traités avec équité et humanité par Arthur Phillip. Quant aux passagères du *Lady Julian*, elles n'ont perdu que cinq de leurs camarades au cours de la traversée, aucun décès n'étant le fait d'un manquement. Aussi les colons n'en croient-ils pas leurs yeux quand les trois transporteurs mettent à la mer les premières embarcations remplies de forçats mourants. « Quelle différence entre eux et nous, écrira une condamnée à sa famille. Que Dieu bénisse notre bon agent. »

Soulevés du pont comme des balles de coton, hommes et femmes à l'agonie sont entassés dans les allèges ; les rameurs les déchargent non loin du rivage, là où ils ont pied, et repartent chercher les autres. Quelques-uns se noient dans ces eaux peu profondes. Ceux qui parviennent à ramper s'effondrent en gémissant sur la terre ferme. La fureur du gouverneur galvanise les équipes de secours. On se jette à l'eau pour tirer ses camarades sur la plage. Les forgerons enlèvent les fers sur place, mais après des mois d'entraves, beaucoup ont les muscles trop atrophiés pour marcher. Les plus forts portent les malades sur leur dos ou les prennent dans leurs bras pour les emmener à l'hôpital. Les embarcations poursuivent leurs allées et venues, déposant sur le littoral de pauvres hères qu'on emporte sous des tentes de fortune. Ce manège dure des heures : ces centaines d'hommes et de femmes éblouis par la lumière sont tellement sales, épuisés et défigurés que même leurs proches ne les reconnaissent pas.

Des détenues du *Lady Julian* se frayent un chemin sur la plage, retournant des corps, interrogeant des personnes qui ne peuvent leur répondre. Elizabeth Dell — une femme de quarante-six ans originaire de Reading — cherche son fils John, soldat qui s'est embarqué sur le *Surprize* pour rejoindre sa mère et son frère, partis avec la première flotte. Elizabeth Barnsley, Sarah Gregory et Sarah Young recherchent leur époux, Sarah Carter William Pimlott, et Grace Maddox son complice Thomas Higgins. Elizabeth Saney et les Fidoe tentent de retrouver James. Personne ne peut les renseigner : les forçats eux-mêmes ignorent qui a survécu. Il faudra des jours pour le découvrir. Le frère aîné d'Elizabeth Saney fait partie de ceux qui n'auront pas vu Sydney Cove vivants.

En mai, les quatre-vingts lits de l'hôpital avaient été pris d'assaut, puis vidés par la variole. Début juin, le dispensaire héberge des femmes du *Lady Julian* et n'a pas la capacité suffisante pour accueillir les victimes des trois navires. L'un des bâtiments dispose à son bord d'une charpente déjà montée conçue à Deptford comme un « hôpital de campagne ». Quand on mesure l'étendue de l'horreur à bord, on fait cesser le débarquement jusqu'à ce que la structure soit installée sur le terrain correspondant à Argyle Street. La plupart des détenues du *Lady Julian* y auront leur premier emploi en tant qu'infirmières. On allume des feux à bonne distance des cabanes en chaume pour brûler les haillons raides de crasse des prisonniers, et les puces sautent dans les flammes. Les malades dévêtus sont enveloppés dans des couvertures en attendant qu'on leur ait confectionné des vêtements. On distribue les ballots de tissu apportés par le *Neptune* aux couturières du *Lady Julian* pour qu'elles fabriquent rapidement des tenues pour huit cents forçats. Par ailleurs, on envoie des hommes dans le bush sous la protection des soldats pour reconstituer les réserves de myrtilles, efficaces contre la dysenterie qui ravage le camp.

Le révérend Johnson est débordé : le 2 juillet, il enterre quatre hommes, le lendemain aussi, puis deux le surlendemain, cinq le jour d'après, et le 6 juillet, cinq hommes plus une femme. Il s'agit d'Ann Hardiman, qui avait mis en gage les vêtements de Nimrod Blampin dans Fleet Street deux ans plus tôt, après que Rachel Hoddy l'avait volé et laissé nu. On ne connaît pas la cause de sa mort : elle a pu attraper la variole qui sévissait depuis mai, le typhus apporté par les nouveaux arrivants, la dysenterie, une fièvre quelconque, ou mourir en couches ; la liste des possibilités est longue.

Au milieu du désordre provoqué par l'arrivée de plus de quatre cents malades, quelques femmes du *Lady Julian* préparent discrètement leur avenir. Le bruit s'est répandu qu'on allait envoyer la majorité d'entre elles sur l'île de Norfolk, un territoire encore plus isolé. Ne pourront rester que celles qui ont quelqu'un pour plaider leur cause : un maître ou un protecteur, un époux avec un travail sur place, un soldat apprécié de ses supérieurs qui l'autoriseront à garder sa maîtresse. Des rapprochements vont s'opérer. Thomas Barnsley a retrouvé sa femme Elizabeth, et le révérend Johnson, qui se plaint de sa charge de travail, s'adjoindrait volontiers un vicaire. Si un homme instruit et convaincant se présente avec son épouse dans un moment pareil, alors que les enterrements sont en augmentation et qu'il y a un nouvel arrivage de bébés dont il faut assurer le salut, il est forcément le bienvenu. Thomas s'adaptera vite à sa nouvelle fonction, et Elizabeth deviendra la sage-femme de Sydney Cove.

À bord du *Lady Julian* s'étaient tissées des relations complexes faites de pressions, de protections et de faveurs. Ces liens commencent à se défaire au profit d'autres qui se nouent entre hommes et femmes de la colonie. *A priori*, pourtant, toutes ne sont pas disponibles : Jane Forbes, Sarah Whitelam, Sarah Dorset, Elizabeth Griffin, Ann Bryant et Margaret Wood s'occupent d'un bébé ; Mary Flannegan, Hannah Teesdale Gee, Susannah Mortimore et Elizabeth Gale sont enceintes de matelots ; Charlotte Simpson et Margaret Smith vivent avec des surveillants qui ont embarqué au Cap, et Ann Mash avec le chirurgien Alley. De son côté, Mary Warren est peut-être toujours avec Sam Braiden. Néanmoins, dans une colonie « en cruel manque de femmes », la bigamie, un accouchement imminent ou le fait d'élever l'enfant d'un autre ne constituent pas, comme en Angleterre, des obstacles majeurs aux perspectives d'union.

On dispose de trop peu d'éléments sur ces relations naissantes pour savoir comment elles ont débuté, qui les a arrangées et approuvées. Même si leur vision se teinte souvent de compassion, les autorités considèrent ces femmes sous l'angle utilitaire : à leurs yeux, elles se réduisent à une masse indistincte d'estomacs et de matrices ; on déplacera donc les propriétaires de ces deux organes essentiels en fonction des besoins du premier et des promesses du second. Déterminer leur future place dans la colonie n'implique pas de les reconnaître en tant que personnes. On les a amenées d'Angleterre pour qu'elles couchent avec les militaires et donnent des enfants aux colons, et c'est essentiellement ce qu'elles feront.

Dans un cas cependant, le mariage arrangé est une certitude. John Nicol est presque certain que l'histoire de Mary Rose a connu un heureux dénouement à Sydney Cove. Selon lui, après le départ du *Lady Julian*, ses proches auraient découvert le terrible destin de Mary, perdue et ruinée. « Grâce à leurs efforts, l'infamie de la logeuse fut révélée », d'où, apparemment, sa condamnation au pilori pour faux témoignage. « À notre arrivée, poursuit-il, nous trouvâmes une lettre de grâce à Port Jackson et un coffre d'excellents habits envoyés par les magistrats pour son voyage de retour. » Toujours d'après John, Mary aurait passé le reste de son séjour à Sydney dans la maison du gouverneur, rétablie dans son statut social, douce héroïne ayant obtenu réparation du tort qui lui avait été causé. Une version de cette histoire a sans doute fait le tour du camp. Il est vrai que Phillip s'est personnellement intéressé à Mary Rose. Sa probable convocation — suffisamment rare parmi les prisonniers pour ne pas passer inaperçue — chez le gouverneur et des rumeurs affirmant qu'elle avait des relations au pays sont sans doute à l'origine de cette légende ; peut-être les magistrats qui lui avaient constitué un petit pécule lui ont-ils envoyé quelques affaires sur l'un des transports suivants. Parmi les lettres apportées à Phillip par les trois derniers navires de la deuxième flotte, l'une émanait de sir Joseph Banks, qui lui demandait de veiller sur elle. Le gouverneur lui assure qu'il lui a trouvé « l'un des meilleurs hommes de la colonie ». Il s'agit de John Trace, originaire du Devon, que les autorités ont tout intérêt à convaincre de s'établir comme colon car il possède des connaissances en agriculture. Cet homme prometteur à qui il reste deux ans à purger a tout de même vingt ans de plus que Mary Rose.

Si des traces de cette histoire subsistent, c'est parce que la jeune fille avait un protecteur important. En étudiant le profil des hommes qui épousent les « fiancées du quai » de juin et juillet, on peut également en déduire que c'est à titre de faveur, parce qu'il tenait à les garder, que le gouverneur leur a accordé la main de femmes du *Lady Julian*. En effet, ces époux sont soit des convicts ayant accédé à certaines responsabilités dans la colonie, soit des hommes qui savent cultiver la terre.

La première fiancée du quai, Mary Williams, s'unit à William Whiting le 28 juin. En tant que magasinier des entrepôts, Whiting a été parmi les premiers à voir les détenues pendant qu'on déchargeait le bateau ; il est apprécié du gouverneur, puisqu'il travaille dans l'un des établissements publics les plus importants. Elizabeth Ayres, quant à elle, épouse John Cuss deux semaines plus tard ; *trusty*, il a vingt-deux ans de plus qu'elle. Isabella Manson se marie avec John Rowe, homme instruit natif de Cornouailles qui, à l'instar de John Trace, a des connaissances en agriculture et peu de temps à purger.

L'hypothèse des faveurs ne constitue pas forcément la seule explication à ces mariages. De leur côté, les femmes du *Lady Julian* ont fort bien pu manœuvrer pour conclure les unions les plus avantageuses. Elizabeth Ayres, Isabella Manson, Mary Williams et les autres ont peut-être épousé leur homme après une évaluation rapide de ses chances de réussite. Les vœux prononcés en juin et juillet sous l'arbre à mariages sont un pari réfléchi sur l'avenir. Ces unions sont censées bénéficier aux deux partenaires : si une femme a bien jugé son futur époux et qu'il se montre humain et apte à subvenir à leurs besoins, sa vie dans la colonie sera préférable à celle d'une célibataire.

Réduire ces détenues à un contingent de femmes de réconfort distribuées aux hommes revient à leur nier toute individualité. Jusqu'à la fin de l'année 1790, on voit des femmes se mettre en couple et procréer en silence : en effet, aucune voix féminine ne s'élève des documents. Pourtant, trop de décisions individuelles et de personnalités se devinent à travers les registres des mariages, des baptêmes et des concessions de terrain, trop d'histoires ayant tourné ou fait échouer un projet bien arrêté d'organisation sociale nous sont parvenues, pour qu'on accepte l'idée que ces femmes n'auraient été que des cubes dans le jeu de construction colonial. L'administration s'est clairement mêlée de la vie privée de Mary Rose, et peut-être de celle des fiancées du quai.

Cependant, si les femmes sur lesquelles on dispose d'informations fragmentaires sont représentatives, ces appariements dissimulent un courant vital de choix personnels.

Ce qui est certain, c'est que très souvent ceux qui s'unissent pour la vie en Nouvelle-Galles du Sud se connaissaient déjà de près ou de loin en Angleterre. Dans un environnement étranger et hostile, tous cherchent le réconfort du familier et tentent de recréer quelque chose de leur ancienne existence. Une colonie pénitentiaire étant une structure où l'essentiel de la vie d'un forçat appartient à la sphère publique, chacun s'accroche à son histoire personnelle.

Le 30 juillet, deux femmes du *Lady Julian* se tiennent sous l'arbre à mariages aux côtés de deux hommes du *Scarborough*. En avril 1788, Mary Winsfield a été jugée pour le vol de trois paires de chaussures dans une maison de Whitechapel et leur revente sur le marché de Rosemary Lane. Son nouvel époux, John Young, travaillait sur les marchés ; en mai 1788, il a été condamné pour avoir volé vingt-trois paires de chaussures dans Cable Street, à deux cents mètres de Rosemary Lane. Leur témoin, Mary Davis, a elle-même dérobé trois paires de souliers en cuir dans une boutique de l'Est londonien. Viennent ensuite la camarade de Mary Winsfield, Esther Thornton, dix-neuf ans, et son futur mari William Sherberd, ancien cordonnier de Whitechapel et vendeur de vêtements de seconde main sur le marché de Rosemary Lane. On peut peut-être sortir les condamnés de Rosemary Lane, mais pas Rosemary Lane des condamnés.

La semaine suivante, Mary Kimes, alias Potten, épouse William Ayres, bandit de grand chemin du sud-ouest de l'Angleterre. Entre ces deux-là, les connections remontent encore plus loin que celles de la bande de Rosemary Lane. Six ans plus tôt, ils ont embarqué à bord du *Mercury*, ce vaisseau à destination de l'Amérique qui n'a jamais dépassé le Devon. William fait partie des soixante-dix-sept forçats du *Mercury* transportés à Sydney

Cove. Son complice, Patrick Burn, à présent à la tête des chasseurs attitrés de la colonie, est marié à la voleuse à l'étalage Mary Newton. Ainsi, des liens qui auraient pu se distendre en Angleterre sont renforcés en Nouvelle-Galles du Sud.

Lorsque le *Lady Julian* quitte Sydney Cove fin juillet, cinq de ses anciennes passagères sont mariées ; quatre le seront le lendemain de son départ. Toujours logées dans les cabanes des quartiers des femmes, les autres travaillent à l'hôpital, cousent des vêtements, et attendent de savoir qui va rester et qui va partir à Rose Hill ou sur l'île de Norfolk.

Le *Lady Julian* a été rafistolé sur la rive nord pour qu'il puisse rejoindre d'abord Norfolk, puis Canton. Pour ses derniers jours dans la colonie, il traverse le fleuve, permettant une dernière réunion des marins et de leurs « épouses ». Quand John Nicol s'est engagé pour cette traversée fin 1788, il désirait ardemment voir la Nouvelle-Galles du Sud, mais une fois sur place il quitte rarement les huttes de Sydney Cove. « Je consacrai chacun de mes instants de liberté à Sarah, se rappelle-t-il trente ans plus tard, la larme à l'œil. Les jours s'enfuirent à tire-d'aile. Nous redoutions l'heure de la séparation. » Apparemment, les concubines sont autorisées à passer les dernières nuits à bord, et les hommes peuvent se rendre à terre dans la journée. Les officiers s'imaginent peut-être que cela va désamorcer la situation, mais il n'en est rien. Certains couples du *Lady Julian* sont formés depuis plus d'un an et sont parfois devenus parents ; des partenaires de passage sont devenus amants. Si, avant de quitter Londres, Aitken souhaitait contenter ses hommes en les laissant coucher avec des prisonnières, cette stratégie se retourne à présent contre lui.

Il y a deux moyens pour ces couples d'éviter la séparation : soit les hommes désertent, soit les femmes embarquent clandestinement. Le capitaine sent que les demandes d'autorisation à rester risquent de se transformer en revendications. Or trois mois plus tôt, au Cap,

Aitken a appris l'histoire du *Bounty* de la bouche même d'un de ses acteurs, Fryer : l'équipage s'est mutiné pour demeurer auprès des femmes à Tahiti ; en juillet 1790, on pense qu'il est parvenu à ses fins. Les « exploits » de l'équipage du *Bounty* sont bien connus des officiers et des hommes du bord. Pendant les derniers jours à Sydney Cove, on élabore des plans extravagants : on envisage d'enlever les détenues et de les cacher jusqu'à ce que le navire ne puisse plus faire demi-tour. Il semble inconcevable que les femmes rentrent en Angleterre par leurs propres moyens. Sarah Whitelam et Sarah Dorset ont été condamnées à sept ans, de même que la plupart des passagères du *Lady Julian*, mais comme l'écrit d'un ton lugubre l'une d'elles ce mois-là : « Je crois que je ne quitterai jamais cet endroit. » Non seulement il est presque impossible pour des femmes seules de réunir la somme du voyage de retour, mais les lettres du bureau du ministre indiquant leur nom et le terme de leur peine ne les ont pas accompagnées. « Je ne pense pas que les femmes nous posent le moindre problème sur ce point », écrit Phillip. Pour lui, il est évident qu'elles sont là pour le restant de leurs jours.

Les discours exaltés tenus sur le gaillard d'avant, les regards hargneux et le ressentiment qui gagne l'équipage poussent Aitken à solliciter l'aide du gouverneur. La décision est prise : le *Lady Julian* ne fera pas escale à Norfolk ; les femmes et le ravitaillement à destination de l'île partiront sur le *Surprize*, et tous les vivres supplémentaires seront transportés par le *Justinian*. En janvier 1790, certains habitants de l'île ont tenté de se mutiner. Ils avaient l'intention de maîtriser les gardes du camp et de s'enfuir à Tahiti, le fantasme de tout marin. L'insurrection a été assez facilement réprimée par les soldats, mais ce serait de la folie d'y envoyer un équipage potentiellement tenté par un tel projet. Le *Lady Julian* doit partir pour Canton le 25 juillet ; par sécurité, le *Surprize* ne le suivra qu'une semaine plus tard.

Malgré ces précautions, les officiers comprennent que

le problème n'est toujours pas résolu. Le 24 juillet au soir, soit les femmes refusent de quitter le navire, soit les hommes s'opposent à leur départ. On envoie les soldats. Un accrochage s'ensuit : les militaires s'emparent des femmes et les embarquent sur des allèges, les matelots les poursuivent et portent la bagarre sur la rive, les femmes tentent de regagner le bateau à la nage, et le camp vient assister au spectacle. Au milieu des bousculades, des railleries des soldats et des pleurs des bébés désorientés, John prend congé de son « épouse » et de son fils. « Nous nous jurâmes une foi mutuelle : elle promit de rester fidèle et je lui promis de revenir et de la ramener en Angleterre au terme de sa peine. » Il lui donne sa Bible et écrit leurs noms et celui du bébé sur le frontispice avant d'être poussé dans une embarcation.

Le 25 juillet 1790, John Nicol laisse donc Sarah Whitelam derrière lui. Six jours plus tard, les colons de l'île de Norfolk aperçoivent les voiles du *Lady Julian* à l'horizon. L'excitation qui s'était emparée des habitants de Sydney Cove en juin saisit alors les occupants effrayés de cet avant-poste qui n'ont eu aucun contact avec leurs camarades depuis plus d'un an et craignent d'avoir été abandonnés tant par Londres que par Sydney. En apprenant la nouvelle, toute l'île retient son souffle : on cesse le travail, et les gens des différents camps se rassemblent à Cascade Bay pour regarder les petits carrés de toile à l'ouest. Même les malades et les blessés se lèvent de leur lit d'hôpital pour voir cela de leurs propres yeux. Quand la nuit tombe, on allume des feux sur la plage à Cascade pour guider le navire. Il est à trois kilomètres du rivage lorsque les hommes, qui ont déjà les pieds dans l'eau, se rendent compte que l'équipage ne réduit pas la voilure, mais l'augmente. « Tout ce que je souhaite [au capitaine], c'est qu'il aille en enfer pour n'avoir point fait escale quand pour lui le dérangement eût été minime », écrit Ralph Clark cette nuit-là. Il exprime le sentiment général : las de leur poste, attendant désespérément des nouvelles de chez eux, tous détestent le trou perdu et hostile où on les a envoyés. Le ressentiment accumulé durant une année d'attente est dirigé contre le bateau qui ne s'est pas arrêté le 31 juillet. Ce que les insulaires ignorent, c'est que l'équipage du *Lady Julian* souhaite rester encore plus désespérément qu'eux ne veulent partir.

Le jour où l'ex-transporteur double Norfolk, le *Surprize* quitte à son tour Sydney Cove avec à son bord environ cent cinquante anciennes détenues du *Lady Julian* et leurs enfants. Si la majorité d'entre elles sont encore libres, certaines sont déjà en couple ou enceintes. Sarah et Thomas Gregory, réunis, sont accompagnés de leur petite Elizabeth. Charlotte Simpson et le surveillant Doidge, couple de fraîche date, sont également du voyage, ainsi que plusieurs concubines de marins : Sarah Dorset et son fils Edward, Mary Barlow et sa fille Ann, Mary Flannegan et Elizabeth Gale, toutes deux enceintes. Susannah Mortimore, déjà mère d'une petite fille, en mettra une deuxième au monde entre Sydney Cove et Norfolk; le père est un marin du *Lady Julian* en route pour Canton. Quelques-unes des premières fiancés du quai sont parties avec leur époux : Mary Winsfield et John Young, Esther Thornton et William Sherberd, Nelly Kerwin et son nouveau mari, Henry Palmer. L'une des dernières à embarquer, Mme John Coen Walsh, a eu tôt fait d'endosser son nouveau rôle de femme de colon : le lendemain du départ de John Nicol, Sarah Whitelam, car c'est elle, en a épousé un autre.

CHAPITRE XV

Pèlerinages amoureux

Lorsque Sarah Whitelam s'unit à John Coen Walsh le 26 juillet, John Nicol vit sa première journée de tristesse sur un navire plein de fantômes. Il installe son hamac dans une autre partie du bateau pour ne pas être hanté par Sarah, mais en vain, car tout le renvoie à elle : « [Tout] rappelait ses manières touchantes à ma mémoire. » D'autres époux du gaillard d'avant partagent sans doute ses sentiments, et c'est un équipage inconsolable qui, en octobre 1790, remonte la rivière des Perles jusqu'aux *hong** de Whampoa, à Canton, où se pratique le commerce du thé.

John Nicol a fait le tour du globe. Il a quitté ces quais pour Londres deux ans auparavant, seul et désireux de mettre un terme à sa vie de marin pour rejoindre sa famille en Écosse, au lieu de quoi il s'est embarqué à Londres pour la Nouvelle-Galles du Sud en espérant commencer une nouvelle vie avec Sarah Whitelam. Après avoir été obligé de laisser Sarah à Sydney Cove, le voilà de retour à Whampoa, seul une fois de plus. La vie sur la rivière chinoise, qui l'avait fasciné lors de son précédent voyage, lui paraît à présent assommante. D'autres marins vont peut-être se consoler dans les bordels de Lob Lob

* Établissements commerciaux. (*N.d.T.*)

Creek, mais John préfère passer ses heures de liberté à échafauder des plans pour retourner à Sydney Cove, tout comme Edward Powell, qui a lui aussi laissé une Sarah et un bébé derrière lui. Pendant l'attente interminable due à la pesanteur bureaucratique des *hong*, les deux hommes ont tout le loisir d'évoquer le sujet qui les obsède : comment retourner là-bas. John ne s'est pas résigné : deux mois après avoir été emmené de force, il envisage toujours de déserter à Canton. S'il parvient à s'embarquer sur un navire qui fait route vers Rio ou Le Cap, cela le rapprochera de son objectif et lui permettra peut-être de trouver un bâtiment à destination de la Nouvelle-Galles du Sud. Il finit cependant par abandonner ce projet, non par crainte de ne pouvoir s'enfuir ou de ne pas trouver une place ailleurs, mais parce que ni lui ni Powell ne peuvent se permettre de perdre la solde qui les attend à Londres. Si jamais ils parviennent à faire quitter la colonie à leur concubine, il leur faudra beaucoup d'argent, car les femmes n'auront pas les moyens de payer leur traversée. Or la solde due après une traversée de dix-huit mois est considérable, aussi la prudence prend-elle le pas sur la passion. Le *Lady Julian* quitte donc Canton avec les deux hommes à son bord : ils n'ont pas renoncé à leurs projets, mais les ont remis à plus tard.

Ils arrivent à Londres début 1791, juste après le départ de la troisième flotte. Mary Talbot, qui s'était évadée du *Lady Julian* en juillet 1789, est du voyage : elle a été reprise et va rejoindre la colonie. Pour Nicol, il n'est plus question d'aller voir sa famille en Écosse ni de choisir son prochain emploi en se demandant lequel l'amusera le plus. Il se met aussitôt en quête d'un bateau pour l'Australie, mais tous les agents lui font la même réponse : « Il n'y en avait pas, et il était peu probable qu'il y en eût prochainement. » Il opte alors pour sa solution de rechange : une place de tonnelier à bord de l'*Amelia*, un baleinier des mers du Sud qui, on le lui assure, fera escale à Rio. Son projet est le suivant : signer pour toute la traversée, feindre la maladie à Rio, y rester et se débrouiller pour gagner la Nouvelle-Galles du Sud. Une fois sur place, il aura assez d'argent pour emmener Sarah avec lui. Avant de s'embarquer, il convertit sa solde du *Lady Julian* en espèces sonnantes et trébuchantes qu'il coud dans ses vêtements.

Jusqu'au départ de l'*Amelia*, John Nicol et Edward Powell restent sans doute en contact, s'encourageant mutuellement dans leurs démarches. Quand ils s'aperçoivent qu'ils ne pourront pas regagner la colonie sur-le-champ, chacun part de son côté. Nicol saute sur le premier bateau ; quant à Powell, il a davantage mûri son plan. Nicol, qui croit faire route vers le sud, ne dépassera pas Deal : sur la côte du Kent, le bateau s'échoue sur le sable — où il est menacé par les naufrageurs — et doit être remorqué jusqu'à Londres. Comme il n'y a toujours pas de bâtiment en partance pour l'Australie et pas d'embauche pour Rio ou Le Cap, Nicol fulmine à Deptford pendant qu'on remet l'*Amelia* en état.

En 1822, lorsqu'il dicte ses Mémoires, ses souvenirs des années 1790 sont confus. De cet enchevêtrement de contrats et de navires on retient qu'il s'est retrouvé au Cap en 1792 ou 1793, attendant qu'un bateau à destination de Sydney Cove se présente. En fait, il est plus probable que ce voyage au Cap ait eu lieu en 1796 ou 1797. À ce moment-là, Edward Powell a déjà regagné la colonie. Dans l'intervalle, John Nicol a ouï dire qu'il avait retrouvé Sarah Dorset, « et qu'une fois sa peine achevée il l'avait ramenée en Angleterre et épousée ». Il ne connaîtra jamais la véritable fin de l'histoire.

En juillet 1792, Edward Powell, trente ans, quitte l'Angleterre pour Sydney Cove comme passager à bord du *Bellona*. À la différence de John Nicol, qui pour y retourner s'est embauché sur une série de vaisseaux, Edward Powell s'embarque en tant qu'émigrant. Il n'a plus l'intention de ramener Sarah Dorset en Angleterre, mais de s'installer en Nouvelle-Galles. Sa traversée de 1792 n'a rien à voir avec celle de 1789 où, simple matelot, il passait ses heures de liberté à fricoter avec une prisonnière sur le gaillard d'avant. Avec treize émigrants et dix-sept détenues à son bord, la traversée du *Bellona* durera cinq mois et demi contre treize pour le *Lady Julian*. L'intention initiale de Powell en s'embarquant deux ans après son retour est sans doute de retrouver et d'épouser Sarah Dorset. Elle a déjà purgé cinq ans et sera autorisée à se marier avec un homme libre dont les compétences intéressent la colonie. Cependant, les projets d'Edward vont changer au cours du voyage.

Une grande famille de fermiers originaire de Blandford, dans le Dorset, est également à bord du *Bellona*. Thomas et Jane Rose émigrent avec leurs quatre enfants (dont une petite Mary) et Elizabeth Fish, dix-huit ans (une nièce, semble-t-il), qui est accompagnée de sa fille de un an. Celle-ci est peut-être un enfant naturel, ce qui expliquerait pourquoi la famille quitte le pays. Parmi les autres passagers se trouvent trois hommes qui, à l'instar de Powell, ont déjà fait la traversée : matelots partis avec la première flotte, ils y retournent en tant que colons. L'un d'eux, Thomas Webb, vivait sur l'île de Norfolk en août 1790 quand Sarah Dorset et les autres sont arrivées à bord du *Surprize*. Comme il y est demeuré jusqu'en février 1791 et qu'à cette époque la population de l'île ne dépassait pas cinq cent cinquante personnes, Thomas est sans doute à même de donner des nouvelles à Edward Powell ; peut-être lui apprend-il ce que John ignore, à savoir que Sarah Whitelam en a épousé un autre.

Sarah Dorset, elle, est arrivée seule avec son bébé sur l'île. Le *Surprize* a débarqué ses passagers à l'endroit où le *Sirius* avait été jeté sur des récifs un an plus tôt. Les femmes ont mis cinq jours à gagner le rivage en s'accrochant à un cordage de sécurité. C'est là que les Londoniennes Mary Chasey et Elizabeth Johnson ont achevé leur existence, noyées.

À leur arrivée, la colonie est dirigée par le major Ross, qui souhaite en assurer le développement en s'appuyant sur le cochon. Selon lui, l'élevage de cet animal doit entraîner l'implication des condamnés dans la production de leur propre nourriture, et les amener rapidement à ne plus dépendre des réserves publiques. Malheureusement, les porcs sont trop peu nombreux pour qu'il y en ait un par forçat ou même un par couple. Au mieux, on peut en fournir un pour trois ; aussi, lorsque l'on distribue les bêtes à la fin de l'année, une étrange société de *ménages à trois** s'organise autour du porc de la maisonnée. Quand le révérend Johnson vient sur l'île en novembre 1791, soit plusieurs mois après le départ de Thomas, il célèbre une trentaine de mariages et baptise une centaine de bébés en même temps. Ce n'est qu'après son passage qu'émergent des cellules familiales plus classiques. Le manque de traces écrites sur Norfolk et la difficulté à distinguer les couples au milieu des trios de porchers ne permet pas de savoir qui couche avec qui ni quand ces relations ont commencé. Sarah Dorset, elle, se retrouve avec deux forçats. Bien qu'elle ne se soit pas mariée, à la différence de la plupart des femmes du *Lady Julian*, elle tombe enceinte en mars 1792, soit deux mois avant qu'Edward ne s'embarque sur le *Bellona*. Webb ignore tout de sa grossesse, mais si celle-ci est le fruit d'une liaison ayant débuté avant février 1791 il est peut-être au courant de cela et a pu en informer Powell.

Les émigrants vont avoir tout le temps de faire connaissance à bord du *Bellona*. Tous ont de l'ambition, et les circonstances vont les rapprocher. À une semaine à peine de Plymouth, la petite fille d'Elizabeth Fish commence à avoir des convulsions ; elle meurt quelques jours plus tard, et on l'ensevelit en mer. Puis, entre Tenerife et Rio, le scorbut frappe des prisonnières et des passagers comme sur le *Lady Julian*. Sa connaissance de la colonie et ses compétences en agriculture ajoutées au fait qu'il a les moyens de s'établir en Nouvelle-Galles font d'Edward Powell un candidat séduisant à l'entrée dans le cercle familial des Rose : pour Mme Rose, c'est un bras viril auquel s'accrocher quand elle va faire une petite promenade chancelante sur le pont ; pour M. Rose, un compagnon avec qui discuter autour d'un verre ; et pour leur nièce endeuillée, un réconfort. Pendant la traversée, les histoires qui avaient séduit Sarah Dorset vont resservir pour Elizabeth Fish. Le *Bellona* arrive à Sydney Cove le 16 janvier 1793. C'est devenu une ville d'aspect correct, à mille lieues des cabanes sales que Powell a vues en 1790. Il y a même une petite église à la place de l'arbre sous lequel se réunissaient les fidèles au début, et c'est là que, le 24 janvier, Edward Powell et Elizabeth Fish vont se marier.

Pourquoi a-t-il changé ses plans ? Un mois avant l'arrivée du *Bellona*, Sarah Dorset a mis une petite fille au monde à Norfolk, mais Edward Powell l'ignore, et il y a peu de chances pour qu'il l'apprenne rapidement : les bébés de convicts ne font pas la une des journaux à Sydney Cove, et il faut un certain temps pour que l'information circule entre les deux colonies. Soit il a rejeté Sarah en apprenant sa liaison avec un autre homme, soit il a pris cette décision par opportunisme. Au cours de la traversée, un doute insidieux l'a peut-être saisi, il a pu établir des comparaisons déloyales entre une épouse libre — pourvue d'une dot, qui sait — et une prisonnière sans le sou qui a pu changer en trois ans. Edward Powell montrera beaucoup d'ambition au cours de son existence : futur propriétaire terrien prospère, il va également devenir une figure respectée de la politique locale. Or si épouser une détenue n'empêche pas forcément l'ascension sociale, cela ne risque guère de la faciliter.

En février 1793, M. et Mme Powell se mettent en quête d'une terre parmi les parcelles proposées dans le Homebush. On concède quatre-vingts acres à Powell, et la propriété reçoit le nom embarrassant de Dorset Green. Elle est attenante aux cent soixante acres accordées à Thomas Rose, père de quatre enfants. Les Powell et les Rose entament une existence qui tourne autour de leur propriété, des magasins de Rose Hill (rebaptisé Parramatta), de l'église, des marchés, et des émigrants installés sur les terres voisines. Edward Powell ne tarde pas à se faire une place : bon paroissien, il traite avec l'intendance militaire ou vend ses produits sur les quais de Kissing Point. Les femmes qui ont reconnu l'ancien amant de Sarah Dorset lui posent peut-être des questions lourdes de sous-entendus en tournant le dos à sa jeune épouse par loyauté envers Sarah ; ou bien elles haussent les épaules et jouent l'indifférence. Une fois revenue de Norfolk, Sarah Sabolah Lyons lui lancera peut-être une ou deux piques. Ann Mash, l'ex-concubine du chirurgien Alley, ne vit qu'à quelques kilomètres des Powell. Quand Alley est rentré en Angleterre, elle s'est mise en ménage avec John Irvine — le charlatan du Lincolnshire condamné pour vol d'une timbale en argent —, qui a été nommé chirurgien de Parramatta faute de médecins disponibles. Au début des années 1790, Mary Stewart, Sarah Varriner, Mary Williams et Ann Young — anciennes passagères du *Lady Julian* — vivent toutes dans le voisinage d'Edward Powell et sont prêtes à lui rappeler son passé si jamais son nouveau statut d'émigrant lui monte à la tête.

Sarah Dorset, elle, revient de Norfolk en 1794 avec deux enfants mais pas de mari. Elle s'installe à Sydney. Peut-être n'apprend-elle qu'à son arrivée sur le continent qu'Edward est de retour, qu'il a pris de ses nouvelles et qu'il en a épousé une autre. A-t-elle eu le cœur brisé, juré de se venger, pensé que l'eau avait coulé sous les ponts ? On retrouve sa trace vers 1800 — elle vit alors avec un boucher de Sydney qui lui a donné trois enfants —, mais on ignore ce qui s'est passé dans l'intervalle. Dans les années 1790, la colonie est encore suffisamment petite pour qu'un homme vivant dans le Homebush et descendant de temps en temps sur les quais tombe sur une femme de sa connaissance qui habite du côté des Rocks. Or le premier enfant d'Edward et Elizabeth, qui naît en avril 1794, reçoit le prénom de Sarah. Cela indique peut-être que la liaison entre Sarah Dorset et Edward Powell ne s'est achevée qu'un peu après son mariage. Cependant, deux ans après la naissance de leur fille, les Powell ont un garçon qu'ils prénomment

Edward, ce qui annule les liens de Powell avec son premier fils, le petit Edward né cinq ans plus tôt à Rio.

Tandis qu'Edward Powell devient un yeoman du Homebush, John Nicol est toujours en mer. Il n'a pas abandonné sa quête, et c'est pendant qu'il travaille sur un baleinier des mers du Sud qu'il va espérer et désespérer le plus. En effet, lorsqu'il se trouve au large du Cap au milieu des années 1790, son objectif semble enfin à sa portée : Sarah aura bientôt purgé sa peine, et il n'est qu'à deux mois de navigation. Tandis que son navire est ballotté dans les eaux du Cap, les harpons sifflent, les ponts sont couverts d'huile de baleine, et John Nicol fait sa malle. C'est alors qu'on repère les voiles du *Venus*, à l'est. Après les formalités et les manœuvres habituelles, les capitaines se rencontrent. Il se trouve que Coffin, le capitaine du *Venus*, regagne l'Angleterre après avoir laissé un chargement de convicts à Sydney Cove.

Les deux bâtiments restent ensemble durant quelque temps, au port et en mer, et John Nicol se lie d'amitié avec plusieurs hommes du *Venus*. À un moment, il confie son histoire d'amour, et la fois suivante, les marins amènent avec eux un passager clandestin qu'ils ont découvert au milieu de l'océan Austral. Le forçat a accepté de parler à condition que Nicol ne le dénonce pas au capitaine Coffin, et il lui communique des nouvelles à la fois de la colonie et de Sarah. Mère d'un beau garçon, elle est en bonne santé et a quitté la colonie quelques mois plus tôt pour Bombay. La douleur que provoque cette nouvelle chez le tonnelier convainc sans doute l'homme de garder pour lui les détails plus blessants. « Il ne put me dire comment elle était partie. »

Sarah Whitelam s'en est bien sortie. Elle a quitté Sydney Cove pour Norfolk le 31 août 1790 à bord du *Surprize*, aux côtés de Sarah Dorset et de ses autres compagnes. Son nouvel époux, John Coen Walsh, est demeuré quelques mois à Sydney Cove afin d'amasser suffisamment d'argent pour établir sa famille dans l'île. Il rejoint Sarah en 1791, et ensemble ils auront deux fils. Quand Walsh est gracié, Sarah bénéficie d'une révision automatique de son statut et est libérée. Leur ferme prospère, et en juin 1796, six ans après leur mariage, ils partent pour Bombay avec les trois garçons à bord du *Marquis Cornwallis*.

Là où beaucoup d'hommes auraient baissé les bras, John Nicol connaît un retour de flamme : « Mon amour pour elle se ranima, plus fort que jamais depuis notre séparation. Je la louai même de ce départ. Elle avait agi ainsi pour s'éloigner des mauvaises fréquentations, me chuchotait ma raison, et je résolus de me rendre le plus tôt possible à Bombay. » Il aurait mieux valu que le bagnard lui raconte toute la vérité : que c'était en jeune mère de famille prospère qu'elle était partie, sous la protection d'un époux fidèle. Si John avait appris cela, il se serait sans doute résigné à sa perte, au lieu de quoi il a dû se représenter une jolie jeune femme seule — la Sarah de son souvenir —, réduite à s'échapper par n'importe quel moyen de la colonie, croyant que son amour l'avait abandonnée. Tout comme le gouverneur Phillip, John ne peut concevoir que les femmes puissent quitter la colonie autrement qu'en se vendant à des marins de passage, à l'instar des deux détenues qui ont disparu sur des navires français arrivés à Botany Bay juste après la première flotte. En fait, parmi les passagères du *Lady Julian*, environ vingt-cinq ont fini par s'en aller ; la plupart d'entre elles ont regagné la Grande-Bretagne, certaines avant même l'embarquement de Sarah sur le *Marquis Cornwallis*. Mary Kimes a disparu sans laisser de traces l'année où son mari a été libéré et est reparti pour l'Angleterre : elle l'a sans doute accompagné. Celles qui sont rentrées rapidement sont presque toutes des femmes qui n'ont pas contracté d'union dans les mois suivant leur arrivée. Ann Bone, alias Smith, dix-neuf ans, instruite et célibataire, a subvenu à ses propres besoins en cultivant la terre qui lui avait été allouée à Norfolk, elle est revenue dès que possible à Sydney et a quitté la Nouvelle-Galles. Amelia Harding, également jeune et instruite, a elle aussi reçu une parcelle en propre, elle n'a pas eu d'enfant et a regagné Sydney puis l'Angleterre en 1794.

Certaines femmes sont parties plus tard, laissant parfois mari et enfants derrière elles. L'abandon, qui est le fait des deux sexes, recouvre une réalité complexe. Les chiffres peuvent cependant donner à penser que les hommes y auraient davantage eu recours, et auraient donc fait preuve d'une moins grande loyauté, ce qui est exact en valeur absolue, car ils ont toujours été plus nombreux au sein de la colonie. Les histoires individuelles démentent toutefois cette vision simpliste. Le médecin général John White a vécu quatre ans avec une ancienne bonne arrivée sur le *Lady Julian*, Rachel Turner, et lui a laissé une rente généreuse à son départ, rente qu'elle a continué à percevoir même après son mariage avec un constructeur de bateaux plein d'avenir. Quant à Sarah Young, elle aurait quitté son mari peu après l'arrivée de celui-ci sur le *Scarborough*. Après avoir vécu avec un lieutenant, elle est rentrée au pays, probablement avec l'argent que lui avait laissé l'officier quand son régiment a quitté la colonie.

Certains hommes ont tout simplement planté là enfants et concubine : l'aspirant Henry Waterhouse est reparti en Angleterre en 1792, laissant derrière lui Elizabeth Barnes, enceinte de six mois. Des femmes en ont fait autant : Grace Brown, vendeuse à l'étalage de Londres, âgée de trente-huit ans et mère de cinq enfants, a mis un terme à une union libre de près de vingt ans en quittant la colonie en 1809. Deux autres femmes pourtant mariées sur place sont parties par le même bateau. Elizabeth Gosling, quarante-deux ans, a laissé son époux Daniel Brewer quand ils n'ont pu obtenir leur terre près de Parramatta. Elizabeth Gale, une femme instruite comme Elizabeth Gosling, a abandonné son compagnon pour rentrer en Angleterre en 1809 : on ne sait pas précisément combien d'enfants elle a emmenés avec elle. Quant à Hannah Pleasant Jones, elle s'est embarquée sur le *Kangaroo* en 1814, laissant son poissonnier d'époux et leur fille adolescente derrière elle.

Nelly Kerwin a su profiter de l'absence de liste recensant les peines des femmes dont s'était félicité le gouverneur Phillip. Sa vie sur l'île de Norfolk a été mouvementée : au cours des trois ans qu'elle y a passés, son mari a été tué par une chute d'arbre, et elle a mis au monde un enfant mort-né. Ces événements ne l'ont pas abattue pour autant. Sa condamnation à mort avait été commuée en transportation à perpétuité après la guérison de George III ; en 1793, sept ans après sa condamnation initiale, elle rentre libre en Angleterre. Les autorités de Nouvelle-Galles n'y ont vu que du feu.

John Nicol ignore tout cela. Pour lui, les filles de mauvaise vie qu'il a quittées à Sydney Cove sont toujours des femmes en détresse. Sa recherche de Sarah Whitelam va tourner à l'obsession. Du Cap, il va traverser l'Atlantique jusqu'à Rio et abandonner son poste pour repartir en Europe à bord d'un navire marchand portugais. Il se rend de Lisbonne à Portsmouth, se cache pour échapper aux recruteurs militaires qui cherchent à enrôler des hommes pour combattre les Français, et prend un coche pour se rendre chez les parents de Sarah, à Lincoln. Ils prétendent n'avoir pas plus de nouvelles que lui ; la dernière fois qu'ils ont entendu parler d'elle, c'était dans la lettre de John, envoyée avant son dernier voyage, dans laquelle il annonçait qu'il la ramènerait bientôt. Si jamais ils lui ont dissimulé quelque chose par bienveillance, eux non plus ne lui ont pas rendu service.

À Londres, John traîne de nouveau autour des docks à la recherche d'une place correcte. Presque dix ans ont passé depuis la fameuse traversée, et il a pris de l'âge. Usé par ses années dans la marine, il n'est plus une recrue de choix pour un capitaine. Les bâtiments pour l'Inde ne veulent pas de lui, et les baleiniers n'ont pas de poste à lui offrir. Finalement, découragé et sur le point d'abandonner, il accepte de retourner en Chine, « s'en remettant à la Providence pour la retrouver». C'est un voyage lugubre. Après la Chine, le *Nottingham* vogue lentement vers le sud, jusqu'à Batavia, où la population est terrassée par la fièvre ; au cours de sa longue quête, jamais John Nicol n'a été aussi près de Sydney Cove.

Il envisage de déserter une nouvelle fois et de trouver un autre bâtiment pour aller s'enquérir de Sarah en Nouvelle-Galles. Cependant, la fièvre («le tombeau de l'Européen») est tellement virulente à Batavia qu'il court un risque en y séjournant trop longtemps ; et puis, si jamais il échappe à la maladie, ce sont peut-être les racoleurs hollandais qui le prendront. John se rend compte qu'il n'est plus prêt à tout pour retrouver Sarah. Il se dit blessé qu'elle ait «quitté la colonie si vite, sans m'attendre», ce qui «montre qu'elle tenait moins à moi que moi à elle». Plutôt que de continuer à poursuivre un fantôme d'un port à l'autre, il décide de rentrer en Angleterre et d'aller s'installer en Écosse comme il en avait eu l'intention des années plus tôt. Il prévoit de rendre une dernière visite à la famille de Sarah, et «d'agir en fonction des informations que j'y obtiendrai». S'il n'en apprend pas davantage, il acceptera de l'avoir perdue.

Hélas, jusqu'au dernier moment, le destin est contre lui, car il ne pourra mettre son modeste plan à exécution que bien des années plus tard. S'il rentre effectivement en Grande-Bretagne après l'escale à Batavia, il est rattrapé par les agents recruteurs et se retrouve dans le tourbillon des guerres contre la France, les blocus de Malte et Cadix, le siège de Gibraltar et la bataille près du cap Saint-Vincent. Il connaît donc une fin de carrière pour le moins mouvementée. Au début du XIXe siècle, il débarque enfin de son dernier vaisseau de guerre à Portsmouth et prend un attelage pour le nord. Il n'a pas oublié Sarah, mais il a renoncé à la chercher : «J'étais alors trop vieux pour entreprendre un pèlerinage amoureux en ignorant dans quelle partie du globe elle se trouvait, ou même si elle était encore vivante.»

Quand John Nicol dicte ses Mémoires à un relieur d'Édimbourg en 1822, il vit misérablement, réduit à la mendicité ; c'est un vieil homme qui n'a plus la mémoire des dates, des noms et de la chronologie, mais il chérit toujours le souvenir de Sarah Whitelam. « J'ai beau être vieux, mes sentiments n'ont pas changé. » Il n'a jamais oublié l'amante insaisissable qu'il a perdue à Sydney Cove.

REMERCIEMENTS

Je remercie Tom, Jeanne, et Christopher Rees ; Pat Patterson et Michael Snowling pour m'avoir fait profiter de leurs connaissances sur la navigation et la marine à voiles ; Marion Bloxsome pour avoir partagé le fruit de ses recherches ; Isobel Dixon et ses collègues de Blake Friedmann pour leurs encouragements ; Doug Young et Angela Mackworth-Young de Headline, à Londres ; Lisa Highton et Pauline McGuire de Hodder Headline, en Australie ; Tristan Palmer ; Martin Banfield pour son hospitalité à Sydney ; le personnel des archives publiques de Kew, ainsi que ceux des archives municipales de Londres et de Plymouth ; et les guides de l'ancienne résidence du gouverneur et de la ferme Elizabeth, à Parramatta.

TABLE DES MATIÈRES

Impression réalisée sur CAMERON par

BUSSIÈRE CAMEDAN IMPRIMERIES

GROUPE CPI

à Saint-Amand-Montrond (Cher)
pour le compte des Éditions Payot & Rivages
en juillet 2004

N° d'impression : 042861/1.
Dépôt légal : décembre 2003.

Imprimé en France